河南经济发展研究
（2019~2020）

郭　军◎著

经济管理出版社

ECONOMY & MANAGEMENT PUBLISHING HOUSE

图书在版编目（CIP）数据

河南经济发展研究.2019~2020/郭军著.—北京：经济管理出版社，2022.5
ISBN 978 - 7 - 5096 - 8419 - 1

Ⅰ.①河… Ⅱ.①郭… Ⅲ.①区域经济发展—研究—河南—2019 - 2020 Ⅳ.①F127.61

中国版本图书馆 CIP 数据核字（2022）第 082348 号

组稿编辑：高　娅
责任编辑：高　娅　杜羽茜
责任印制：张馨予
责任校对：张晓燕

出版发行：经济管理出版社
　　　　　（北京市海淀区北蜂窝 8 号中雅大厦 A 座 11 层　100038）
网　　址：www.E - mp.com.cn
电　　话：（010）51915602
印　　刷：北京虎彩文化传播有限公司
经　　销：新华书店
开　　本：720mm × 1000mm/16
印　　张：18.25
字　　数：235 千字
版　　次：2022 年 5 月第 1 版　　2022 年 5 月第 1 次印刷
书　　号：ISBN 978 - 7 - 5096 - 8419 - 1
定　　价：98.00 元

自　序

　　2019～2020 年，尤其是 2019 年末和 2020 年上半年，是中华民族史上又一个较为艰难的时期，这就是突然袭来的新型冠状病毒肺炎疫情的大暴发。我国本就处于百年未有之大变局中，包括我国在内的全球经济持续低迷，新冠肺炎疫情的传播蔓延，又加剧了经济社会进入一个新常态。面对疫情，我们的党和政府迅速做出反应，坚持"人民至上、生命至上"的理念，果断采取有力措施，引领着人民奋起抗击疫情。短短几个月，不仅扭转了起始的被动局面，整个疫情还得到了有效控制，感染者得以治疗康复，疫区得以防护改善，受灾民众得以恢复生活。当抗击新冠肺炎疫情之战取得阶段性胜利，党和政府又积极指导和组织恢复生产，不仅是为了满足防治新冠肺炎物资之需要，更是要全力恢复被疫情重创的中国经济。毫无疑问，我们是全世界第一个回到疫情前经济社会运行秩序的国家。必须要说的是，我们成功抗击了新冠肺炎疫情、恢复了经济社会秩序，而这又是在美国等西方国家不断寻衅滋事、制裁打压、壁垒围堵下实现的，是非常不容易也非常了不起的。

　　以习近平总书记为核心的党中央领导集体做出了新时期、新形势下的新抉择，那就是"加快构建以国内大循环为主体、国内国际双循环相互促进的新发展格局"。2020 年的数据资料显示，我们是世界上极少数保持正增长，且最具发展潜力的国家。世界著名智库组织和世界银行等机构甚至认为 2021 年中国经济增长率将接近或超过两位数。

正因如此，我们的人民都以生长、生活在新中国而骄傲。中国共产党领导下的社会主义新中国已经稳步地走过 70 余年，中国特色社会主义的道路自信、理论自信、制度自信、文化自信越来越成为人们最真切的家国情怀，成为实现中华民族伟大复兴的中国梦的强大动力与能量。

在这两年里，虽然随着年龄的增长，我外出参加活动的次数大大减少了，但不去则罢，去了就认真做好每一件事情，对人家负责，当然也是对自己负责。这些活动包括应邀参加一些专题会议或是调研、讲座等。比如，参加河南省社会科学界联合会换届大会，我依旧被选为河南省社科联委员。再比如，我被选定参加河南省委常委、河南省宣传部长江凌同志的专题座谈会，代表社科界参加河南省文联的领导座谈会，参加河南省"'十三五'规划中期评估"课题组、"'十四五'时期河南现代产业体系发展研究"课题组研讨，以及一些跨省性、全省性、地市性专题座谈、研讨、论坛活动等。围绕"十三五"总结与"十四五"规划，我还到一些地方参与企业调研、座谈、对话，极大地开阔了我的视野，丰富了我的认知，我是很愿意参加这类活动的。

在这两年里，我还相继受邀到河南省社会科学院、黄委会青年干部研修班、三门峡黄河明珠集团企业管理层学习班，以及到一些高校做了相应的专题讲座，在与他们的接触中，交流了认识，碰撞了思路，获取了新知，特别是他们对形势的清醒认识、对形势的乐观应对，以及满怀激情地投身各自岗位工作，令我非常动容。每一场讲座下来，与其说是我在演讲，倒不如说我是在倾听和感受他们对党、对祖国、对未来的希望与憧憬。比如，河南省社科院工业经济研究所的研究员们给我讲河南现代产业发展及其体系的组织、结构、政策；黄委会青年干部研修班的同志们提出了如何贯彻习近平总书记"黄河流域生态保护与高质量发展"的战略指向与思路见解；明珠集团企业管理层学习班的处长们给我深情述说了应该如何把国有企业做大做优做强的基层意见和建议；而高校的师生们则与我交流怎么服务社会、走向社会，拉近地方、拉近现实，为新时代奉献学者与学子的智慧和力量……我愿意处在这样的场合里，也乐意与大家交流碰撞。

在这两年里，我还有一个很深刻的感受，就是党和政府的领导人总是那么的睿智，那么的有担当，那么的坚毅。他们高瞻远瞩，以大政治家、大战略家的胸襟与进取的大无畏精神和科学的思维意识，设计了打胜防范化解重大风险、精准脱贫、污染防治"三大攻坚战"；全面建成小康社会之后，中国的下一步如何不忘初心、砥砺前行，把工作重心及重点放在推进乡村振兴战略，实现城乡融合、破解"三农"难题的大策划、大手笔、大工程、大态势，这就是共产党的生命力之所在，这就是国家的希望之所在！这也是我在参加部分县市乡村振兴战略规划论证评审会上一再宣讲传递的引领性主题思想和内容信息。"三农"问题的解决与否，直接关乎到农业大国向工业大国、工业强国转变，直接关乎到2035年能不能基本建成社会主义现代化强国，关乎到新的"两步走"，所以我非常赞成和拥护中央这一决策部署。

从党中央、国务院颁布乡村振兴战略规划及相关专门领域发展指导意见，到省、市、县、乡镇认真酝酿，规划运营等看，乡村振兴前景可观。之所以说可观，是因为中央提出的"产业兴旺、生态宜居、乡风文明、治理有效、生活富裕"五个方面内容很接地气，很具操作性，尽管这需要政府投资并花大气力推进，但无疑按照这一思路，"农业兴、农村美、农民富"的乡村振兴战略目标一定会达到，我从各地制定的乡村振兴战略规划，各地党政领导贯彻执行中央大政策、营造本地小环境的实践中的感受已越来越深刻了。

乡村振兴战略实施的关键有三点：一是政府治理体系与治理能力水平。即如何科学地发挥政府与市场"两只手"作用，尤其是在政府很难拿出更多资金的约束下，怎样挖掘放大乡村县域集体经济力量，调集社会资本存量，吸引民营经济能量投资乡村振兴的大战略，协调和满足实施乡村振兴战略对资金的需要。二是能不能把乡村振兴规划与全县域经济社会发展规划衔接统筹、一体化运作，使在推进乡村振兴战略的过程中，以县域物力、财力、人力支持乡村全面振兴，以乡村振兴活跃带动全县经济社会发展。三是怎样做好做足产业发展大文章，包括推进"农业兴"过程中延伸产业链、提升价值链、构筑供应链。乡村振兴的基础和前提是产业兴旺，既要积极发展绿色农业生态工程，提升农业产业的科技含量与有机构成，也要注重促进传统优势产业转型升级，从技术与方式上嫁接更新，重组再造。

坦率地说，我很不赞成一些所谓的专家学者整天高谈"大数据""先进制造业""智能制造""智慧城市"等，好高骛远，脱实向虚，先进的没上去，传统的又丢掉了。这一点应该研讨一下美国，美国现在还一直强调"再工业化战略"，强调保持制造业大国地位。即使美国服务业占据了经济总量的80%，但服务业中的60%是服务于制造业的，属于生产性服务业，也就是说，制造业不发展，谈不上服务业的发展。制造业是一国科技与经济的根本载体、发展标志，而制造业的百分之八九十是传统优势产业，这百分之八九十才是我们的国力之支柱，我们需要的是对这百分之八九十的制造业的新技术、新工艺、新材料的应用改造、方式再造，而不是把未来的尚处于概念、意念中的东西生硬地强加，尤其是对于大多数省市县乡镇地方来说，更是不会带来任何好处，只能延误工业化的进程，架空地方经济的发展。还是少炒作那些概念名词为好，实实在在地回到中国的实际国情，像航天人那样默默地造着、创着，却从不张扬，但一直又总是走在世界航天领域的前头，显示出让所有人都为之敬慕与钦佩的大智慧、大能量，反映真正的大数据应用及其智能制造与智慧经济。产业和企业不存在什么城市产业和乡镇产业，不存在什么城市企业和乡镇企业，产业企业的驻扎集聚完全是一个空间宜居与否的概念，但就现在多数乡村县域而言（尤其是北方地区），推进乡村振兴战略规划实施，不宜也不需要谈什么大数据、智能制造等，一定不要搞那些华而不实、徒有虚名的东西，"面子工程"的结局是对生产力的破坏，乡村振兴战略必须稳步推进。

此外，推进乡村振兴战略，在体制机制改革完善方面，应借鉴江浙地区的经验做法，大力创造创新乡村振兴战略实施的"营商环境""乡村气场""振兴样板"。

我这一辈子总是崇尚工作岗位的"自由自在"。我始终认为，给人自由，才能在工作中有所成就、有所创新，才能发挥出更多更大的主观能动性，一个人、一个岗位、一个集体、一个单位才能有生机和活力。无论是从事政府公务，还是经营企业、管理生产，又或者是社科研究、科技开发等，都应该有一定的自由、平等劳作的权利，这是成就任何一项事业的先决条件。自序东一段西一句的不成体统，但还是想记记流水，叙叙旧事，把心得体会与大家分享，借此鼓励自己坚持坚守，不忘初心，继续前进。

生命在于运动，生命在于执着地追求，生命在于合着时代的脉搏跳动。人老了，心不能老！

郭军

2021 年 3 月 31 日于郑州龙子湖

目　录

第三篇

第四篇

第五篇

第六篇

第七篇

第一篇

在"河南省'十三五'规划中期评估"课题研讨座谈会上的发言

我看了《河南省"十三五"供给侧结构性改革和重大改革任务推进情况》报告，颇有感触。感触一是报告把河南省进入"十三五"以来的改革与发展的重大问题基本上都梳理出来了；感触二是报告抓住和围绕"十三五"发展的一根主线——供给侧结构性改革展开，并做了客观的评述；感触三是报告把原定规划的重大改革任务与推进供给侧结构性改革连为一体，给出了"十三五"后期的努力重点和任务目标；感触四是结合新形势、新时期、新要求，发表了评估者自己的新的意见建议。所以我首先要肯定这个评估报告做得不错。

亦如评估报告所说，"十三五"以来，我们在河南省委、省政府的正确领导下，全面认真贯彻落实党的十九大精神和习近平总书记一系列重要论述，持续深化供给侧结构性改革，统筹推进行政管理体制改革、国有企业改革、财税金融和投融资体制改革，在破解经济社会发展的深层次矛盾和问题方面取得了阶段性的、富有绩效的成果，全省经济社会发展活力不断得到释放，经济运行质量效益不断提升，整体上呈现出稳中有进、稳中向好的良好态势，特别是较好地落实了去产能、去库存、去杠杆、降成本、补短板"三去一降一补"政策要求，全省供给体系质量日益提高，供求关系明显改善，转型升级持续推进，现代河南经济体系建设取得重要成绩。这些在评估报告的第一部分里都有很好的表述。但我更赞赏第二部分的概括，就是评估报告不仅分析了我们所面临的国际经济形势，还具体从国家、河南省的层面提出了"十三五"进程中面临的新形势和新挑战，这对于研判和推进"十三五"后半叶发展将起到正面影响。

在国家层面，评估报告认为一定要注意把经济发展同中央部署指向、同党的十九大精神紧密结合起来，充分认识到新时代主要矛盾转化对深化河南经济改革的新要求、新路径。党的十九大指出，我国经济社会的主要矛盾已经转化为人民日益增长的美好生活需要和不平衡不充分的发展之间的矛盾，这一变化无疑是关乎全局的历史性变化，从而也提出了党在新时期的新的部署要求。这就是要围绕建立现代化高质量经济体系、深化供给侧结构性改革，要坚持以供给侧结构性改革为主导和主线，推动经济发展质量变革、效率变革、动力变革，提高全要素生产率。我们必须要沿着中央强调的供给侧结构性改革这条主线，做出河南省经济发展新的定位、新的部署和安排。这都是带有纲领性的，要求我们必须全面贯彻落实。

在省域层面，评估报告指出，习近平总书记关于"谱写新时代中原更加出彩的绚丽篇章"的论述，也给我们提出了新时期新的要求。2018年6月召开的中共河南省委十届六次全会强调，全省人民要以党的十九大精神和习近平总书记调研河南时的重要讲话为统领，肩负起新时代中原更加出彩的历史使命，深入践行新发展理念，推动经济高质量发展。评估报告从整体和具体两个大的方面阐释了"十三五"后半期如何对接河南经济发展和促进新时代中原更加出彩，包括总体上坚持高质量发展、统筹河南经济总量规模与结构关系、完善制度体制和发展环境等，具体上建议着力提升产品和服务供给质量、加快建设先进制造业强省和高成长服务业强省，着力推进"放管服"改革、持续优化营商环境，着力加强关键环节和薄弱领域改革、增强内生发展动力等。可以看出，这是这个评估报告的一大特点，就是既对"十三五"前半期进行认真的总结梳理，更着眼于"十三五"后半期发展切入一个新起点、高起点，以站位最新发展理念和发展要求，给出下一阶段的理论指导和方针引领。

值得指出的是，营商环境既是反映政府治理体系和治理能力现代化的标志，也是市场化运营的基础与根本，没有一流的国内国际营商环境，再优越的地理区位交通条件，也难以引来投资者投资。这个评估报告还是比较客观务实的，有关见解建议也都是符合河南经济发展实际的。

坦率地说，河南省的省情，即农业大省、新兴的工业大省、资源型经济大省，客观上决定了现时期供给侧结构性改革的难度和强度，但是河南省具有的区位交通优势又为推进供给侧结构性改革提供了广度与深度。当面对煤炭、钢材、水泥、电解铝等产业的供求形势，特别是压规模、去产能的现实时，我们不应该消极被动，而是要从全国大局大盘认识出发，毫不犹豫地按照供给侧结构性改革的要求，实施淘汰落后产能、进行过剩行业产能置换、果断处理好僵尸企业等具体措施，乘势进一步优化全省域产业体系，改善全省域经济发展质量水平，增进全省域经济发展满足人们对美好生活的需要，从实践上来表征中央推进供给侧结构性改革的战略意义和时代价值。

就河南省而言，现实地说，我们应在"十三五"后半期，一方面要按照中央"三去一降一补"的要求，积极推进供给侧结构性改革，另一方面尤其要从河南经济发展实际出发，加快河南经济对接新技术、新材料、新工艺的嫁接更新、重组再造、统筹协调，以期构筑现代河南经济体系，全力让中原更加出彩。

（2019 年 6 月 22 日于郑州郑东新区鑫仕麟假日酒店）

在"河南省'十四五'时期现代产业体系发展研究"课题座谈会上的发言

很高兴参加这个座谈会。我国马上就要进入"十四五"时期了，要做规划了，经济和社会规划的内容主体其实是一个产业发展问题，是引领朝向现代产业发展、现代产业体系建设的问题。所以，研究"十四五"时期现代产业体系发展问题具有极现实的意义和价值。就整个研究看，基本的内容都有了，之后就是如何再系统、再深化，使它更加鲜明、更加务实，进而使之成为具有研究性价值底蕴的，且能够为政府宏观调控决策提供参考的一份应用理论研究智库成果。

研究"十四五"时期河南现代产业体系问题，除了应该按照现代产业体系构成的一般规定性，按照中央及河南省委、省政府区域区划分工定位，按照河南现时产业业情特点及其体系现状三个基本思路展开外，我建议首先应梳理清楚三个产业体系点位，这恐怕是建立建设河南现代产业体系的基础。一是梳理明确河南的支柱产业、优势产业，即郭庚茂书记一直讲的战略性支柱产业，这关乎到河南现代产业及其体系的基本面，关乎到河南的财政收入，关乎到河南人民的工资收入，这是河南人的饭碗产业，必须凸显出来。二是围绕规避经济脱实向虚，围绕发展先进制造业、大数据 IT 技术产业，明确河南的战略性新兴产业，这是我们必须努力争取发展的产业。我们的战略性新兴产业整体上还是弱势短板，还处在国家第二甚至是第三方阵，应加大战略性新兴产业发展力度，问题是如何客观、实事求是地研讨预判河南战略性新兴产业及其体系的建设发展。三是继续重视传统产业转型升级发展。我国经济发展的经验教训就是容易走极端,一说发展现代产业,就都喊着叫着要发展现代产业,忽略了现代产业80%~90%都是传统优势产业,是传统优势产业与现代科技、现代媒介的融合。转型升级,就是新技术、新工艺、新装备在传统优势产业的更新改造、技术嫁接、产业新生。

我认为,一直以来讲的转型升级,还要继续坚持。转型是从产业经济运行方式方面讲的,升级是从产业技术应用方面讲的。所谓新兴产业,是新的技术革命被传统优势产业的影响带动,所产生的具有现时代感和预示未来大趋势的产业,如信息技术、互联网技术下出现的现代电子产品制造业,生物技术下出现的生物农业等,这些产业虽然可能代表了产业的未来,但应该说,目前还只是处于零星发展状态。新兴产业有一个基本特征,就是产业的资本有机构成和技术有机构成、高级化程度、内外软硬环境条件要求不断提高。中国作为一个人口大国、技术发展中的大国,以及人文素质与政府治理体系和治理能力尚需极大提高的大国,真正的新兴产业是极少数的,这是我们在努力的方向,但是我们在努力追求新兴产业的同时,决不可忽略放弃传统优势产业的转型升级、可持续发展。我们必须有这样一个意识,这也是我们研究现代产业体系的基本理念和实践基础。

结合这个课题,我和大家交流三点认识:一是研究现代产业体系发展问题,一定要把现代产业体系发展与理论的、实践的产业结构、产业组织、产业政策,以及应用新的经济运行方式、经济运行手段、经济运行阶段特点紧密结合起来,这是我们开展研究的一个基本逻辑思路,一个基本内容抓手,一个基本意识思维。也就是说,要从产业结构、产业组织、产业政策三个层面及其维度去研究现代产业体系发展问题。否则要么无从下手,要么无所遵循。

二是研究现代产业体系发展问题,既要注重拉近国家宏观产业发展背景指向，也要立足河南产业发展阶段实际。我们的研究报告其实是把该提到的内容都提出来了，下一步完善的重点是从逻辑体系、内容编排上，以研究的视域使它更明晰、更突出，包括强调继续调整优化三次产业结构，统筹两大部类以及产业内部之间比例关系，明确产业体系、实体经济、国企产业的主导性，发挥市场机制作用与促进民营产业经济发展，加快工业化与信息化融合、推进数字经济及 IT 产业发展，实现产业空间布局与区域功能定位协同，建立有河南特色的现代产业体系等。作为研究机构推出的研究报告，应是对产业发展的大背景、大态势、大路径的研究，我不建议太具体，像做规划安排那样，毕竟我们是在搞研究，与政府具体部门职能不同，目前的研究报告有点过于聚焦操作层面了。

三是研究现代产业体系发展问题，既要立基河南产业发展实际，也要紧跟中央和国家高层意志。党的十九大报告指出，"着力加快建设实体经济、科技创新、现代金融、人力资源协同发展的产业体系"。这就是我们今天研究现代产业体系发展的关键词，也是我们研究现代产业体系发展的内容要义。也就是说，我们的研究，要沿着这个思路进行。

研究河南经济，研究河南产业发展问题，一定要讲究研究的身份假设与平台站位。就是要站在省委书记、省长的角度与视平面来看问题、认知问题，提出问题的解决思路对策，站位上不来，是难以有真正研究创新的思路观点的。

（2019 年 12 月 31 日于郑州郑东新区鑫仕麟假日酒店）

把推进河南高质量发展与
实现河南稳发展连接起来

——在"《河南经济发展报告（2019）》出版暨
推动高质量发展研讨会"上的发言

一年一度一本蓝皮书，既是对过去一年河南经济发展的回顾评述，也是对新一年河南经济发展的展望预测。客观地说，河南省社科院的蓝皮书出版了将近 20 年，早已成为一个知名的业界品牌，成为关注河南经济发展各类人群的研读书目。特别是每年对宏观经济指标的梳理、比较、研判，以及走势分析，从具体内容到基本评价，都给人，尤其是给高层决策者谋略以参考，其理论意义和实践价值自然是不言而喻的。

河南与全国一样，尽管处在国内外经济形势皆不景气背景下，还是保持了稳中向好的状态和可观的前景，这一主流势、基本态、发展面，在蓝皮书里得到了充分展示，并且把河南经济昨天、今天、明天的发展，同推进高质量发展、推进供给侧结构性改革、推进"三大攻坚战"、推进乡村振兴、推进城乡融合、推进"三区一群"四大战略实施等紧密联系在一起，促转型、增动力、强质量、稳发展，从而诠释了河南经济总量持续地居于全国第五位、经济增速年均高于全国水平 1 个百分点的真谛。

2018 年的经济蓝皮书主题是"推动高质量发展"，今年的主题变了几个字，叫"高质量发展再发力"，主导依然是高质量发展，但一个"再发力"，则尽显新时期新作为新追求的河南经济新境界，表现了河南人民对河南经济发展的责任与担当、信心与执着，颇具文人匠心及其高站位和大格局。

拉回今天的会议主题，我借此与大家交流一点认识，抛砖引玉。我们是不是应该把经济的高质量发展与经济的稳发展结合起来？也就是说，我们一方面要推进经济的高质量发展，另一方面要坚持经济的稳发展，尤其是在当前经济下行压力持续增大，中美贸易争端带来许多经济不确定性因素的形势下，稳发展显得更为重要，没有稳发展的大局面，一切可能都是空的。这就要求我们去研讨并能给出一个经济高质量发展与经济稳发展的现时连接点和互动点。

对此，我个人的认识是，当前和今后相当长的一个时期内，河南经济运行应注重做好五个"转型"。

（1）持续贯彻落实历届河南省委、省政府关于加快传统产业的升级转型。河南既是一个农业大省，也是一个传统产业大省，历届省委、省政府都非常重视传统产业的升级转型，并从产业指向与产业政策上给予了具体的鼓励与支持。但从现实来看，有些地方，包括地方主政的高层对此并未有真正认识，也没有引起足够的重视，而是一味追求所谓的现代高科技企业、战略性新兴产业，结果是这些现代产业没有生成，传统产业却遭遇"滑铁卢"，进入高质量发展时代，依然不知所措，这是需要引起我们极大关注的。现代产业并非都是高新技术产业，其中90%以上都是传统产业。高质量发展，也包括传统产业的高质量发展，以及对传统产业从产业方式、产业技术、产业业态、产业经营多方面进行更新改造，特别是新技术、新工艺、新装备、新材料的嫁接转换，以期融入新的产业格局，发展成为新的产业链、价值链、供应链。在一个传统产业大省里，推进传统产业升级转型，既是经济高质量发展的客观要求，也是实现全省经济稳发展的现实选择。

（2）跟踪研究并拿出切实可行的方案政策，加快产业集聚区提质转型。一些人对产业集聚区总是有一些微词，但它作为产业经济的一种组织形态，运行方式是毋庸置疑的。任何事物都有利有弊，产业集聚区也一样，存在着这样那样的问题，但其大思路、大方向没有问题。现在，重要的是按照河南省委、省政府要求，促进产业集聚区的提质转型，真正使产业集聚区成为县市承载经济实体的百亿级、千亿级产业链、价值链集聚地。产业集聚区既要有量的概念评判，更要讲业态效能、技术层级、行业品牌、质量水平，以高质量、大品牌影响为导向，全面推进产业集聚区的提质转型。

（3）坚定不移地加快推进资源型城市和老工业基地的发展转型。一是跟进国家相关政策措施，包括列入国家搬迁改造示范工程、国家产业衰退地区振兴发展试点、产业转型升级示范区等，加快步伐，顺势创造自己的新优势、新定位、新产业。二是应有专门机构、专门负责、专门落实的组织措施，实事求是推进转型。近几年，河南省政府组织各界人士去徐州、许昌考察交流、学习参观，该是出成果的时候了。同时，推进"三区一群"建设，也应该借势解决资源型城市和老工业基地的发展转型问题。高质量发展不能仅是指企业，更多地指政府和各级机构的质量效应。

（4）立足提升国企竞争力，加快国企"混改"转型。从提出"混改"以来，国企改革一直在路上。"混改"既指产业产权多元结构混合发展，也指改革开放、市场化运作，实现社会主义初级阶段公有制的不断壮大。一个"混改"，在实现公有制的形式上就涵盖了国有、集体、民营、个体之间的交融互动、经营创新。现在在乡村振兴战略规划中，中央也强调了发展壮大新集体经济的"混改"路数，公有制性质不变，但随着生产力的发展，随着市场机制的作用力，公有制的实现形式会发生一些变化，这是自然的、客观的。但问题在于，在今天推进高质量发展的伟大工程中，这一"混改"还是缓慢了点，滞后于整个改革开放的大形势。

（5）强化以人为本，推进相应体制、机制，以及人文意识观念行为准则的动能转型。经济新常态一个很大的焦点，是寻求新时代新发展背景下新的动能，从生产关系和生产力的视域看，最大的动能当然是人的动能，就是要把人的动能发掘、调集起来，趋向国家大目标。经济发展能不能再快一点，经济质量能不能再高一点，关键在人，关键在于有没有充分调动人的积极性、主动性和创造性，不断增强经济活力的制度、体制、机制，关键在于这种制度、体制、机制能产生怎样的受动力，即能不能激发人的动能动力，激发人的事业责任心，激发人的投入忠诚度。高质量发展本质上是人的高质量发展。中央提出全面深化改革，深化到哪儿？就是要深化到人的质量素质的改善，人们融入新时代、投身新时代、创造新时代的豪情与担当。

就这个报告，我还想提三点建议，仅供大家参考。

（1）在总报告中，应该增加关于河南经济发展与增长"处于合理区间"的内容。统计部门在做公报或是解析经济形势时，总是喜欢用这个概念，那么我们就应该去做理论的、实践的叙述，使大家明白什么是合理区间，我们怎样保持了经济增长使其处于合理区间，以及从哪些具体方面来看我们处于合理区间。

（2）考虑把报告期内的一些大型工程项目作几个典型案例分析。一是由于河南省政府公开明确正副省长们的工作分工，已经细化到具体负责的某某工程项目，那么就有必要报告一下该项目的进展完成动态，使报告起到一种宣传和监督政府工作的第三方职能作用。二是考虑到项目已经成为经济规划、经济运作、经济评判的一个基本工具、基本内容、基本抓手等，强化从项目看发展，为人们研判形势提供一个务实的、新的视角平面。

（3）建议把统筹发展县域经济、推进乡村振兴、加快城乡融合、提升城镇化率等与"高质量发展再发力"的主题突出出来，甚至能有一个总体关联性、简洁鲜明性的短文述要。县域经济是省域经济的支点，一个省的经济发展快不快、变化大不大，从一定意义上说，就是看县域经济的发展变化。县域经济在 GDP 中的体量往往占省域经济规模的 60% 左右，而且从古至今，都是信奉一个哲学——"郡县制，天下安"。

此外，还应加强全书目的统纂、衔接，增强报告内容的一体性，使这个品牌越出越亮，越出越有高质量性、高价值性。

这些只是一些思路想法，与各位交流，诚愿与大家一道探讨，为河南经济发展尽一份绵薄之力。

（2019 年 6 月 28 日于河南省社会科学院会议室）

积极乐观看待当前宏观经济形势
——与黄委会部分中层干部的交流

每一个人、每一个群体、每一个法人组织都要注重形势发展，以便使自己的行为目标趋同、融合于形势。那么怎样看待形势，怎样对形势发展做出科学的预判，是我们每一个人都必须关注的。坦诚地说，这几年我国的经济确实存在着走低的问题，但要看到这是由多重因素影响的。首先，我们有意识地放缓了经济增长速度，因为我们不能再走高消耗高污染低收益的路子了，我们要转变经济增长方式，从数量型向质量型转变，不仅要追求高质量的产品，还要使人们生活在绿色生态安全的环境中，实现生产、生活、生态的和谐一体。其次，中国正面临百年未有之大变局，逆经济全球化、单边贸易绑架着意识形态，使我们的经济遭受重创。再次，我们的经济运行也面临着脱实向虚，背离经济常态，降低国民收入的危险；特别是 2020 年又遭遇了新冠肺炎疫情的侵扰。最后，我国的改革进入了深水区，要实现以新理念在改革中发展，在发展中改革，就需要我们来客观地认识和看待当前经济形势背景，保持一种理解、理智、理性的心态与状态。

尽管我们遇到了这样那样的形势问题，但是"十三五"规划目标任务即将完成，全面建成小康社会胜利在望，中华民族伟大复兴向前迈出了新的一大步，社会主义中国以更加雄伟的身姿屹立于世界东方。这一点我们一定要看到，要坚信，要坚定。

正如党的十九届五中全会公报指出的，"全党全国各族人民要再接再厉、一鼓作气，确保如期打赢脱贫攻坚战，确保如期全面建成小康社会、实现第一个百年奋斗目标，为开启全面建设社会主义现代化国家新征程奠定坚实基础"。从经济新常态，到新时代，到这次全会强调"新征程"，这是新的思维、新的部署、新的任务、新的预期，也是中国新的希望。

那么我们究竟怎样认识看待经济形势，"十四五"时期乃至2035年的大形势、大趋势是怎样的呢？就我个人的认识和各位做些交流，希望大家不吝赐教！

我主要想谈三点认识：一是形势的时空概念；二是形势的基本内容认知；三是关于"十四五"时期的规划发展。我们的培训应该是研讨式的，大家处在一线岗位，最有发言权，尤其是青年人，正是激情燃烧的岁月，正是出思想、出办法、出路子、担当有为的时候，又处在一定的领导岗位上，我也很想听听各位的认知。做理论研究的与从事实践工作的在一起碰撞再好不过了。

一、关于形势的时空概念认知

讲形势、看形势，一般多是从某一个时点、某一个地域而言的，比如我们说河南"十四五"时期的形势是怎么样的。但通常说的形势多是从国家宏观层面来说的，所以也叫宏观经济形势。宏观经济形势的好坏，直接影响着地方经济形势的发展。经济学家把人类经济活动按其范围空间划分为五个层次：宇观经济层面，即世界上国与国之间的经济往来活动；宏观经济层面，即一国主权范围内的经济活动，就是我们平常说的国家经济或国民经济活动；中观经济层面，即地方或部门行业的经济活动，比如我国的东部、中部、西部地区，各省区市，以及各产业行业部门等；微观经济层面，即企业经济活动；渺观经济层面，即家庭经济层面的活动。不同层面有着不同的活动内容，但都要受到大形势背景的影响。宇观经济形势、宏观经济形势是最重要的，直接影响着各个层次的经济发展。现在美国搞单边贸易，对各国实行经济遏制，直接影响了各国经济的发展，这种逆全球化经济的做法使我们遭受了重大伤害。如何在这样的形势背景下发展，是对每一个国家、每一个地区政府的严峻考验。因此，我们提出了"加快构建以国内大循环为主体、国内国际双循环相互促进的新发展格局"的战略方针，这既是形势所迫，也是形势使然。

二、关于形势的基本内容认知

对此，我主要有两个基本视角："克强指数"、政府调控职能。

（一）"克强指数"

这是李克强同志从河南调任辽宁工作，前期在辽宁各地考察调研时提出来的。李克强同志认为，看一个地方的经济不用看那么多，看三个指标数值变化情况就行了，一是用电量，二是货运量，三是贷款量。用电量表明生产运行动态，货运量表明商品流通状况，贷款量表明金融与企业的联系、企业的整体运行维度。通过这三个数值指数，便可观察了解一个地方的基本经济运行是怎样的。后来，英国一家杂志按照这三个指数对英国一些企业进行实地应用分析，从而对一个地区经济进行研究，发现很有用，很现实，因此就把它称为"克强指数"。如果我们稍稍留心，就会发现这些年来我们国家统计部门发布公报，或是解析我国国民经济运行情况，就主要是采用这三个指数。李克强同志担任常务总理、总理后，又加了两个指数，即就业量、居民收入量。国内外业界把前三个指标称为"旧克强指数"，把"3 + 2"称为"新克强指数"，从而形成业界或社会大众研判经济形势的一个基本视角。

（二）政府调控职能

从政府调控职能的视角看形势，是一个国际通识。一般各国都是这样评价研判一个时期的形势的，包括总统竞选，其实也都是从这几个方面论辩的，那就是速度、就业、价格、国际收支四个方面。

1. 关于速度

速度在任何时候都是必要的，关乎发展规模和增长快慢。没有一定的速度，就没有一定的体量，没有一定的吸纳劳动力的条件，没有一定的生产与再生产运动及其收益，尤其是在发展中国家，更是强调保有一定的速度。速度分为发展速度和增长速度，发展速度指的是发展的总规模，增长速度指的是相比同期或前期增长的幅度。我们国家国民经济的发展也好，增长也罢，无论是前30年，还是后40年，都保持了一个较快增长与发展的速度，我国也因此成为世界第二大经济体。但由于单一追求速度，在增长的同时，也带来了环境污染、生态失衡问题，所以后来又提出发展绿色生产力的理念，但由于只讲速度，又忽略了科技创新、科研发展滞后问题。目前，我国拥有全产业链，但美国还是能卡住我们的"脖子"，就在于我国科技创新不济，很多高新技术、尖端技术，包括高新工艺等落后于人家，所以中央又提出从数量型增长转向质量型增长。

我们的速度曾经很长时间保持两位数增长运行，到党的十九大后，增速开始放缓，不再单独追求高增长，把年度增速控制在6%左右，一方面是为了保持一定的体量，安置每年1000万人的就业；另一方面是为了使速度与结构、速度与比例、速度与效益衔接协调，形成合理的速度。2020 年暴发的新冠肺炎疫情，使我们的速度一下子降了下来，但现在我们正在全面复工复产，恢复得还不错。

我看到一些数据：

2020 年第一季度 GDP 达 206504 亿元，按可比价格计算，同比下降 6.8%。分产业看，第一产业增加值 10186 亿元，同比下降 3.2%；第二产业增加值 73638 亿元，同比下降 9.6%；第三产业增加值 122680 亿元，同比下降 5.2%。

2020 年第二季度 GDP 增长 3.2%。分产业看，第一产业增加值 26053 亿元，同比增长 0.9%；第二产业增加值 172759 亿元，同比下降 1.9%；第三产业增加值 257802 亿元，同比下降 1.6%。从环比看，2020 年第二季度国内生产总值增长 11.5%。

2020 年 10 月 19 日，国家统计局发布了 2020 年前三季度国民经济运行数据。数据显示，我国经济前三季度稳步改善，第一季度 GDP 同比下降 6.8%，上半年 GDP 同比下降 1.6%，前三季度 GDP 同比增长 0.7%，成功实现由负转正。

可以看出，2020 年我国经济先降后升，第二季度经济增长由负转正，主要指标恢复性增长，经济运行稳步复苏，基本民生保障有力，市场预期总体向好，社会发展大局稳定。

国家统计局发言人说，预计全球经济 2020 年下降 3%，中国经济增长 1.2%，中国是全球主要经济体少数预计为正增长的国家之一。国际货币基金组织预计 2021 年中国经济增长速度是 9.2%。2020 年和 2021 年的增速如果平均起来，应该在 5% 以上，或者可以理解为，2020 年中国经济因为受疫情影响，一些被压抑的经济活力会在明年更好地释放出来。所以我总是讲，一定要积极乐观地看待我们的经济形势。

但是要想取得 2021 年 5% 的增速，必须按照党的十九届五中全会的要求，坚持把发展经济着力点放在实体经济上，这个问题党的十九大以后中央就提出来了。2017 年中央经济工作会议指出，我国当前经济运行的矛盾和问题根源，是重大结构失衡，包括实体经济结构性失衡、金融和实体经济失衡、房地产和实体经济失衡。我总是认为，实体经济出了问题是很可怕的，因为没有创造财富的载体了，社会财富没有源头了，真正的工业化也就难以实现了，整个社会就脱实向虚了。因此后来的中央金融工作会议再次强调要使金融业回归本源定位，回归到服务实体经济，这次中央又一次强调了发展实体经济，全社会要真正认识到发展实体经济对一个国家生存发展的关系。奥巴马、特朗普都在强调再工业化战略，下大力气、花大代价也要把制造业拉回美国本土，制造业等实体经济才是创造国民收入的产业。

此外，我们还有调结构问题、经济效率问题等。转型升级还要讲、还要推，一定要把现有企业的运行与数字经济紧密联系起来，不断提高资本有机构成，提高技术有机构成，才能有高质量、高效率，才能有真正、合理的发展速度。

2. 关于就业

就业是民生之本，不能就业，长期有一支失业大军，不仅是对人力资源的浪费，更容易引发社会问题，影响社会大局的稳定，所以任何一个国家都把就业与失业问题列为政府制定政策的基石。我们现在提倡"六稳""六保"，第一位就是稳就业、保就业。所以这些年，国家领导人在多个场合表示，速度是高一点还是低一点的关键是能不能保持一定的就业水平。"十三五"时期，我国每年安置就业 1000 多万人，河南安置近百万人，这就是成绩。在这么严峻的形势下，能有这么一个成绩，确实是不简单的，也是不容易的。

大家知道，新型冠状肺炎疫情来袭，造成我们要面对空前加大的就业压力，各地区、各部门全面落实就业优先政策，持续加大民生投入，民生得到了切实的保障和改善。2020 年前三季度城镇新增就业 898 万人，基本完成全年的目标任务。调查失业率呈现了稳中有落的态势，2020 年 9 月全国城镇调查失业率为 5.4%，从年初 6.2% 的高位持续回落。

大家对失业现象也不要过于敏感，事物都有其两面性，从积极的方面讲，失业能够驱使就业者提高知识素养，改善劳动认知。在今后相当长的一段时期内，我国就业市场、劳动力市场会坚持"自主择业，竞争劳动"的方略。

3. 关于价格

从物价看，物价涨势比较温和。2020 年前三季度，居民消费价格同比上涨 3.3%，其中 9 月同比上涨 1.7%。从居民收入看，2020 年前三季度全国居民人均可支配收入实际增长 0.6%，这个增速和前三季度经济增长 0.7% 基本同步。2020 年社会兜底保障力度尤其比较大，前三季度全国居民人均养老金和离退休金同比名义增长 8.7%，人均社会救济和补助收入同比名义增长 12.9%，人均政策性生活补贴收入同比名义增长 11.1%，都保持了比较快的增长，而且远大于整体的居民收入增速。

我国的价格体系经过数年改革调整，应该说是与价值相连的，势头正在朝着基本合理的方向演化。但由于多年的虚拟经济运行，价格也存在失灵、失态问题。这些问题从表象看是价格背离了价值，但实际上是分配制度、分配领域出了问题。这些问题长期得不到解决，经济社会就会出现问题。因此中央正在下决心降高增低，缓和矛盾。特别是在形势持续恶化、国家收入减少的情况下，我国还在持续增加低收入阶层工资。

4. 关于国际收支

在国际收支平衡的情况下，贸易顺差和贸易逆差对一个国家经济产生的都是不利影响。美国打"贸易战"的一个起因就是认为我国的顺差过大了；而这又会导致对民族工业的压抑。这些内容是通过国际收支平衡表来反映的，应依据国际收支平衡表反映的动态来制定对外贸易政策，采取相应措施，维持国际收支平衡。

三、关于"十四五"时期的规划认知

（一）关于"十四五"规划

对于党的十九届五中全会通过的"十四五"规划建议，我个人认为重点是把握国家新征程和构筑新格局两个基本理念和重点认识。

毫无疑问，"十四五"规划是我国全面建成小康社会后开启全面建设现代化国家新征程的规划，请注意这个"国家新征程"表述。

改革开放后，我们党提出了"三步走"的战略目标。2002年召开的党的十六大，将第三步战略目标分为前20年和后30年，前20年的目标是集中力量全面建设小康社会。

全面建设小康社会的目标是党的十六大提出的，当时提出达到的重要目标之一是到2020年GDP年比2000年翻两番，党的十七大根据经济快速发展的实际提出了新的目标要求，就是到2020年人均GDP比2000年翻两番，这两个目标均已实现。党的十八大根据全面建设小康社会进展情况，在党的十六大、党的十七大的基础上又提出了新的目标要求，目标之一是到2020年国内生产总值和城乡居民人均收入比2010年翻一番。由于2020年遭遇突如其来的新冠肺炎疫情冲击，实现GDP翻番的目标有一定难度，但居民收入翻番的目标可以如期实现。然而，全面建成小康社会，最主要的是看全面发展，不能仅看GDP的增长。国家"十三五"规划纲要确定的25项主要指标，就是衡量小康社会全面性的指标。据新华社报道，目前看，"十三五"规划目标任务即将完成。

全面建成小康社会，标志着我们实现了"两个一百年"奋斗目标的第一个百年目标，已经站在了一个全新的历史新起点。党的十九大对我国"三步走"战略第三步后30年的现代化建设分两个阶段做出部署，即全面建成小康社会后，要开启全面建设社会主义现代化国家新征程，向第二个百年奋斗目标进军。"十四五"规划就是开启全面建设社会主义现代化国家的开局规划，是向第二个百年奋斗目标进军的第一个五年规划，这是"十四五"规划的历史使命和基本定位。开局，既是最重要的，也是最难的，所以，"十四五"规划是具有里程碑意义的重要规划。

但这个国家新征程的开局和运行并非易事。"十四五"时期面临的国际环境最复杂、变化最大。世界正处于百年未有之大变局，突如其来的新冠肺炎疫情，使百年大变局加速演进。"十四五"时期，美国对我国经济贸易、科技的打压、遏制持续升级，特别是我国战"疫"取得重大战略成果，展示了我国的制度优势和治理效能，也使美国对我国施压更加变本加厉。在美国的干预下，经济全球化面临重大挑战甚至倒退风险，保护主义和单边主义盛行，国际贸易和投资大幅萎缩，世界经济长期稳定运行的基础正在动摇，基于效率的全球产业链供应链面临更多基于安全性的重建。全球治理体系处在深刻调整中，全球性议题更加多元化，全球博弈更趋复杂，达成共识的难度增大。

中央说得很清楚，在全球疫情大流行的环境下，我们不可能独善其身，经济还无法完全从疫情冲击中走出来。目前的经济恢复还不均衡，一些长期的结构性失衡有所强化。"十四五"前期，特别是明年仍处于疫情冲击修复期，必须修复消费力、消化失业率、降低企业"死亡率"，保持经济社会稳定。

"十四五"规划就是在这样一个更加不稳定、不确定的世界中谋求我国发展的规划，是一个既要应对世界百年大变局风险挑战，又要从疫情冲击中走出来，还要启动全面建设社会主义现代化国家按钮的规划。所以，"十四五"规划是具有里程碑意义的重要规划。

"十四五"规划是加快构建国内大循环为主体、国内国际双循环相互促进新发展格局的规划。构建新发展格局，是"十四五"规划最大的亮点。如果说，实现第一个百年奋斗目标，是我国对国际大循环发挥了重要作用的话，那么，构建新发展格局，将对实现第二个百年奋斗目标发挥决定性作用。

面对世界百年未有之大变局，特别是美国对我们的战略遏制不断升级，以及国内经济循环面临不少"堵点"的实际情况，保持经济持续稳定发展，必须构建新发展格局。这是大国经济发展到一定阶段后的必然选择，也是我们的主动抉择。"十四五"规划是国家发展的行动纲领，构建新发展格局，则是"纲领之纲"，具有纲举目张的定位。构建新发展格局，同推动高质量发展、转变发展方式、优化经济结构、转换增长动力，同供给侧结构性改革、坚持扩大内需战略基点等是一脉相承的，是递进的，不是替代的。

发展格局可以从不同的维度来观察，包括经济运行中的供求关系格局、收入分配与消费支出关系格局、产业结构与消费结构关系格局、国内市场与国际市场关系格局等。

总之，构建新发展格局，是党中央根据国内外发展大势，对我国经济发展的战略谋划，是对我国未来经济的战略定位，是关系我国现代化建设全局的战略部署。"十四五"规划是构建新发展格局的第一个五年规划。所以说，"十四五"规划是具有里程碑意义的重要规划。

围绕开启国家新征程，构建新发展格局，在国内外严峻形势的背景下，我们只能走以国内大循环为主体、国内国际双循环的路子。

（二）关于国企改革

2020 年 6 月 30 日，中央全面深化改革委员会召开第十四次会议，会议审议通过了《国企改革三年行动方案（2020—2022 年）》。会议指出，今后三年是国企改革的关键阶段，要坚持和加强党对国有企业的全面领导，坚持和完善基本经济制度，坚持社会主义市场经济改革方向，抓重点、补短板、强弱项，推进国有经济布局优化和结构调整，增强国有经济竞争力、创新力、控制力、影响力、抗风险能力。

2020年10月12日，国务院新闻办公室举行国务院政策例行吹风会，国务院国资委副主任翁杰明，国务院国资委秘书长、新闻发言人彭华岗全面介绍了《国企改革三年行动方案（2020—2022年）》的主要内容，并回答提问。从吹风会上获悉，国企改革三年行动重点任务包括完善中国特色现代企业制度、推进国有经济布局优化和结构调整、积极稳妥深化混合所有制改革、健全市场化经营机制、形成以管资本为主的国有资产监管体制、推动国有企业公平参与市场竞争、推动一系列国企改革专项行动落实落地、加强国有企业党的领导党的建设八个方面。

翁杰明表示，在国企改革三年行动中，国资委将推动国有企业围绕主责主业大力发展实体经济，推动国有企业在产业链、供应链的关键环节和中高端领域进行布局，指导推动中央企业更多地向5G、工业互联网、人工智能、数据中心等新型基础设施建设投资，促进新一代信息技术与产业深度融合，促进中央企业和地方国有企业的数字化、智能化转型。

（三）关于房地产

房产价格取决于四个方面因素，即人口（基本需求，改善升级需求）、土地供应、金融（资金链）、国家政策（关联性产业），还有就是房产运营成本，特别是人工成本。国家提出房子"住"与"炒"理念，目的是提醒人们调整观念，控制房价过快过猛上涨势头，但房子的不动产特点，决定了它的基本保值性能。控房价是遏制房价水平，使它保持在一个合理状态。

（2020年11月3日于黄委会中层干部培训班）

关于防范化解重大风险的一些认知

讲到防范化解重大风险，我想首先纠正一个误区，就是一些人总认为我们国家的风险多，而且都是重大风险。这个观点不对，实际上，任何一个群体、一个阵营、一个社会、一个国家都是会有风险的，风险的存在是客观的，没有风险才是不正常的。因为人与人之间、企业与企业之间、个人与集体之间、企业与政府之间、地区与地区之间、国家与国家之间总会因时、因情、因意识观念、因路径抉择、因处理方式不同而产生矛盾，这个矛盾本身就是风险，有的甚至会酿成重大风险。我们有时候总是说，一个人的价值观、人生观、世界观"三观"要正，只有"三观"端正的人才能有高素养，才能清醒认识与把控自己所处的内外环境，才能正确理解和研判评估各种风险及其影响，才能理性看待并融入社会大潮和谐共进，才能拥有责任担当规避风险和化解风险。

借此机会，我也和大家交流一下我的一些认知。

所谓防范化解重大风险，首先应该认识什么是重大风险，无非是关乎到整个经济社会全局、关乎到政治文化长远方面的大事情、大问题、大隐患等。换句话说，凡危及或上升到国家经济安全、社会安全、文化安全、政治安全层面发生或将要发生的大事情、大问题、大隐患，都属于重大风险，都应该加强研判，防范化解。

这些年中央提出并引领着大家进行包括金融、生态、脱贫问题的"三大攻坚战"，河南还加了一个国企改革攻坚，无疑这都是重大问题，都确实存在着风险，如果不认识、不研究、不化解，可能还会酿成更大、更严重的问题，而且这些问题之所以重大，是因为其涉及经济、社会、文化、政治等多重因素，关乎着国家安全稳定、可持续发展的全局性、长远性问题，所以必须认真面对，必须注意防范化解。

就经济方面，我个人觉得主要是防范化解金融风险。一些人一直认为金融最大的风险是不良贷款，是金融机构破产倒闭，是政府的直接抵押借贷等，我不能认同。我认为，金融风险最要害的，也是所谓的重大风险问题是金融业运营脱离实体经济，把国民经济运行引向虚拟经济。发现金融问题的脱实向虚，果断纠正和化解这一重大风险，是党的十八大以来最了不起的贡献。中央领导集体把金融业存在的脱实向虚称为、视为导致经济社会运行重大结构失衡的矛盾和问题根源，要求解决金融与实体经济失衡，以及由金融引发带来的房地产与实体经济失衡问题。这个问题不解决，将会严重影响国民经济运行，严重影响国家工业化进程，严重影响国民收入的生产创造，严重影响价值与使用价值的实现。大家想想，没有实体经济了，没有工业等制造业，都去玩钱，大家都把心思应用在"钱生钱"上，钱不仅在不断贬值、不断失去作为货币应有的价值与使用价值，还往往会使经济社会出现通货膨胀和通货紧缩，严重影响生产、流通、分配、消费四个环节的关系运转。从奥巴马强调和实施"再工业化战略"，到特朗普不惜代价动员美国制造业回归本土，都是在规避经济运行脱实向虚，这也是中央提出防范化解金融风险的基本起点与落点，也是中央面对经济新常态、谋求稳发展的担当与抉择，也是中央防范化解金融风险攻坚战的基本政策指向。

房地产及其价格波动，从经济学视角看，客观上取决于人口与土地供应状况，主观上则是一个金融问题。房地产价格高涨，除了政府的土地财政因素，主要就是金融因素。房地产商的发展，没有金融支持，没有金融不断"输血"，它就活不了几天。这两年许多房地产企业倒闭，就是中央调控了金融与房地产业的关系——要求金融回归本源，把资金更多地投向实体经济，投向先进制造业，否则任其发展下去，必然会加剧和激化房地产生产力与大多数国民购买力之间的矛盾，尖锐到一定程度，就会酿成严重的社会问题。

我感觉河南省提出的国企改革攻关也是对的。国企不仅是共产党执政、社会主义制度赖以生存的物质基础，也是中国特色社会主义市场经济的第一主体，国企改革就是要发挥国企在中国特色社会主义市场和经济中的第一主体地位作用，推进国企真正走向现代企业制度运营。党的十八大以来，中央几乎年年出台国企改革实施意见，包括最近发布的，都有明确的部署。社会主义初级阶段国企产权的多元性结构与市场化发展，绝不是削弱、解体国有企业，而是要加强和增强国有企业的活力、实力、竞争力。这次新冠肺炎疫情再次显示了国企的骨干作用、中坚力量，所以要防范一些别有用心的人和组织诋毁、瓦解国有企业，保证国有企业的健康发展。

党在社会主义初级阶段要坚持的一个基本经济制度，就是必须毫不动摇巩固和发展公有制经济，毫不动摇鼓励、支持、引导非公有制经济发展。也就是说，我们要坚持公有制主体地位，发挥国有经济主导作用，积极推动各种所有制经济取长补短、相互促进，共同发展。

坦言说，从实践来看，国企和民企的发展实际上都存在着风险，前者是一部分人总想去国企化，后者是不能正确看待和扶助民企的发展。刘鹤副总理曾说，民企承担和贡献着50%以上的税收，60%以上的GDP，70%以上的技术创新，80%以上的城镇劳动就业，90%以上的新增就业和企业数量。但是我国民营企业的平均寿命只有3.7年，中小微民企更是短到2.5年，日本则是12.5年。这其中主要有两个原因：一是民企本身问题，二是民企发展的外部环境问题，但外部环境应是主要问题。刘鹤副总理曾一针见血地指出："有些机构的业务人员认为，给国有企业提供贷款是安全的，但给民营企业贷款政治上有风险，宁可不作为，也不犯政治错误。我们必须从讲政治、讲大局的高度认识这个问题。"也就是说，要切实解决民企发展中的问题，包括融资难问题、降低税费负担问题、公平竞争问题、企业家保护问题等。为此，习近平总书记还曾亲自主持召开民企发展座谈会，鼓励民企发展。因此，民企发展风险问题，是我们必须着意防范化解的一个重大的问题。

在社会问题防范方面，我觉得有以下几点需要指出来，引起关注，这也是防范化解重大风险应有内容。一是就业问题。这几年，特别是突如其来的新冠肺炎疫情暴发以来，中央一再强调"六稳""六保"，摆在第一位的一直都是就业。就业问题不仅在西方被视为政府制定政策的基石，在我国，就业也一直是被视作党和政府头等的、首要的事情，甚至排在国家调控第一要务的位置，国家领导人曾在多个场合反复强调速度高一点或低一点都不是问题，重要的是要保证稳就业。人们无业可就，没有收入来源，久而久之，就会产生社会问题，就会影响社会大局的安定。所以，防范化解重大风险，一定要把稳就业作为重要内容。

二是生态问题。强调生产、生活、生态"三生"理念，是正确处理生产与生活，生产、生活与生态关系的一大原则。长期以来，我们在这个问题上是有不当认识的，总认为生产是第一位的，污染问题之后再治理，结果导致环境污染，生态系统破坏，严重影响人们的生产与生活质量。习近平生态文明思想，提出既要金山银山，更要绿水青山，没有绿水青山，就没有金山银山。这几年，国务院一直抓基础设施建设投资，并不只是应对不断恶化的国内外形势、应对西方对我国的封锁，一个很大的背景就是让人们能够在生产、生活、生态关系和谐条件下安居乐业、幸福生活。我们过去欠账太多了，很多基础设施建设都是重要的、关乎民生的项目，都是作为保证与改善民生需求运作的。这将会大大改善政府与国民之间的关系。

三是惩治黑恶势力。现在中央抓得很紧，派出各种督导监察、明检暗访，下决心除恶务尽，其实目的都在于营造良好社会环境，防范化解重大社会风险。

四是文化方面。最主要的是随着改革开放、经济全球化，既要兼修吸纳跨文化的正能量、正效应，更要激励、引导人们弘扬我国优秀传统文化，实现中华民族伟大复兴的中国梦，防止民族文化异化。现在的问题不只是"过洋节""送洋货""拜洋人"的事情了，而是受西方国家文化影响，总认为西方的文化代表了人类的文明，一切向西方文化看齐，从而看不到、看不起我们自己民族的优秀文化，认为那是落后的、应该抛弃的。一个国家、一个民族，没有自己的文化，不能发扬传承自己的文化，就等于没有了灵魂、没有了追求、没有了规矩，也就被边缘化了，也就没有了自我，这是很可怕的。所以，现在中央强调要学习贯彻社会主义核心价值观，这既是一种文化的传承与创新，也是旨在以文化为机制，规范人的言谈举止。

五是政治方面。毫无疑问，一切风险最终可能都会导致引发政治风险。这两年，中央专门成立了以习近平总书记为核心的国家安全委员会，并且把安全委员会办公室直接编设于中央决策高层身边，其意义正是在于由党的最高决策团队统一协调防范化解各种重大安全风险，这次抗击新冠肺炎疫情，从高层决策到发动组织，到人财物资源调度配置，再到评估研判、监督检查，已经凸显出国家安全委员会的作用与意义了。无论是大小风险还是重大风险，只要是风险，必然都与经济社会安全关联，事关国家安全、社会稳定，就必须认真研判、防范化解。

政治范畴的重大风险防范，我的认识主要有两个方面：一方面是指每一个人、每一个组织、每一个党派、每一个政府的思想信仰、理论动能、意识倾向。给我感受最深的是在这次抗击新型冠状病毒肺炎疫情的过程中，各种思想及其交锋、各色人物及其表现，使各自拥有的各种思想政治倾向、意识指向，体现得淋漓尽致，格外通透。河南省委常委、河南省宣传部部长江凌几次谈到要进军网络，要占领网络主阵地，要有马克思主义、社会主义的声音，要有共产党的话语权，就是看到了这些问题的严重性。

另一方面是指政府治理体系和治理能力问题。2019 年底，党的十九届四中全会出台了《中共中央关于坚持和完善中国特色社会主义制度、推进国家治理体系和治理能力现代化若干重大问题的决定》，明确坚持和完善中国特色社会主义制度，推进国家治理体系和治理能力现代化的总体目标是，到我们党成立100 年时，在各方面制度更加成熟、更加定型上取得明显成效。就是要推动人民代表大会、政府、政协、监察机关、审判机关、检察机关、人民团体、企事业单位、社会组织等在党的统一领导下协调行动、增强合力，全面提高国家治理能力和治理水平。政府治理体系理顺了，政府治理能力增强了，人民的满意度提高了，我们的经济社会发展就会事半功倍。这也是习近平强调要深化党和国家领导机构改革的初衷，就是要通过深化改革，使国家治理体系和治理能力现代化水平明显提高，从而形成政治稳定、经济发展、文化繁荣、民族团结、人民幸福、社会安宁、国家统一的新局面。

风险或是重大风险总是存在的，我们应实时实地发现、研判、防范、化解这些风险，把防范化解重大风险作为我们的一项重要任务，一种重大责任，使我们的党、我们的国家沿着社会主义的道路行稳致远。

（2020 年 7 月 10 日在河南省委防范化解重大风险课题组的发言）

关于国企改革的一些认识

——与黄河明珠集团部分中层干部的交流

很高兴有机会与三门峡黄河明珠集团的同志们交流。明珠集团因三门峡大坝而生存，又以履行大坝功能而发展，现在奋进的是习近平总书记提出的，而且是明确为国家层面的"黄河流域生态保护和高质量发展"战略实施，努力着让黄河成为造福人民的幸福河。

讲好黄河故事，首先是黄河人创造了可歌可泣的感人事迹与黄河文化，一代一代的黄河明珠人毫无疑问立下了汗马功劳，做出了不朽的功绩，都是这故事里的主人。

我看到一个资料，截至 2019 年 7 月，明珠集团累计向国家电网提供了 534 亿千瓦时绿色电力，相当于可以减少煤炭燃烧约 1650 万吨，减少二氧化硫排放量约 7900 吨，减少烟尘排放量约 44410 吨，为节能减排、建设美丽中国做出了巨大贡献，在防洪、防汛、灌溉、供水、调水调沙和减淤、维护黄河安澜，以及改善生态环境、促进地方经济发展等方面发挥了重要作用，惠及沿黄 20 个地市、100 多个县，以及中原油田、胜利油田等，这与我们在座各位的辛劳都是分不开的。

明珠集团作为国家水利系统的国企，说实在的，和大家交流，还真有点诚惶诚恐，毕竟，你们在一线，对国企怎么改、往哪儿改，以及如何深化国企改革、如何评价国企改革，你们最有发言权。但既然来了，我就谈谈自己的一些认识，不当之处，尽管批评指正。

我和各位交流三点：一是关于国企的地位作用；二是当前国企改革的动态走势；三是积极破解难点，务实提升国企改革效应。

一、关于国有企业的地位作用

我一直坚持的认识有三点：第一，国有企业是中国共产党执政的物质基础与支撑力量，是社会主义制度、道路、理论、文化的信念与底气、动能与保障；第二，国有企业是推进中华民族生产力、实现中国工业化、构筑现代化经济社会体系，也是国人依赖与信赖的根本组织体；第三，国有企业是中国特色社会主义市场经济的第一主体与主导。

改革开放以来，我们的经济社会发生了翻天覆地的变化，我国成为了世界第二大经济体，我们的经济不仅慢慢强起来了，我们的生活还正在走向共同富裕。今天的辉煌，是共产党领导的社会主义国有企业不忘初心、砥砺奋进、责任担当的结果。

一些人出于种种目的，总是诋毁、回避这一事实，一再鼓吹国企私有化，宣扬用西方的"普世价值观"来改造中国，来瓦解中国共产党，妄图改变中国的社会主义方向，来阻止中国的崛起。还有人一说市场经济，就提出国企不私有化，就难有真正的市场经济。不需要国企，否定国企，不需要产业政策，否定国家宏观调控作用，结局会是什么？本次抗疫的先锋和中流砥柱就是国有企业，这一点连国外的"观火者"都赞叹不已。

我很赞成习近平等国家领导人关于中华人民共和国成立前30年、后40年的发展论断，他们始终认为中国工业化体系的创立始于前30年，并认为没有前30年的铺垫，就没有今天发展的基础。而中国的工业化体系正是国有企业创立起来的，国有企业是新中国工业化、新中国国民经济的脊梁，一直到今天，我们的航空母舰、北斗导航、C919

商用客机、高铁等，哪一个不是国企龙头建造引领？

市场经济的运行历经了 200 多年，实践证明其是行之有效、有生命力的。但市场经济是以生产资料的私人所有制为前提的，理论上假设它应该是自由生产、自由交换、自由自主地运行的。然而，历史走到今天，特别是美国从与中国开展"贸易战"，到全面围剿中国市场，用意识形态、西方定律捆绑着市场贸易，使得原有的市场机制严重扭曲，这说明市场经济已经变了味儿，已不在于你是私有制还是公有制，而是你不按照我的意思来就不行。

所以，我们走具有中国特色的社会主义市场经济的路子，既是由我国处于初级阶段的国情决定的，也是中国不断走向繁荣发展的必然选择，我们既要按照市场价值规律办事，也不能丢弃共产党领导、社会主义国有企业主导这个大原则。国有企业是中国特色社会主义市场的第一主体。所谓第一主体，就是具有市场的引领性、带动性，以及市场运行的平衡性和规避市场风险的中坚性，中国特色社会主义市场是以国有企业为主体和主导的市场。最近党中央、国务院连续发文加快推进国有企业改革，就可以看出高层的良苦用心和改革开放迈向新征程的指向。

2020 年 6 月 30 日，中央全面深化改革委员会第十四次会议指出，国有企业是中国特色社会主义的重要物质基础和政治基础，是党执政兴国的重要支柱和依靠力量。看起来是老话，细细品味却是富有新意的，这是再次为国有企业定性、定位、定力。在一段时间内，有人提出应该"推动国有资本做强做优做大"，放弃"做强做优做大国有企业"，这在理论上引发了混乱，在实践上带来了动摇。中央关于"国有企业是中国特色社会主义的重要物质基础和政治基础，是党执政兴国的重要支柱和依靠力量"的表述，响亮地回应了这些人——不要混淆了国有资本与国有企业的概念关系，国有资本是物质基础，而国有企业的政治基础不可代替，国有企业是国家重要支柱，不可代替。

我们在前文说过，在抗击疫情的过程中，国有企业勇挑重担，在应急保供、医疗支援、复工复产、稳定产业链供应链等方面发挥了重要作用。中国建筑夜以继日开展工作，仅在短短10天时间里就分别建成了火神山和雷神山医院；中国石化和新兴际华集团，在几周内将口罩的日产量从零提高到了近1000万只，防护服的日产量提高到了近20万套；国药集团、通用技术集团和华润集团，提供了从试剂盒到有效的中药等充足的"弹药"……国有企业在经济和社会复苏中发挥了强大的驱动力，带头复工复产，引领着产业链和供应链的复苏。在抗击疫情的过程中出现的一次次奇迹，都有国有企业特别是中央企业的身影。证明国有企业是党执政兴国的重要支柱和依靠力量。

二、关于当前国企改革的动态走势

"十三五"时期，国有企业向着改革"深水区"发起冲锋，持续深入落实"1＋N"政策体系，在重要领域和关键环节实现了一系列重大进展，取得了一系列重要成果。

（1）首次实现对中央企业的功能界定分类，全面完成中央企业公司制改制，中央企业集团层面实现董事会"应建尽建"。

（2）混合所有制企业户数占比超过70%。以中央企业为例，从2013年以来推进的混改事项达到4000项，引进各类社会资本超过1.5万亿元。

（3）国有资本布局结构不断优化。通过战略性重组，央企数量从2015年的106户调整至百户以内，主业处于石油石化、电力、通信、军工、机械、建筑等行业的企业资产总额和净资产占中央企业的比重均超过90%。

（4）深化供给侧结构性改革。截至2019年底，中央企业2041户

"僵尸"特困企业处置任务基本完成，累计化解煤炭过剩产能1.14亿吨、钢铁过剩产能1644万吨。

财政部数据显示，2020年1~8月全国国有及国有控股企业经济运行稳中向好，营业总收入、利润总额已连续3个月实现月度同比增长。其中，8月利润总额较上年同期增长23.2%。

2020年10月12日，国务院国有资产监督管理委员会副主任翁杰明在国务院政策例行吹风会上说，2017~2019年，全国国资系统监管企业进入世界500强的从67家增加到80家，营业总收入、利润总额分别增长17.3%、20.6%，营业收入利润率提高0.4个百分点，达到了5.9%，累计上交税费10.9万亿元。其中，中央企业营业总收入、利润总额分别增长17.3%、29.1%，营业收入利润率提高0.7个百分点，达到了6.1%，上交国有资本收益2372亿元、财政专项利润3000亿元。截至2019年底，中央企业资产总额达63.4万亿元，比"十二五"期末增加15.8万亿元，增长33.2%；净资产为22.2万亿元，比"十二五"期末增加6.3万亿元，增长39.9%。

回望"十三五"，世界经济风云变幻，面对内外矛盾叠加的复杂局面，作为我国国民经济的重要骨干和中坚力量，国有企业运行更稳、结构更优、质量更高、创新更强。国有企业尤其是中央企业坚决贯彻新发展理念和推动高质量发展要求，有效发挥了国民经济"顶梁柱"、关键领域"压舱石"作用。

在《国企改革三年行动方案（2020—2022年）》中，提出要积极稳妥深化混合所有制改革。翁杰明说，一直以来国资委积极推动充分竞争行业和领域的企业混合所有制改革，也有序探索电力、电信、军工、民航等重要领域的混合所有制改革。通过混改，切实推动了经营机制的转换，以混促改，涌现出了像海康威视、万华化学、中国巨石等一批具有示范性和标杆意义的混改企业。他同时强调，混合所有制改革是国有企业改革的重要组成部分，但它不是全部。不存在"一混就灵"，不能够"一刀切"，一窝蜂而上，而是要根据企业的实际，根据工作的成熟度，"一企一策"来加以推进。鼓励国有控股上市公司引进股比5%及以上战略投资者。

对于下一步推进混改工作的安排，国资委将按照"宜独则独、宜控则控、宜参则参"的要求，积极稳妥地推进。具体来看，第一，分层分类推动改革。混改要更多聚焦到国有资本投资公司、运营公司所出资企业和商业一类子企业。第二，合理设计和优化股权结构。鼓励国有控股的上市公司引进持股占5%甚至5%以上的战略投资者，作为积极股东参与治理，至于非上市公司，股比还可以再大一些。第三，深度转换经营机制。支持和鼓励国有企业集团对相对控股的混合所有制企业实施更加市场化的差异化管控。第四，要以混合所有制改革为抓手，在产业链、供应链上，与民营企业、中小企业不断深化合作，形成相互融合、共同发展的局面。第五，要始终坚持党的领导党的建设。混改进行到哪里，党的建设就要覆盖到哪里。翁杰明表示，推进混改工作，避免国有资产流失是底线，激发活力、提高效率是具体路径。

本次发布会上，国资委还向媒体推荐了21个国有企业混改案例，包括：航天科技推动彩虹无人机相关资产注入民营上市公司南洋科技；合肥江航引入央企军工企业、地方军工企业和民营企业并实施核心骨干持股；中国电科所属海康威视引入外部民营资本并实现员工持股；中国电子收购北京奇安信科技有限公司；环球医疗通过增资引入中信资本和聚宝龙两家战略投资人；国机集团所属中国电器院以增资扩股方式引入正泰电器；太盟集团受让中国宝武所属宝钢气体51%股权；中国宝武所属欧冶云商引进首钢基金、普洛斯、建信信托和三井物产等六家战略投资者和员工持股平台；东航物流引入联想控股、普洛斯、德邦物流和绿地集团等战略和财务投资者；中化集团所属中化现代农业有限公司战略入股荃银高科；国投高新引入华侨城资本、工银投资、农银投资、国改双百基金等战略投资者；等等。

"我们有一个明确的目标，就是促使国有资本向关系国家安全、国民经济命脉的重要行业领域集中，向关系国计民生、应急能力建设、公益性的行业领域集中，向战略性新兴产业集中。"翁杰明说。

在提升产业链、供应链的稳定性和竞争力方面，翁杰明表示，促进产业结构调整，主要是推动国有企业在产业链、供应链的关键环节和中高端领域进行布局。同时，也要鼓励国有企业加强与民营企业、科研院所、地方国有企业进行合作，形成龙头企业发挥重要作用、其他企业有效互动的新型产业生态体系。另外，也要构建新的金融服务实体经济的机制，在产业链、供应链整个领域探索新的有效的金融运行模式，提升产融结合的效果。

此外，围绕京津冀协调发展、粤港澳大湾区发展、长三角一体化发展等重大国家战略，推动中央企业和地方国有企业建立央地合作的良好机制。指导推动中央企业更多地投资5G、工业互联网、人工智能、数据中心等新型基础设施建设，促进新一代信息技术与产业深度融合，促进中央企业和地方国有企业的数字化、智能化转型，运用一系列方式培育一批具有全球竞争力的世界一流企业。

三、积极破解难点，务实提升国企改革效应

（1）进一步理顺政企关系，增强国企治理体系和治理能力现代化水平。改革开放40余年来，政府与企业的关系依然没有很好地理顺，企业依赖政府、政府包揽企业现象依然存在，从而严重影响了政府与企业治理体系和治理能力的提高，这已经成为制约国企建立现代企业制度的重要问题，为什么会这样？我个人认为，用人制度、干部管理

体制是症结。现在一些企业的董事长是上级机关任命下派的，机关干部跨越担任企业领导，又是主要领导，其思维、路数、做派等很多方面与企业运营格格不入，特别是如果一味对上级负责，有时候是不顾企业发展的，也谈不上有什么治理体系、治理能力等。所以，理顺政企关系应该首先从干部任用切入，同时，继续尝试"市场招募、合约管理"的职业经理人制度。

（2）认真解决企业家真把企业当成自己的"家"的问题，贯彻董事会"外部董事"占比多数制度和集体决策机制。目前董事会运作的权力制衡机制难以落地，有的董事长独断专行、强势霸凌，不仅严重扭曲了公司治理的本然秩序，也极大地伤害了经营管理层的作为，影响了企业的健康发展，特别是一些领导者企业素质、战略思维、组织格局等欠缺，必须下决心解决。对此，一定要有务实举措，要从规纪法制的角度来解决这一问题。盲目扩张，不仅影响主责主业发展，更使企业忽略和淡化科技研发，造成企业资金紧张甚至资金链断裂等。

（3）进一步解决公平与效率问题，认真处理企业收入分配不公、差距过大的问题。对不同产业行业企业要推行影子工资，要讲不同岗位收入水平线，避免分配矛盾的隐忧。

（4）完善考评指标，引入和建立第三方企业考评机制，加大企业内部责任审计监督。

（5）在改革中发展，在发展中改革。

1）继续加大转型升级步伐，积极与数字经济对接。转型升级一定要把握住三点意识作为：第一，转型升级是一个永恒的话题，具有时点性意义，要有战略思维，进行战略谋划。

第二，加深认识转型是指企业经营运行方式的转变——按照现代企业制度要求调整转变经营方式；升级是一个技术层面的概念，即应用最新技术、提高企业技术构成，包括采用最新理念、最新工艺、最新装备、最新材料、最新技术，实现企业高质量、高水平的建设与发展。

第三，推进企业全过程、全面、全员与数字经济运行对接，寻求和促进企业不断冲锋跨越，站立时代潮头。大数据、云平台是当今时代经济社会的一个内容特征，用大数据、云平台改变生产与生活方式是大势所趋，任何企业在这一大变革面前迟疑顿足都将遭遇厄运，败阵淘汰。所以，转型升级不是一个口号，有着实实在在的内容。

2）执行中央大政策，营造本土（企业）小环境。

国有企业作为中国特色社会主义的经济基础和政治力量，当然也要听党话、跟党走，一切行动都要与党中央保持一致，这是毫无疑问的。但党并不是要我们不分主客观条件，亦步亦趋，而是希望我们创造性地发展。所以我坚持认为，各地各企业都应该是执行中央大政策，营造本土小环境，增强主动性、创新性。也就是说，中央要求的我们要做，中央没有要求，比如政策、文件没有规定的，没有提到的，我们也可以做。有时候你做出来了，可能就是一条路子，一种模式。

一个百年名企，最基本的表现就是两个字——个性。没有个性的企业，是发展不了的。个性在哪儿？在于寻求自己的资源禀赋优势、比较优势，善于在挑战和机遇中兴起。而国企恰恰在这一方面存在缺憾。这与我们的现行体制、与我们的用人制度和干部管理制度、与长期的只对上负责机制、与政府与企业关系等因素是分不开的。但有一点，或者说一个不争的事实是，这与一个企业、一个单位的一把手的个性、格局、担当是分不开的。

我这里讲的是当领导要有营造本土小环境的意识作为。

一是引入地方经验，以"项目工程"为抓手，保障国企主责主业效应，规避发散性、盲目扩张性发展风险。从省里到市里，无论是做规划，还是做具体工作，应实施项目负责制。从省长到市长、县长，每个层面有每个层面的任务，每个任务就是每个项目，以项目为抓手，年初分工，年末评价，而且有的省份还引入了社会第三方评价机制。

现在看来，应该说效果还不错。我想，如果我们的企业也能这样，将任务梳理分解成不同项目，按项目分工负责，落实评价，则有助于加强领导责任心，有利于提高工作效率，有利于监督评价经营管理绩效。

二是推进国有资本人格化，完善资本与劳动关系，放大国企员工主人翁内生动能与变量。我国在国企改制中引入了股权激励。应该说，股权激励对企业绩效的提升有比较明显的作用，但问题在于股权结构比例的差异也出现了一定的副作用。也就是说，股权激励主要对高层或一部分中层有影响作用，而对广大员工则影响不大，显然，股权激励主要是针对经营管理层而言的。所以，现在国资委更强调引入战略性投资者，实施混合所有制，加强现代企业制度建设，规范员工行为。但我认为，国企经营管理的重心应放到完善资本与劳动关系、深化国有资本人格化方面。

马克思心目中的资本是一种资本奴役劳动、剥削劳动的概念，他认为资本来到人世间，从头到尾都滴着肮脏的血，当然这是从社会生产关系的角度认识的。而资本家和资产阶级则认为，资本首先是一种经济要素，劳动者只有与资本结合，才能创造财富，才能有社会生产力。改革开放以来，开始实行市场化机制的运营，供求关系、价格波动、资本流转、竞争规律，以及劳动力市场、资本市场等，也跃入我们社会主义经济社会的眼帘。

在资本主义的企业里，它们强调资本人格化，就是要求企业员工要按照资本家的价值观及其资本的效能追求，以人格的力量实现资本的保值与增值。资本人格化有两个内涵：一是企业员工必须要对资本家负责；二是企业员工必须凭借着资本创造更多的资本。任何企业招募员工，都要求要对资本家负责，对企业负责，体现在像资本家一样对其投入的资本负责，并且是以人格的力量倾情付出、最大投入。什么是人格力量？就是对投资人的忠诚、对企业的向心、对岗位的凝聚、对人与事的诚信。人格力量是世界上，尤其是日本企业的物质的、精神的支柱和动能。所谓"丰田人""日立人""松下人"，它凸显的是一种资本与劳动的和谐关系，一种取之不尽的人格力量，一种打造百年名企的动能源泉，是真正的企业文化。我们国企的经营管理者要研究探讨资本人格化问题，这些年我们的劳动关系改善了很多，但劳动关系效应还远远没有达到一个水平、一个高度。我们还要发掘，还要调动。

资本人格化在西方，包括日本，也是有条件的，就是员工的学历学识素养对资本人格化的影响，受教育程度与人格化程度呈正相关关系。当然，也有整个企业文化氛围、企业运营秩序、企业评价机制，以及整个社会风尚、伦理道德水准等因素。

最后，我们回到前边的话题，《国企改革三年行动方案（2020—2022年）》已经说得很清楚了，今后三年是国企改革的关键阶段，我们主要的任务就是"抓重点、补短板、强弱项"，争取国有经济在竞争力、创新力、控制力、影响力、抗风险能力上取得突破。

航向已经指明，道路已经开通，国有企业一定能够在这百年未有之大变局时刻，挺立船头，为新时代中国特色社会主义做出新的贡献！

（2020年10月21日于故县水库黄河明珠集团管理层培训班）

关于《关于淮阳撤县设区加快
发展的报告》的思索

从促进"区"的发展思路看,《关于淮阳撤县设区加快发展的报告》(以下简称《报告》)的重心与重点应该是怎么样能够使淮阳融入市域中心城区有一个更好、更快、更高质量的发展,怎么样能够更好、更快、更高水平地引领淮阳按照省辖市级的现代化城市经济社会运行规律向前,使淮阳全区人民的可支配收入、生活水平、幸福指数不断提升,明思路,出实招。

下面,我就这个《报告》和各位领导专家交流几点思考认识,我的发言概括为四点,即一个印象、两个观念、三个注重、四个建议。

一、一个印象

首先我们应该给予这个《报告》以总体肯定。这个《报告》从酝酿、调研、座谈到成稿,只有一个月的时间,一个月拿出文稿,并有这样一个内容,实属不易。同时,我们可以看出,国家、河南省于2019年8月16日下达通知,2019年8月17日周口市发改委就组建班子,开展工作,反映出对这件事情的高度重视。还有,周口市发改委的同志及这份《报告》的主题立意也很鲜明,就是要加快撤县设区后淮阳的发展，并具体提出了相应的战略性的构想与措施，所以我说应该给予肯定。但是从《报告》的一般范式规定性看，从《报告》的内容阐释性看，这份《报告》应该说还有不少提升的空间，坦率地说，还存在着一些问题。

一是站位上还没有把淮阳摆到全市，特别是摆到市域中心城区发展的大盘子中来认识看待，统筹谋划。二是融合上还没有把淮阳区与周口市域中心城区之间发展的关系，周口市域中心城区与淮阳区及淮阳区辖下镇、村之间发展的关系，周口市现代产业体系与淮阳区现有产业体系之间发展的关系，周口市政务、公务、社会治理、市政管理体系与淮阳区政务、公务、社会治理、市政管理体系之间发展的关系，以及如何融入、融入的过渡期、过渡期政策体制机制等梳理出来，没有给出时间、空间的明确意见与建议。三是整个《报告》从体例内容、文字表达各方面看，报告的应有成分意境比较平淡，不像是报告，反而更像是一个规划、一个安排部署，而对于淮阳撤县设区面临的困难困惑、体制阻滞，以及破解的意见建议几乎没有，谨提请周口市发改委的同志再琢磨琢磨。

二、两个观念

我认为做这样一个《报告》，我们的领导也好，团队人员也好，应该拥有两个基本观念。

第一个观念，就是"撤县设区"满足的是两个需求。一是周口市域中心城区的发展需要淮阳的人口、地理、文化、历史、产业，甚至文脉底气，需要淮阳来弥补自己的短板不足，需要淮阳对市域中心城区文化、经济、社会、政治的充实、壮大、支撑。也就是说，周口市域中心城区的发展，需要淮阳的地理区位、交通条件、历史文化、产业经济。因此，对于淮阳"撤县设区"、转换建制，应该从感情、道义、政策、体制、机制诸方面热诚欢迎，务实支持，想方设法、尽其所能地给予关照。比如按照一个特区、一个开发区、一个实验区的方案来设计规划，实施特殊时期、特殊政策、特殊办法、特事特办，让淮阳人骄傲地融入市域中心城区，与市域中心城区人们一道，建设发展新的周口城，这应该成为撰写《报告》的基本思路和思维。

二是淮阳的发展需要周口市域中心城区的大格局、大平台、大气场。淮阳有着得天独厚的自然资源条件，要想更好更快地富起来、强起来，淮阳既要主观上继续打拼，又需要客观上的乘势与借力，必须抓住、抓紧融入市域中心城区这个机遇，努力寻求在撤县设区发展中的新定位、新路子、新未来。

第二个观念，就是"撤县设区"的推进应坚持两个积极性。一是周口市着力推进和发展淮阳区的积极性。从周口市委、市政府高层决策者，到周口市发改委等市直各部委局办，都应该把淮阳撤县设区的融合看成是周口市未来发展的一个新的增长极，为此要从政策、制度、体制、机制，特别是财政等方面给予积极的运营自主权，倾力培育打造，排除一切不利因素，使它活起来、大起来、胖起来、强起来。

二是淮阳自身也要有自觉融入、主动作为的积极性，《报告》里这一点也要强调。我们在任何时候都要克服"等、靠、要"的消极被动思想，要充分认识到融城以后，舞台大了，平台高了，机遇多了，一定要借力和接力，积极主动地把"区"的发展建立在主要依靠自己的基础上，尽快地把县变成区，按照市、区的运行方式、运行模式发展。而且，千万不要认为成"区"了，一切都有市里安排供给，千万不要期望上级会给我们多少人力、物力、财力，整个周口市的财力有限、权力也有限，成"区"了，发展主要还是靠自己，要发挥我们自己的主观能动性与内生变量。

三、三个注重

注重一，从周口市委、市政府加快发展淮阳区的视角看，应给予"县变区"的一定过渡期及在过渡期促进淮阳区发展的相应政策、体制、机制，让淮阳133万人享受到变革带来的利益与福祉。现在《报告》比较缺乏这一气息，也没有提出很多有实质性的意见办法。

注重二，在《报告》里应对市域中心城区和淮阳区之间20千米空间地带做出一个经济社会文化的总体布局、构想展望。坦言说，目前的这个《报告》格局和站位有点低。比如说这20千米空间地带，无论对于市域中心城区，还是对于淮阳区，实际上都是"撤县设区"、融城发展的一个切入点、一个"临界"点、一个大抓手、一个大看点，一定要有一个大的谋划，一定要有鲜明的产业集聚和资源配置的目标指向、政策指向。我们就是要通过周口市域中心城区与淮阳区间这20千米的空间布局谋划，让人们几年后再看周口是如何利用这一空间既顺势实现了"县变区"，又自然地促进了产业、就业、整个经济社会的稳定发展，还使原来的市域中心城区与淮阳区之间在地理交融上衔接通达、浑然一体。

注重三，《报告》应把淮阳变区与城乡融合、脱贫攻坚、乡村振兴统筹兼顾起来，提出思维逻辑和运营路径，给周口市委、市政府和淮阳区顶层设计提供有重要决策参考价值的意见建议。特别是要提出破解淮阳变区后近百万农村农民的"农转非"、农民进城、农民就业、农民收入等现实问题的意见建议。

四、四个建议

建议一，在《报告》里应该明确提出给予淮阳"撤县设区"的一个过渡期，以及具体过渡期的相应政策体制机制，支持加快发展淮阳区的举措步骤建议等。

建议二，鉴于目前政府政务人员观念素养、政府治理能力水平等因素，《报告》中应明确建议淮阳区过渡期间，除周口市发改委、规划部门以及党委组织、宣传部门外，维持目前原有县域运行的体制机制，其他市直机关部委局办，不得随意以归口名义对接接管，以保证淮阳区自主运行度过过渡期。

建议三，在《报告》中应明确提出周口市委、市政府及其市直机关部门要把淮阳区的发展置于全域市级层面统筹规划发展，相对独立运行，积极支持淮阳区在资本运作、招商引资、产业承接、财政投入、转移支付等方面的倾斜优先权的建议。

建议四，在《报告》中加上一部分"意见建议"专述内容，调整现有文本结构，回归报告的范式体例，直接鲜明，便于领导决策参考和执行者把握操作。

此外，《报告》里面有两个概念，我觉得也值得商榷。

一个是"错位发展"的概念。这是关于传统县与县、县与市，不同地区之间避免雷同提出的一个概念，本意是要发挥地区优势，扬长避短，不要盲目照猫画虎，但市场经济并不反对"雷同"，也不回避"跟进"，大浪淘沙，优胜劣汰，任何事情、任何产业、任何人、任何企业都可以做任何一件事情，关键是你有没有竞争力，有没有后发优势，特别是在淮阳刚刚走向和定位于城区发展之际，应提倡的是与原有城区经济社会"一体化发展",即把淮阳区真正纳入周口市域中心城区经济社会发展的大格局中,进行统筹规划,趋向一体化发展,以彰显"撤县设区"实现原城与新区双赢的战略意义,而不一定非要强调"错位发展"。所以,《报告》应强化的是"一体化发展",不应该也不宜有"错位发展"的导向。

另一个是"后花园"的概念。其实淮阳进入主城区正是在由以前的"后花园"变为"前花园",要把淮阳的湖、淮阳的花,装点成周口市域中心城区的湖与花,所以不应该称"后花园"。淮阳对周口市域中心城区而言,是锦上添花,相信未来淮阳必定是周口市的中心花园,更何况《报告》里同时还提出要把淮阳区打造成"周口文旅休闲核心区",一个称"核心区",另一个称"后花园",就显得不协调、不一致了。

(2019 年 9 月 21 日于淮阳羲皇宾馆北京厅)

推进乡村振兴战略与新时代
县域经济一体化发展

实施乡村振兴战略，是党的十九大做出的重大战略部署，是党和国家"三农"工作一系列方针政策的继承和发展，是决胜全面建成小康社会、全面建设社会主义现代化的重大历史任务，是解决人民群众日益增长的美好生活需要和不平衡不充分的发展之间的矛盾、实现"两个一百年"奋斗目标的必然要求，是新时代"三农"工作的总抓手。"三农"问题是关系国计民生的根本性问题，因此，以习近平同志为核心的党中央提出了要走中国特色社会主义乡村振兴道路，并以中央一号文件和国家乡村振兴战略规划，具体给出了实施乡村振兴战略的"四梁八柱"顶层设计，即直接以国家战略规划引领，包括一系列重要战略支撑、全方位的制度性供给，特别是解决了"钱从哪里来"等全面谋划，并要求从中央到省、市、县分级负责、逐级落实。这说明乡村振兴战略实施，不只是乡村自身的事情，而是各级党委政府，尤其是县级党委政府必须统领、统筹、统一运作的大事和要事，不能把实施乡村振兴战略和县域经济发展割裂开来，必须要把推进乡村振兴战略实施与县域经济在新时代的高质量发展结合起来，一体化发展。

一、树立乡村振兴与县域经济统筹规划、一体化发展观念

　　如果说，县域经济是因乡村经济的发展而发展，那么，乡村经济又总是因县域经济的辐射带动而发展，所以两者在客观上是一体的。县域经济发展规划要对乡村经济规划做出部署安排，乡村经济规划则要以县域经济规划为指导，凸显社会化大生产，地区间分工合作，专业化、特色化发展规律。也就是说，编制乡村振兴战略规划，既要反映乡情村情特点，又要把整个乡村振兴规划纳入到全县域发展的总体规划之中。但是从这两年一些县域乡村振兴战略规划的编制内容看，几乎是清一色地照搬照套了中央、省的规划内容与模式，忽略了与县域整体规划的对接，忽略了县域自身的发展特点与发展个性，忽略了乡村经济社会发展的基础条件，出现了"就乡村振兴说乡村振兴"的倾向，即从现在的规划文本内容板块和体系架构看，看不出县域乡村振兴战略实施的重点、难点、要点，看不出县域乡村振兴战略实施的主导、主体、主线，看不出县域乡村振兴战略实施与县域经济宏观调控运行的联系、关系、脉系，这是应该引起我们关注的。

　　按照"产业兴旺、生态宜居、乡风文明、治理有效、生活富裕"的内容要求，编制规划在理论上是对的，它反映了乡村振兴战略实施的新的发展观及其预期目标，但是从县域发展来说，从实现乡村振兴来说，产业是基础，发展什么样的产业、建立什么样的产业体系、形成什么样的产业优势，既要着眼于乡村的资源条件和比较优势，也要立足于现有县域产业的状况态势，把乡村振兴中的产业兴旺和县域经济的高质量发展紧密连接在一起，明确产业的主导、产业的支柱，以

及其在乡村振兴战略实施中的作用意义。

从我国县域乡村经济发展的实践看，无论是江浙一带，还是内陆腹地，乡村经济和县域经济从来都是连为一体的。一是基于县级行政建制存在的初心，主要就是负责农业农村农民问题的组织、协调、管理，乡村本身原来并不是一个独立行政建制，而是党委政府的一个派出工作机构，这说明县乡，包括村，原本就是一体的，所以规划编制也必须注意到它们之间经济的、行政的互通互动关系。二是从现行管理体制上看，县级财政的底盘很大一部分都是以乡村财政筑成的，是以乡村产业积累为基础的，历史上的"五小工业"、乡镇企业、村办公司等，成就了县级财政收入，并形成了县域管辖范围的财政收入与分配。三是随着城镇化进程的加快，"农转非"、土地流转（包括中央试点宅基地转化为康养庭院）、城乡融合等，乡村呈萎缩态势、县城区呈扩大态势，都说明乡村振兴战略规划的实施，应该同县域经济发展规划有机结合，实现县域经济与乡村经济发展的双赢。

二、乡村振兴战略实施与推进县域经济高质量发展的动能目标都是实现农民增收、生活富裕

乡村振兴战略实施的五个方面内容落点是"生活富裕"，也就是说，追求产业兴旺，在于增加农民收入，让农民生活富裕起来，这与县级党委政府职能目标是一致的。进入新时代，县域经济和整个国家经济一样，要从速度型转向质量型，要寻求高质量发展。高质量发展的全部意义也是让我们实现共同富裕，满足人民对美好生活的向往与需求。因此，县级党委政府应该借此把握乡村振兴战略实施的机遇，重新审视和规划，梳理出自己的发展思路设计，围绕实施乡村振兴战

略规划，提升县域经济质量，壮大县域经济规模，争取更多经济要素，形成更多财政积累，增加城乡居民收入，尤其是增加农民收入。

实践证明，增加农民收入的关键是要有自己的优势产业。江浙一带乡村振兴的经验是，坚持"绿水青山就是金山银山"的理念，坚持"农业起家、工业发家、旅游旺家，三次产业融合兴家"的方略，坚持"资源变资产，资金变股金，农民变股东"的路径等，这些既是推动乡村振兴、发展县域经济的理念政策、措施机制，更是实现乡村居民生活富裕的手段方法，对于内陆乡村振兴具有重大借鉴意义和实践价值，也是国家乡村振兴战略实施意见和规划所强调的。

增进生活富裕的又一个路子是壮大发展集体经济。集体经济是我国社会主义公有制的一种基本形式。有人说，集体经济已经不合时宜，反映着旧的制度体制，对生产力是一种束缚，这显然是不对的。第一，改革开放是对社会主义生产关系的完善，不是否定和摧毁社会主义制度，坚持发展社会主义公有制，始终是共产党人努力追求的目标，国有经济也好，集体经济也罢，都是实现公有制的基本形式，而无论哪一种形式，最终的目的都是使人民从无产者走向有产者，实现生活共同富裕。第二，集体经济是我国农业农村经济的主要组成部分，正是坚持和依靠集体经济的力量，农业农村从土地改革到家庭联产承包，到土地流转，再到资产变资本，产权变股权，反映了集体经济与农业农村发展的耦合，尽管在新时代实现集体经济的方式和渠道有了新的变化，但作为农民参与社会化大生产，有组织地增加收入，实现可持续发展的社会主义制度性质是不会改变的，也是不可能取消集体经济这种所有制形式的。第三，集体经济作为一种公有制形式，在社会主义市场经济条件下，应根据乡村区情特点而采用多元产权结构，发展多种模式形式，特别是注重吸纳那些回乡返乡经营产业的个体、民营，以及以其他合资、参股等形式加入到集体经济方阵，不断壮大集体经济，创造出源源不断的集体经济收入，形成更多的资金来源，增加农民收入。

三、坚持以产业兴旺为坐标的县乡村之间
良性互动、按规律办事的发展路子

产业经济运动的规律是，一定时期内，第一产业逐步减少，第二产业逐步增加，第三产业顺势发展；或者是第一、第二产业发展到一定阶段水平，第三产业逐渐成为产业经济的主要内容，但多数情况下是三次产业顺势递进。也正因如此，许多县域经济一味强调第二产业的发展，认为只有工业兴县、工业立县才能叫发展县域经济，现在推进乡村振兴战略，还提出要发展工业，这就有些机械了。产业经济运动规律反映的是产业发展的一般趋势，一些县，特别是一些乡村，几乎没有什么工业基础，也在规划中提出发展战略性新兴产业，或是先进制造业等，这种不顾主客观条件做出的规划，是一种不按规律办事的表现，这就违背了中央和省关于乡村振兴战略实施的初衷。

无论从理论还是实践的角度来说，县域经济发展和乡村经济振兴是一体的，都是为了谋求加速推进农业产业化经营，提高农民进入市场的组织化程度和农业综合效益。这就是一直以来中央强调的着力建设现代农业，拓宽农民的就业和增收渠道；着力培育特色支柱产业；加快城乡融合，尝试引导社会力量参与投入农村基础设施建设；加快县域金融改革，缓解农民和企业贷款难的问题；大力改善县域乡村投资环境；引导大中城市的产业向县域乡村转移的规模，打破行政界限，逐步形成县域经济专业化生产和社会化分工的格局，辐射带动乡村振兴，促进农业发展、农村繁荣、农民富裕。

乡村振兴，产业兴旺是重点。按照党中央和国务院关于实施乡村振兴战略的意见，产业兴旺主要是指夯实农业生产能力基础，提高农

业综合生产能力，实施质量兴农战略，构建农村三次产业融合发展体系，促进农业小农户和现代农业发展有机衔接，构建农业对外开放新格局等。特别是对于偏远乡村，一定要因地制宜，逐步引导构建现代农业产业体系、生产体系、经营体系，提高农业创新力、竞争力和全要素生产率等。

产业兴旺是乡村振兴的物质基础，也是县域发展的经济支柱。乡村振兴战略规划提出产业兴旺，并非仅仅指乡村范畴，也应包括县域层面的产业兴旺，而且也只有县域产业经济兴旺发达，县域层面才有更多的积累和财政收入，才能有更多的资金投向乡村，才有可能完善农村的基础设施和公共服务，增加农村公共产品供给，才有可能逐步实现形成生态文明、乡村治理、乡风文明。当下，要实现乡村振兴，完全靠乡村自己是不可能的，也是不现实的，还必须靠县级党委政府，靠政府财力支持，发挥政府和市场两只手作用，但乡村市场有限，所以乡村振兴离不开县域政府的主推力。

也就是说，从目前的情况看，乡村振兴战略实施的主导力量还是政府，政府应在大力发展县域经济，不断增加财政收入的基础上，把尽可能多的资金投向乡村振兴，同时发挥好市场机制作用，提升农业产业化程度，增加农业附加价值。

乡村振兴战略是一个总体性、全局性、根本性的谋划，近期的是五年，中期的到2035年，远期的到2050年，乡村全面振兴，农业强、农村美、农民富全面实现，所以，这是一项长期的艰巨的工程。而且，乡村振兴战略规划不仅要与县域经济社会发展规划相联系，还应该制定出相关专业规划或方案，并在实践中加强各类规划的统筹管理和系统衔接，形成城乡融合、区域一体、多规合一的科学的规划体系，防止出现一哄而上、急于求成、行政命令等现象，实实在在地按照中央一号文件的内容要求，从各个乡村实际发展现状和需要出发，分类有序地推进乡村振兴。

　　党的十八大以来，我国及河南省农业农村发展都取得了历史性成就，发生了历史性变化，但是，农业农村基础差、底子薄、发展滞后的状况尚未得到根本改变，经济发展中最明显的短板仍然是"三农"问题，现代化建设中最薄弱的环节仍然是农业农村。这就告诫我们，无论是县域经济发展，还是乡村振兴战略实施，都应该坚持统筹协调诸如农产品阶段性供过于求和供给不足并存问题，农村三次产业融合发展深度不够问题，农民适应生产力发展和市场竞争能力不足问题，农村基础设施建设滞后、公共服务落后问题，以及农村民生领域欠账较多问题等。

　　值得指出的是，县域经济一方面承载着农业农村农民发展的重组大任，另一方面面临着城市化经济的冲撞，而实施乡村战略规划则无疑是推动县域经济发展的重大机遇，应当借机顺势破解县域发展堵点、生态焦点、开放难点，打造县域经济升级版。为此，目前的重要任务是把乡村振兴战略规划与全县域、全产业链、全要素规划相对接，把乡村振兴战略规划目标与全县域经济社会发展目标相对接，把乡村振兴战略规划布局与全县域经济空间主体功能区规划目标相对接，把乡村振兴战略规划实施与破解"三农"问题、加快城乡融合问题相对接，形成以县域中心城区带动乡村经济振兴，以乡村经济振兴助推县域经济全面发展的、立体化的、良好的城乡生产空间、生活空间、生态空间。

（2019 年 6 月 4 日于全省"壮大县域经济，为乡村振兴

提供载体和依托"理论研讨会）

第二篇

在河南省社科联换届大会江陵部长座谈会上的发言

我想先接着丙涛教授、世俊教授关于"人"的话题说两句。我们党最近几年提出的以人民为中心、以人为本的立国、建国、强国的思想观念，不仅使我国的社会主义回归到了本源，也使我国经济学的研究对象回归到了本然。马克思主义的一个基本的，也是内核的、最具本质特征的理论，就是把解放和发展生产力具体定位到解放和发展劳动力上，破除劳动力的商品属性，让劳动力从"牛""马"身份，进而从资本家的奴役下，做回自己。马克思生活在资本主义发展的前期，他看到了资本与劳动关系的非正常性及其对生产力的束缚，醒世地提出了"资本主义的丧钟已经敲响"，资本主义必将被社会主义所替代。他憧憬社会主义是一个"自由人联合体"，在这个"自由人联合体"中，劳动者拥有着自由、平等、全面发展自己的智力和体力的经济社会以及政治地位，生产力在人的智力和体力的自由、全面发展中不断向前发展。正是马克思的这一社会主义思想，不仅呼唤着全世界无产者联合起来，从而影响着社会主义的推进，更成为资本家转变观念，超脱出见物不见人，重物力、轻人力的思维模式和管理理念，强调以人为本的新的发展范式，使资本主义从苟延残喘到垂而不死、腐而没朽，风风火火地走到了今天。苏联在20世纪70年代后期对原《社会主义政治经济学教科书》所做的最大调整，就是明确了社会主义政治经济学的研究对象是人，完善了社会主义生产关系的主导与主线，是调整和完善以人为本的劳动关系。可惜的是，理念上转变了，实践中却并没有真正地形成指导，10 年以后，历经 74 年的社会主义国家便不存在了。所以，我们今天提出以人民为中心，坚持以人为本，走人本主义的路子，绝不可以仅仅理解为加强环保、改善生态，一年完成几项民生工程，最根本的是要从制度、体制、机制上认真地处理好劳动力的所有制关系、劳动就业关系、劳动分配关系、劳动保障关系，在完善社会主义生产关系、发展社会主义生产力的伟大工程中，使我们的劳动者能够自由、全面地发展自己的智力和体力，调动起人的积极性、主动性和创造性，增强社会主义经济与社会的生机活力，使中国真正强盛起来。全面深化改革，就是围绕以人民为中心，一切从人民的利益出发，不断满足人民对美好生活的需要来展开的，使以人民为中心的论述，既要成为新时代中国特色社会主义经济理论研究的坐标主线，更要成为新时代中国特色社会主义经济活动的实践遵循，在这一方面，我们社科工作者任重道远。

就这次会议我和各位交流一些认识，不当之处尽可批评。我主要讲两点：一是说说我们的河南省社科联；二是提一点建议。

这次河南省社科联换届会规格高，高在河南省委、省政府几大班子主要领导悉数出席，说明高层对社科工作的重视，我们感到荣耀、鼓舞、希望。亦如庚香同志总结的，这些年河南社科界确实与时俱进，不仅在社科的基础理论、应用理论研究上有了明显的提高，而且更注重围绕中央及河南省委、省政府的决策、战略和中心工作进行了多层次、多视角、多形式的研究，提出了不少重要的咨政参考意见建议，许多成果得到河南省委、省政府主要领导的批示，或高层决策部门的采纳应用。

毫无疑问，河南社科界的不断进取，社科工作的人气、气场与河南省社科联的辛勤组织是分不开的。尤其是近几年，河南省社科联发挥"联"的作用，积极主动加强对社科各界的组织引导，使河南社科理论界对中央及河南省委、省政府高层设计、决策规划、中心任务、工作部署能够紧密呼应与配合。在我的印象中至少有三点：一是党中央和河南省委、省政府有什么新的精神、新的部署时，河南省社科联会迅速组织、引导相关专家学者开展学习领会，解疑释惑，宣传贯彻；二是围绕中央和河南省委、省政府的中心任务、政策指向，组织进行各种形式、各个层次的论坛、研讨、座谈、培训等；三是河南省社科联已然成为河南经济社会发展咨询与研究的智库中心。河南省社科联不仅积极主动调集社科工作的五路大军投入智库研究，而且其本身由主席亲自带领组建专题研究团队，开展重点、难点、热点研究，研究成果频频见诸报端，或是被河南省委、省政府主要领导批示采用，不断创新科研成果的转化形式与渠道等。难能可贵的是，河南省社科联不仅引领了全省社科界学习贯彻中央及河南省委、省政府的思想指向，而且其自身由主席牵头并亲自组织和参与热点、难点、焦点问题研究，给社科界以带动影响。他们在主流媒体上发表的研究成果、完成的项目著作，以及河南省委、省政府主要领导的批示，很多都是他们自己的团队完成的，这一点恐怕在别的地方是不多见的。

河南省社科联只有学会处和普及处两个基本工作处室，两个部门加起来不足 10 个人，但由于河南省社科联领导得力，两个部门工作卖力，其他部门给力，使河南省社科工作风生水起、红红火火，河南省社科联已经"联"成了河南社科事业发展的大家庭、大本营、大基地、大平台，没有河南省社科联同志们的辛勤劳累，就不会有河南社科事业今天的良好发展。

由于时间关系，我提一点建议。庚香同志说，王国生书记临走时，要求河南省社科联多给河南省委提有价值的成果建议。所谓有价值的成果建议，无非是社科研究者研究的内容要与河南省委、省政府调控运作河南经济的现实需求相对接。这里的问题是，社科工作者如何获知河南省委、省政府高层的思路指向和现实需求信息，做到有针对性、有实践价值地开展研究。

这些年，我们主要是借助网络媒体，借助领导讲话，借助河南省委、省政府文件精神，借助河南省社科联每年提请河南省委、省政府领导出题目等开展研究，那么能不能有一个类似信息资料、简报的形式，把领导需求、政府需求在一定范围内传阅交流？或者，把河南省委、省政府主要领导与专家定时不定时的对话交流方式保持下来，最好是领导当场提一些问题，大家面对面交流，增进研究的针对性和实践性。

以上仅为一点建议，谨做意见建议交流。

（2019 年 2 月 22 日下午于黄河迎宾馆荷花厅）

关于"举旗帜、兴文化"的思考

今天参加这个会感慨颇多，首先祝贺《光明日报》70 年华诞，大家都认为《光明日报》是中国知识界自己的报纸，知识界的理工农医、人文社科哲政，各学科、各专业、各层次，几乎没有不订阅、不拥有《光明日报》的。我对《光明日报》也有一种亲近感、暖暖的情结。如果没有记错的话，那是 1991 年，《光明日报》刊登了我的一篇文章，大约有 2000 字，那是我为我们国家改革开放以来召开的第一个研讨劳动关系制度改革的会议所写的内容综述，当时，我试投了几个地方，人家都没有理会，是《光明日报》给刊发了，我很兴奋，也很难忘记。后来我翻阅了一些资料，知道《光明日报》是一份较早由中国同盟会发起主办的，与其他报纸定位不同，主要服务于知识分子，反映知识分子科学研究、创作生活的报纸，所以一直到现在，多少年过去了，我走到哪里，就订阅到哪里，就让那里的人们品读《光明日报》，从中汲取知识，跟进时事。刚才听先琴站长回顾的那些历史和史诗，包括《光明日报》与河南发展、与河南知识界的关系等，我觉得很真实、很温暖、很感人，使我更加肃然起敬，仰慕赞叹。时间关系，这些我就不再说了。

现在我们再回到会议的主题上来。联系习近平同志致《光明日报》创刊 70 周年贺信中强调的"举旗帜"的问题，我想与各位交流一下。关于"举旗帜"，我最近参加了一些县域乡村振兴战略规划的项目评审活动，在这些项目评审过程中我都谈到了一个话题，就是关于如何进一步按照中央的指向和现时政策利好条件，积极壮大乡村集体经济，以乡村集体经济力量助推实现乡村振兴。但是一提到集体经济，就有人不乐意，说集体经济早已经成为一个旧时代制度体制的代名词了。我说中央在集体经济前面加了一个"新"字，叫新集体经济，说明中央并没有取消这个反映社会主义特色与特点的概念及其形式。

我认为，改革开放是要完善社会主义生产关系，是要巩固社会主义制度，而不是相反。社会主义公有制的支点，或者说物质基础，一个是国有经济，另一个是集体经济，只要是由共产党领导，只要是走社会主义道路，这个基本经济制度就不会改变，改变的只是它的实现形式。比如，从单一公有制转变为多种所有制成分并存包括集体经济在内的公有制经济，都要与时俱进，都要寻求多形式、多层次、全方位混合发展的模式路数。如果一个改革，把公有制改没了，把社会主义的物质基础摧毁了，把人民当家做主人转变成了资本对人的奴役，那么，这个改革就是失败的。改革绝不是也绝不应该是一种异化——自己给自己挖了坑，自己成了自己的掘墓人。这应该就是一个举什么旗帜、兴什么文化的大是大非的问题，是一个大方向性、大目标性的问题，不能含糊，公有制的制度性质与公有制的实现方式不应该混淆，这不是一回事。从这一视角看，在今天，"举旗帜"的问题并没有真正解决。也是基于这一现实，习近平总书记再次提出"举旗帜"的问题，而且是对着中国知识分子最集中交流话语的《光明日报》讲的，这是有实践出处的，是有所指的，是需要我们高度关注和深层思考的。"举旗帜"，就是要举共产党的旗帜，举马列主义伟大思想的旗帜，举社会主义制度、社会主义道路的旗帜，举习近平新时代中国特色社会主义的旗帜。举什么旗，走什么路，这对于每一位知识分子来说，都是一个很大的政治考量。

这几年，从中央到地方的各种文献、政策，里面都写得明明白白，中央发展集体经济的理论思想、方针大政是不会改变的。我国社会生产力的地区之间、部门之间、城乡之间、工农之间的差异化、不平衡，客观上决定了在我国还是要发展集体经济的，即使是全面建成小康社会，"三农"问题的解决，也还是要借助集体经济这一形式的实现。这也是中央在乡村振兴战略规划里做出专段论述的基本意义。

那"兴文化"呢？我认为，文化是一种传承，中国文化其实就是中国故事的流传、影响，之所以故事转化为文化，是因为故事传递出来的鼓舞人们奋进、拼博的正能量，是对人的言谈举止的激励和约束。

这些年互联网的发展，确实改变了我们的生活方式，但是互联网同时也成为一些人传播腐朽文化的一个平台载体。所以，河南省委宣传部部长江凌在几个场合都谈到今后要把精力和工作重心转移到网络媒体上，要占领互联网这个阵地。那么，怎样占领网络阵地，传播正能量，大兴社会主义文化？我觉得我们的学界和知识界都要有责任与担当。

我们最近开展主题教育活动，强调不忘初心、牢记使命。初心是什么？就是旗帜，是旗帜引领下的道路，是道路前行的目标目的，是以这些目标、目的为动能的砥砺奋进，是砥砺奋进中形成的新理论与新文化，是坚定坚持社会主义的"四个自信"。我们要高举马克思主义理论指导下的科学社会主义大旗，高举习近平新时代中国特色社会主义思想大旗，兴社会主义理论、社会主义制度、社会主义道路、社会主义文化，这是一个政治站位问题，是一个反映今天知识界格局的问题，我们一定要从这个高度上来认识。

（2019 年 7 月 2 日于"河南知识界学习习近平致《光明日报》

创刊 70 周年贺信精神座谈会"）

实现传统文化创新
推进河南经济更加开放
—— 在河南省文联换届大会专题座谈会上的发言

从 2019 年 2 月 22 日河南省委书记王国生、河南省委宣传部部长江凌出席河南省社会科学界联合会第九届会议并发表讲话和主持座谈会，到 3 月 4 日习近平总书记看望参加全国政协十三届二次会议的文化艺术界、社会科学界委员，并参加联组会，听取意见和建议、发表讲话，到今天河南省委书记王国生、河南省委宣传部部长江凌出席河南省文化艺术界联合会第八届会议并发表讲话和主持座谈会，再到最近连续召开的河南省高校社科工作会议、河南省社科联系统工作会议，这真可谓是"社科之春"。社科人激动了、沸腾了，社科人都在深入学习贯彻中央、河南省委关于哲学社会科学的思想指向和任务部署，使之落实到位。

习近平总书记的论述，王国生书记、江凌部长的讲话，以及社科工作会议，其主旨思想是一脉相承的，就是要社科工作者放眼新时代，投身新时代，为新时代传道授业解惑。

学习习近平总书记论述和王国生书记、江凌部长讲话，我认识最深刻的有三点：一是强调了哲学社会科学工作属于培根铸魂的工作，在党和国家全局工作中居于十分重要的地位，在新时代坚持和发展中国特色社会主义中具有十分重要的作用，从而把文艺工作、社科工作提高到一个新的高度和层境，明晰了社科工作者应肩负起记录新时代、书写新时代、讴歌新时代的使命与担当。二是强调了哲学社会科学工作应勇于解决现实问题、回答现实课题，从当代中国的伟大创造中发现创作的主题、捕捉创新的灵感，把握群众思想脉搏，着眼群众需要解疑释惑、阐明道理，把学问写进群众心坎里；明晰了社科工作者应立足中国特色社会主义伟大实践，提出具有自主性、独创性的理论观点，即用中国理论解读中国实践，为党和人民继续前进提供强大精神激励，汇集和激发 14 亿人民的磅礴力量。三是强调了哲学社会科学工作者要坚持用明德引领风尚，就是要坚守高尚职业道德，多下苦功、多练真功，做到勤业精业。要自觉践行社会主义核心价值观，自尊自重、自珍自爱，讲品位、讲格调、讲责任。明晰了社科工作者要有信仰、有情怀、有担当，树立高远的理想追求和深沉的家国情怀，努力做对国家、对民族、对人民有贡献的学问家。

作为河南的哲学社会科学工作者，要按照王国生书记、江凌部长的指示，高举伟大旗帜，在以习近平新时代中国特色社会主义思想改造主观世界上下足功夫，做到心正、道正、神正、身正；推动习近平新时代中国特色社会主义思想的研究阐释往深里走、往心里走、往实里走，推动党的理论创新成果更加深入人心。要坚守正确立场，牢牢坚持马克思主义在哲学社会科学领域的指导地位，建设具有中原特色的学科体系、学术体系和话语体系，着力构建河南哲学社会科学高地；发扬斗争精神，挺进网络主战场，敢于亮剑发声，建立完善社会思潮研判机制、引导机制，把强信心、聚民心、暖人心、筑同心的工作做得更深、更实、更有成效。要紧贴大局中心，深刻回答新时代河南要打好"四张牌"、中原更加出彩的重大问题，努力推出一批既有理论高度又有实践深度的研究成果，当好党委、政府信得过、靠得住、用得上的思想库和智囊团。要弘扬良好学风，坚持以人民为中心的研究方向，聚焦人民的火热实践和创新创造，聚焦百姓的所思所盼，在为人民做学问中展示襟怀和作为。

要深刻领会习近平总书记的讲话精神，在学懂、弄通、做实上下功夫，坚持围绕中心、服务大局，在守正创新上实现新作为，努力构建具有中国特色、中原特点的地方哲学社会科学，为河南省委、省政府决策提供理论服务，为河南改革发展提供智力支撑。

"一个没有发达的自然科学的国家不可能走在世界前列，一个没有繁荣的哲学社会科学的国家也不可能走在世界前列。"这是 2016 年 5 月 17 日，习近平总书记在北京主持召开哲学社会科学工作座谈会并发表重要讲话时的一个金句。我一直在思考，把这句话拉近到我们，可不可以说，一个没有发达的自然科学的河南不可能走在兄弟省份的前列，一个没有繁荣的哲学社会科学的河南也不可能走在兄弟省份的前列？

这使我想到了王国生书记于 2018 年 4 月 13 日在国家外交部河南全球推介活动上致辞时引用的三句古诗："若问古今兴废事，请君只看洛阳城""忽如一夜春风来，千树万树梨花开""长风破浪会有时，直挂云帆济沧海"。王国生书记引用这三句古诗，生动概括出了河南的昨天、今天和明天，很典型、很鲜明、很有故事感，寓意也很深刻，这是在以诗传情，以诗书怀，以诗寄语。这三句古诗，对外宣传的是古老的河南孕育着无限的生机，发展会越来越好；对内则在通过诗文化告诫我们，既要看到我们的发展，更要看到我们的不足，看到我们与兄弟省份、与中西部地区之间的差距，特别是要研讨和注重突破传统文化观念束缚，站在新时代的高度，传承创新优秀的中原文化，挖掘提升当代焦裕禄精神、红旗渠精神、愚公移山精神等，赋予中原文化新的时代内涵与外延，使精神的力量转变成强大的物质动能，实现习近平总书记期望的"中原更加出彩"。所以，这三句古诗的引用，等于给我们出了题目，碰撞了思路。

最近，河南省社科联下发了《关于学习贯彻第九次代表大会精神的通知》，其中强调了江凌部长提出的在开展重大现实问题研究上，要把优秀传统文化、党的建设、乡村振兴、追赶型经济、开放型经济等河南独特的理论研究资源挖掘阐发好，积极做好五个方面的重大实践课题研究阐释的指导意见。这五个方面，其中之一就是推动优秀传统文化传承发扬，并根据时代要求，借鉴更多的优秀文化要素，实现优秀传统文化的创造性转化、创新性发展，形成更具引领力的先进文化，以新的先进文化及其观念，真正推动后发地区经济高质量发展，推进内陆省份经济更加开放等。这一思路指向，我非常赞成，因为它给出了一个十分接地气的、符合河南实际的、具有战略意义和时代价值的命题，文化不提升、观念不转变，还是按传统的文化观念、思维模式来规划运作新时代的经济与社会，是不会有什么进取和收益，也不会出现大格调和大格局的。

文艺工作者也好，社科工作者也罢，只有以扎根本土、深植时代为基础，提出具有自主性、独创性的中原方案、中原理论，方能践行启迪思想、陶冶情操、温润心灵的重要职责，承担起以文化人、以文育人、以文培元的使命。文化是什么？文化是代际相传的激励人们砥砺前行的经典故事，是内化于心的对人的言谈举止的激励和约束。文化立省的理念可以商榷，但文化对人的思想观念、实践行为的影响是毋庸置疑的。河南经济、中原崛起、中原出彩，应当首先取决于新时代的河南新文化的崛起、出彩，也只有新文化才能孕育出真正出彩的河南人，才能成就名副其实的文化大省，才能推进建设经济大省，走向经济强省。

（2019 年 4 月 1 日于郑州市黄河迎宾馆荷花厅）

社会科学研究者的定位与定力

——兼议经济学人的格局

很高兴来到河南社科院和大家交流，很兴奋，也有点诚惶诚恐。惶恐的是社科院是党委政府职能参议机构，按照建全院长的话说，是全省最高学术研究和社会科学综合研究中心；兴奋的是我最愿意与年轻人交流了，和年轻人在一起，不仅自己感觉年轻了，而且学到很多新思想、新知识。我先讲点我的一些认识，咱们一起交流。

一、社科研究者应有自己的定位与定力

社会科学研究与自然科学研究不同，它是研究人类经济、社会、文化、政治发展的历史、现状、趋势及其一般规律的，自然科学则是研究自然资源、物质资源及其天体物理生成基因演化构成的，两者各有自己的范畴、定位。

就社科研究而言，其有很多说法，我的认识是：社会科学是研究政治、经济、社会、文化及其相应关系的，因此，社会科学是研究生产关系以及生产关系对生产力的影响关系的科学。社会科学的研究是没有国界的，但社会科学研究却有着服务和维护什么样的生产关系，从而服务和维护什么样的制度体制的鲜明立场。也就是说，有什么样的生产关系，就有什么样的制度体制。人类走到今天，先后经历了原始社会、奴

隶社会、封建社会、资本主义社会、社会主义社会，各不一样的社会形态，既取决于它的生产力状况，也受制于它的生产关系及其相应制度体制。资本主义的生产关系是以私有制为内核主旨的，因此它的制度体制轴心、它的经济社会文化政治曲线，都是围绕私人所有、富有阶级运转波动的，它的整个经济社会文化政治秩序，包括它们自己标榜、很多人向往的"自由""民主"，都是在这一个大关系、大原则、大前提下存在的。马克思有一句经典的话，叫"资本主义自由经济自由的不是人，而是资本"。它的市场经济机制，总而言之，就是"利润最大化"，"私有权益不可侵犯"。从这次疫情就看出来了，在防治病毒方面，我国是动员、下达任务；西方国家就不行了，要么政府出钱，要么市场交换，私有业主人家是无利不起早的。

社会主义的生产关系是以公有产权多元化为主导、以不断满足人民对美好生活需要为内核主旨的，所以它的制度体制轴心、它的经济社会文化政治曲线，就是围绕以人民为主体，走共同富裕的路子，在传承华夏文明中实现民族复兴而运转波动的。

我有一个认识，马克思写作《资本论》，对资本主义而言，是在揭示资本生产、资本增殖、资本剩余、资本积累、资本运动的过程，所以资本家总是把《资本论》捧为《圣经》，珍重地放在自己的案头。对社会主义而言，是研究劳动力产权、劳动力市场、劳动力使用、劳动力地位及其劳动力生产与再生产的，是要把资本奴役劳动的世界转换为劳动与资本和谐发展的世界。从这一意义上说，《资本论》也可以称为《劳动论》，也正因如此，我一直坚持认为社会主义生产关系的内容主体是劳动关系，我国体制改革的主线应是劳动关系，体制改革的一个重要方面，就是必须明确和确立社会主义劳动者的经济、社会、文化、政治主体地位。一直感觉很棘手又难以破解的两极分化、城乡差别问题的根源就是劳动者没有获得应有地位，社会主义制度性质决定了人民当家做主的权益，但这个权益的实现是以劳动者的社会、经济、文化、政治的主体地位为前提的，特别是要将劳动者作为分配的主体，才不至于使主人公沦为"主人空"。这也是我们坚持以人为本、以人民为主体、走人本主义路子的理论源头依据。资本主义之所以垂而不死、腐而不朽，就是它们领会和接受了马克思主义劳动关系论，调整了它的生产关系，从见物不见人，到重视解决人的问题、理顺劳动关系，走向了人本主义，这是我们今天改革开放应有的一个基本意识和实践着力点。

马克思和马克思主义在中国、在今天、在将来，都是我们要认真学习、坚持坚守的理论基础、意识观念、实践指导。我们社会主义社科研究工作者，就是要做马克思主义中国化的社科工作者，就是要真正把马克思主义始终作为我们社科研究的理论依据和理论底气，这也是我们社科工作者从事社科研究的基本定位。

社科研究对于地方机构来说，主要作用是拉近地方经济社会需求，开展应用理论和应用政策研究。在应用理论研究方面，主要就是应用马克思主义理论解析经济社会现象，立足区情实际，提出地方党委政府需要的研究报告和各种各类咨政性意见建议，发挥智库智囊作用。应用马克思主义理论，也就是应用马克思主义理论中国化了的思想，包括毛泽东思想、邓小平理论、习近平新时代中国特色社会主义思想，来看待和解析我们面临的现实问题，它们是一脉相承的。正是我们坚持了马克思主义的理论指导，前30年、后40年，尽管风雨不断、坎坷不少，我们屹然挺立在世界民族之林，这是不容否认的、铁一般的事实。谁不承认这一点，谁就不是实事求是，就不是历史唯物主义者。回顾70年路程，我们应该更加坚定这一方向和作为，我们也为我们的付出感到欣慰与骄傲。在应用政策研究方面，我们社科院的同志不仅适时、适地联系实际提出了不少政策意见建议，更为制定和完善政策做了大量的工作，形成了极大的影响，我们的蓝皮书、专项政策咨询建议，以及具体与产业部门一道直接制定一些政策措施等，都是我们的价值贡献，也是我们定位的体现。

讲定位，在于弄清楚我们的岗位职能是什么，以及我们应该怎样做、做什么。讲定力，是说我们研究的专注力、信念力、意志力，指一个人有坚定的政治立场、政治信念、政治作为，从而为实现自己的理想与抱负，一往无前、坚韧不拔，有追求成功的执着担当、责任动能、精神境界。今天我们讲定力，主要是强调社科工作者要有政治站位、专业作为，为中国特色社会主义事业贡献智慧和力量。我把它概括为四句话：沿社会主义道路进取；为社会主义制度助力；推社会主义理论科学；扬社会主义文化精神。能不能做到正确的定位，拥有坚毅的定力，关键看我们有没有树立起马克思主义、科学社会主义的信念、信仰、信心。

二、经济学人要有社会主义底线思维的格局

学者要有学者的风范，要有自己的形体形象，用现在的话说叫要有格局。

什么是格局？就是一个人的心胸、视野、追求、智慧、素养、形象等，或者说是你能给别人留下的品位、层次、能力的基本印象和记忆。"格"是与"度"相联系的，主要反映一个人对事物、事件的认知程度，讲的是这个人的专业深度、研究高度和产生的业内影响广度；"局"是与"体"相联系的，主要是一个人对物体、事体，群体、个体，总体、具体等相应对象范围的认知与把控能力和状态表现。按照心理学界的说法，一个人的格局大小，是由他的格局观决定的，而格局观又是由一个人的"三观"决定的。也就是说，一个人有什么样的人生观、价值观、世界观，他就会有什么样的格局。

我理解的格局，就是强调一个人要有良好的处世哲学、热烈的家

国情怀、大美的纯净心灵，非情绪化地看待和处理一切事物事件。格局要求人们看待处理任何事物都应该是历史的、辩证的、系统的，也只有这样，才能在面对问题时提出客观公正、有水平层次的真知灼见，而不是整天抱怨、发牢骚。比如，做中美经济比较研究，其意义是在比较中找出我们的短板，向政府提出有益的、可资借鉴的意见建议，但不可以因为发现差距大，就认为还不如把人家那一套搬过来，要求我们现在就要和发达国家一样，那是不现实的。美国建国240多年，而我们才70多年。美国是世界高新技术、先进生产力最发达的国家，而我们的科技只是刚刚起步。我们先不说文化、政治、意识形态的不同，单说两国国民素质、价值追求的差异，欲走美国之路，就是不现实的。所以，有些可比，有些则不可比，不实事求是、不讲国情实际，也是没有格局。

再比如，我们进行社科研究或者河南经济研究，作为智囊、作为智库应出具给高层的并非仅是"一事一议"，而是要分季、分年度给出不同时期的宏观经济形势大势分析、宏观经济调控政策的红利发掘利用建议，以及一定宏观经济背景下的产业、行业、企业发展机遇和调整等。大家看看北京、上海高层智库的研究内容，多是大形势、大背景、大动态方面的内容，多是涉及宏观全局的内容，也正因如此，才能影响和辅佐高层引领着经济社会的高质量发展。河南经济学者首先要立足河南经济运行实践进行深入研究，特别是要拿出有分量的形势背景研究报告。

有没有格局，是看你能不能从历史纵横、经济社会主流大潮上，客观公正、满怀激情地研判、认知、理解，向党委、政府提出有水平、有层次、有见地的意见建议，特别是持续、跟踪并做出系统全面的咨政报告。

经济学人一定要有自己的大定位、大方向、大目标、大追求，要当学者专家，要形成自己的研究领地和优势，一定要有格局。

有一句话我很赞成，叫把社科研究根植于中国特色社会主义大地上。这既是定位，也是格局。我们从事社科研究的人就是要为新时代中国特色社会主义建设发展奉献智慧和力量，就是要有这种精气神。

格局也反映了站位。我们为中国特色社会主义伟大事业服务，那就要站在马克思主义立场上、站在中国共产党及其政府的立场上，维护新中国建设与发展的利益，这就是我们社科工作者的底线与格局。

（2020 年 4 月 16 日于河南省社会科学院工业经济研究所）

做新时代有为的青年社科专家

——与漯河市青年社科专家交流

感谢漯河市社科联领导，也感谢在座的各位青年社科专家，给我这次与大家交流的机会，我也很珍惜这次机会，很愿意和大家交流一些认知：一是做新时代有为的青年社科专家，首先要坚持社会主义的意识形态与政治导向；二是学习、宣传、实践习近平新时代中国特色社会主义思想，讲站位、有格局；三是立足岗位，奋发有为，融入让中原更加出彩的新时代、新征程。

一、做新时代有为的青年社科专家，首先要坚持社会主义的意识形态与政治导向

我在作党的十八大、十九大宣讲过程中，说过一句话，就是党的十八大、十九大精神，其本质、核心其实可以概括为两句话、六个字，叫"听党话、跟党走"，这就是党的最高级别会议传递出来的最基本的信息。坦率地说，党的十八大以来，实际上我们又进行了一次"拨乱反正"。你看我们进行了一次一次的"运动"——这和以前的政治运动是有很大区别的，以前的政治运动从本质上说是一种阶级斗争，现在则是面对问题、克服规避。不仅要把全党全国人民的思想进一步

统一到"以经济建设为中心"、使人民富起来、使国家强起来，实现中华民族伟大复兴的中国梦上来，更重大的意义是要使我们每个人、每个群体都应该深刻认识、清楚中华民族伟大复兴中国梦的实现，由谁来领导，坚持一个怎样的目标方向、动力、依靠等。也就是说，要通过某些适当的方式方法，给我们的人民铸就一个灵魂、树立一个信仰、坚定一个自信，使中国人民有统一的意志和追求，有深刻的感同身受和价值判断：是共产党、是共产党选择的社会主义道路使我们慢慢站了起来、富了起来、强了起来，而且坚信在中国，没有第二条路可走。因此，我们应该很理性地意识到，中国的建设与发展、改革与开放，同共产党的领导，同共产党从中国国情实际出发、坚持马克思主义中国化、坚持中国特色社会主义思想、坚持以人民为中心、全心全意为人民服务是分不开的。要坚信共产党的领导，坚定社会主义的道路自信、制度自信、理论自信、文化自信。也正因如此，党的十八大以来，我们进行了一系列包括"两学一做""三严三实""不忘初心、牢记使命"，以及红色记忆教育等学习活动，用心良苦，意义深远。

我们现在为什么要强化意识形态，强调政治导向，是因为我们中的一些人，不讲中国的发展进步，不看中国的态势气势，一味鼓吹"自由化""西化"，模糊人们的视野，混淆人们的认识，瓦解人们的斗志，妄图以国外的、不接中国地气的那一套来替代共产党的领导，来替代社会主义制度。也正因这一背景，以习近平为核心的新的中央领导集体以党的十八大为转折，开始了以党的建设的高质量发展，推进新中国新时代经济社会高质量的发展，这是撼天动地的大事情。

我们也有理由相信，我们的共产党员能够自觉地听党话、跟党走，使绝大多数全国人民心里形成对我们党的一个最为客观的检验与评判，使大家从内心里感觉到：

一是实践证明，没有共产党，就没有新中国，没有共产党，就没有建设和发展中的新中国，要始终坚持党的领导。

二是在这个改革开放带来了多元化思想的时代，在这个传统文化与开放跨文化交织的国度里，我们不能迷失方位与方向，举什么旗、走什么路，一定不要犯糊涂，一定要坚持社会主义道路方向，一定不能泯灭了自己的文化。我们不能被所谓的民主人士、社会"精英"鼓吹的"西化""自由化"所蒙蔽。

三是要纠正长期身在党、心不在党，是党员，不说党的话、不维护党的声誉利益的状况。改革开放以来，从一开始我们就坚持"一个中心，两个基本点，三个有利于，四个基本原则"，坚持改革开放是社会主义生产关系及其制度的自我完善，不是要推翻共产党的领导，不是要颠覆社会主义道路，是共产党人以一种责任担当，一种豪迈气概，领导着中国人民顺应世界潮流、融入经济全球化发展的一场伟大的革命性的斗争，这也是改革的初心和初衷。

四是要坚持党的实事求是、求真务实、坚韧不拔、带领人民奔小康、建设现代化强国的政治勇气和大无畏精神。这次阅兵，是一个集中体现，从马克思，到毛泽东、邓小平、江泽民、胡锦涛、习近平，客观承认不同阶段、不同形势、不同发展的历史事实，这就是实事求是，这就是尊重历史，这就是传承发扬，只要实事求是，不走极端，我们的党、我们的国家就有希望。

一个国家、一个民族，没有自己的信仰和追求，没有一定的理论来指导实践，能发展吗？我们的社科工作者，尤其是我们的社科专家，不仅仅要埋头做专业研究，更要把研究的成果转化、宣传，成为新时代马克思主义理论、习近平中国特色社会主义思想的引领者、普及者。

我们作为社科工作者，一定要有正确的认知，知道在为谁学习、为谁研究、为谁宣传、维护谁的利益。无论是高校还是社科研究单位，没有鲜明的政治立场，就不会也不可能传递正能量。所以，首先要定位做维护共产党领导的社会主义制度、道路、理论、文化的专家学者。

二、学习、宣传、实践习近平新时代中国特色社会主义思想，讲站位、有格局

做新时代有为的青年社科专家，首先要坚持共产党领导的社会主义发展意识和政治站位，而首要的，就是要弄明白、弄清楚新时代的内涵与外延。我们一定要认识到，新时代就是以习近平同志为核心的党中央领导集体继续推进马克思主义中国化，继续推进科学社会主义，以大无畏的责任与担当，奋力实现中国梦，让中国不仅要富起来，而且要强起来。新时代的提出与开创，既是一个自然的历史演进过程，也是一个必然的历史走向过程。

其次，必须弄明白新时代的理论支撑和实践遵循。百年来中国共产党、70多年来中国的发展，我们坚持了一个信条，就是领导我们事业的核心力量是中国共产党，指导我们思想的理论基础是马克思列宁主义，实践证明我们认准了，我们做对了，我们走对了。我们不仅坚持了以马克思列宁主义的理论为指导，我们还把马克思列宁主义的理论与中国革命和建设的实践紧密地结合了起来，不断丰富和发展了马克思列宁主义，形成了中国特色社会主义建设发展的理论，从毛泽东思想，到邓小平理论，到"三个代表"重要思想，到"科学发展观"，再到习近平新时代中国特色社会主义思想，从而发展成为全世界人们研究中国经济社会问题的基本视角和剖面。特别是党的十八大以来，习近平的"五个发展新理念""五位一体""四个全面""四个自信"，以及以党的建设高质量、推进经济高质量发展的论述，既认真传承了

马克思列宁主义、毛泽东思想、邓小平理论等，也拉近了现时代国内外经济社会实际，做出了科学、理性的阐述，成为支撑、指导我们奋进新时代，实现伟大斗争、伟大工程、伟大事业、伟大梦想的理论基础和实践遵循。

习近平总书记既有着一定的理论修养，更有着勇于实践检验的品格。前段时间习近平视察黄河，提出黄河流域生态保护与高质量发展，并把黄河流域生态保护与高质量发展上升到与长江经济带、粤港澳大湾区、长三角一体化并行的国家大战略高度，这是对新时代经济社会发展的地理区位、空间结构，也可以说是对新时代我国生产力发展的大布局、大规划、大谋略。

最后我们要弄清楚新时代发展的组织保证是什么，抑或说推进新时代，全面建成小康社会，实现 2035 年、2050 年两个阶段目标靠什么。一切都要靠我们自己，现代化既不是别人恩赐的，也不是拿钱就能买来的。现在我们依然处于社会主义初级阶段，党和国家必须承担起推进工业化的责任，包括市场化发展，很大程度上还要依靠政府的力量，而这就要看新时代国家治理体系和治理能力现代化的水平了。所以国家治理体系和治理能力现代化是新时代，也可以说是实现几代领导人梦寐以求的、泱泱国众梦寐以求的社会主义现代化的最基本保证。

国家治理体系和治理能力现代化水平的高低优劣，直接关乎着新时代的运营成败。有专家把国家治理体系和治理能力现代化概括为四个基本点：一是有没有战略定力，确保国家有一个稳定的发展大局，且不走极端，不偏离方向；二是能不能科学治理，以大气势、大智慧、大谋略不断推进国家生产力高质量、高效率发展；三是肯不肯变革创新，不断完善生产关系，与时俱进，勇于纠错，责任担当；四是是不是全心全意为人民服务，始终保持与人民的血肉联系，深深得到了人民的拥护，凝聚起民族复兴的力量。

国家治理体系和治理能力现代化最重要的是看有没有一个清正廉洁的政府公务人员（包括公检法立法司法人员）队伍，有没有一个高透明、高效率的政府公务运行系统，有没有一个强有力的决策权力制衡和约束体制机制，有没有一个完善的监督检查、务实规避和克服官僚主义、形式主义的制度办法，有没有一个迅捷的、直通各级领导层的、真实传递和反映人民呼声与诉求及其回应的信息网络，有没有一个自觉接受人民或社会第三方机构对政府公务工作进行评价的格局规范。

我们的目标已经明确，我们的任务也已清楚，进入新时代，关键就是看政府治理体系和治理能力能不能跟得上，能不能有强大的正向推导力。

三、立足岗位，奋发有为，融入让中原更加 出彩的新时代、新征程

社科工作者地处区位、岗位不同，但为地方经济社会服务的职能是相同的。河南省委书记王国生到河南后重新梳理并呼吁全省人民以焦裕禄精神、大别山精神、红旗渠精神、愚公移山精神，发扬和创新优秀传统中原文化，以党的建设的高质量发展推进经济社会的高质量发展。以习近平一系列、特别是视察河南时的重要论述为指导，人人争做出彩河南人，让中原更加出彩的思维路数和抓手动能，是河南的社科工作者应该贯彻和宣传的主基调，也是我们唤起亿万河南人民投身于新时代河南经济社会大发展的精神力量。这是一种顶层设计，是一种以精神变物质，以精神力量转化为物质力量的具有政治、经济、社会、文化意义价值的发展逻辑，也是在今天这个科技改变生活大势

背景下的一种发展的路径选择。王国生书记的这一论述，没有否定前任书记们的思路做法，有利于"一张蓝图绘到底"，一任接着一任干，这是值得赞许的；另外，坚持了党的十九大的思想路线，抓住了新时代的内核是质量第一、效率优先，以供给侧结构性改革为主线，推动经济发展质量变革、效率变革、动力变革的精神实质，揭示了新时代河南经济转变发展方式、优化经济结构、转换增长动力的基本思路对策。

地方社科工作者不能只做纯理论研究，必须面向经济社会主战场，做应用理论性研究，做实证性研究，做领导需要的咨政性研究，做社会需要的热点、难点、焦点、重点研究。从全省来看，就是要研究、宣传、讲解河南省委、省政府高层的决策部署、战略意图和中心工作、中心任务。如扩需求稳增长、保持经济在合理运行区间问题，包括深化供给结构改革、改善优化营商环境、积极完善市场体系、发展非公有制经济、促进经济提质增效等。持续推进"三大攻坚战"，着力夯实发展基础问题，包括加大力度深化改革等。激发经济社会活力问题，包括深化国有企业改革、深化财税体制改革、深化投融资体制改革、深化农村综合改革、健全生态环保体制、推进政府机构改革等。坚持扩大对外开放，提升经济发展优势，包括放宽市场准入、拓展开放领域，高水平建设中国（河南）自由贸易试验区，打造平台载体、提升开放水平，健全体制机制、优化开放环境等。

宏观上，河南省还有"三区一群"，特别是加快中原城市群发展问题，漯河市还有建设豫中南区域性中心城市、建设中华汉字文化名城等问题，我们是青年社科专家，我们要关注、研究这些问题，要围绕党委、政府战略部署和中心工作学习、研究、宣传。

有人问：这些选题、信息从哪儿来？怎么获取？从各类各种媒体、《政府工作报告》、高层领导讲话、一些文件文献、论坛研讨沙龙等方面来。只要你留神，只要你专注，满眼都是选题，我们做专家的就是要比别人多付出、多辛劳。我们社科工作者一定要学习科学家们执着探究、严谨认真的精神，让社会科学思想与精神，成为推动人们砥砺奋进的不懈动力。

（2019 年 10 月 31 日于漯河市行政学院）

大学教师的责任与科研价值观

　　人老了，总是爱回忆，总是要琢磨点什么，或许这个时候才真正开始感悟人生。人活的是精神，人的一生都在追求。农耕时代人们想的是置地盖房子娶媳妇；工业革命后，人们的理想是当一名产业工人，成为一名大国工匠最荣耀；大数据新经济背景下，人们向往着进入 IT 行业，走科技改变生活的路径；我们作为大学教师，也和众人一样，希望让知识改变自己与他人的命运，被称为雕琢"人类灵魂的工程师"。不同的目标追求，不同的生产生活结局，有过得好的，也有过得不好的，为什么？除了外部因素，主要的内部因素就是自己的投入度、向心力、创新性，而这些又来自催化内生变量的责任心，有责任，就有动力、就有精神、就有力量。凡是有能力、有作为、有贡献的人，首先都是有责任、有担当的人。说得通俗一点，一个人在工作岗位上有成就，在家庭生活中幸福，这个人一定是个拥有责任意识、肯于担当责任的人。所以我越发认识到，人的一生最可贵的，也最需要坚守的就是责任心，包括读书时的学习责任心、工作上的职业责任心、婚姻中的家庭责任心等。

　　谈到责任，我就想到"家国情怀"这个概念。"家国情怀"的表层意境是"家"与"国"，内核本质则是责任，"情怀"是由"责任"决定的，没有对"家"和"国"的责任感，何谈"情怀"？又何谈有情怀？一个对"家"和"国"极不负责任的人，是不会有真正的爱国之心的。所以这几年我一直有一个感悟，在我们的人生历程中，拥有责任心，勇于负责任，才有动能，才有作为，才有生命的价值，才有人生的意义。

过去，在我们那个年代，强调的是"为祖国而学习"，后来，强调的是"为父母而学习""为自己而学习"，这也没有什么不对，自己与家庭、与祖国从来都是连在一起的，自己学习好了，将来有担当了，对国家、对民族、对家庭就一定会有贡献，所以为祖国而学习、为父母而学习、为自己而学习是一体的，强调的都是一种责任。祖国为我们创造了良好的学习环境与条件，家庭为我们提供了良好的生活环境与条件，我们只有好好学习，以自己所学的知识去创造、去搏击，才能对得起祖国，对得起父母家人，也才能对得起自己十几年含辛茹苦的学习付出。正因如此，我总认为，学习也是一种责任，是人生的第一责任期。

出了学校，走入社会，无论进入什么样的职业领域，我们都应该敬业爱岗，都应该安于岗位、忠于岗位、乐于岗位，在岗位上展现出个人的智慧之光，即职业责任，我把此称为人生的第二个责任期。在这一期间，你不仅要努力工作，更要创造性地工作，不断出彩进取，得到单位和社会的认可。比如在大学里，从助教、讲师到副教授、教授一步一步升迁，每一次进步不仅决定着工资待遇的增加，更反映出你全身心的投入与付出。而之所以能够全身心地投入与付出，其根本的、内核的支撑，唯有使命感与事业心——责任使然。

我从教几十年，有一个切身感受，做一名大学教师，一定要有责任感，绝不可以误人子弟。鉴于此，我个人认为人生旅途的第一件事情是做好职业生涯规划。比如职称，职称既是一种社会对个人工作的肯定，也是直接与个人薪酬收入相联系的标杆和依据。评职称是个人进取的动能，也是对自己、对爱人、对孩子的一种负责任的表现。

当然责任是要投入、要付出的。这就要认真规划，规划出时间步骤，规划出自己的专业基础优势如何转化到教学科研发展过程，规划出自己的教研方向目标、发展领地，要讲深度、广度、维度、厚度，特别是逐步形成自己的教研领域、专业优势、业界影响，成为名专家、名学者。我建议大家从一开始就专注一两个相近的教学课程和研究方向，日积月累，厚积薄发。千万别人云亦云，今天研究教学方面的，明天研究文学方面的，后天又研究学生心理方面的，我不是反对写这些方面，但东一榔头西一锤子，终将什么也弄不好。大学以教学为中心，尤其是像我们这类教学型大学，教师的首要任务当然是教好课，讲有高质量、高水平的课，但怎么算有质量、有水平地讲课？关键是看对课程有没有研究，研究到什么程度，以及对教材的理论与现实的差异性的解惑能力，不照本宣科或依赖 PPT，要真真实实地对教科书有研究。所以我一直认为，大学教师一定要围绕教学增强科研意识，具有科研能力和科研水平，我称为科研价值观。

我经常听到一些教师说，自己也想做研究，但就是不知道该研究些什么。研究的题眼无非三个方面：一是教学中遇到的（包括自己备课遇到的）、学生课堂提到的问题；二是自己所从事的专业学科理论动态和与之相关的经济社会现实中的重点、难点、热点、焦点问题；三是读硕、读博期间与导师或同学们做研究时遗留的尚待研究的问题。重要的是要有研究的兴致意识，不一定非要去做整日伏案写作的大学问家，但你必须拥有要把研究、教学搞好的思想，要有责任担当并奋力进取，要围绕教学把课程研究透彻，把学科专业弄个明白，这才有上讲台、讲好课的底气、力量。学校以教学为中心，但教学总是以科研为基础的，所谓教师素质，除了良好的语言表达能力，从一定意义上讲，主要就是指科研素质，这一点毋庸置疑。科研是时间与耐力的统一，一定要有一股韧劲儿，持之以恒。

现在国家高层提倡"金课"、淘汰"水课"，做"好老师"。什么是"金课"？教育部高教司吴岩司长认为，"金课"体现在"两性一度"方面，即"高阶性""创新性""挑战度"。所谓高阶性，是指讲课的逻辑、层次、品位、意境及其影响力；所谓创新性，是指对课程内容的理解、转化、传承、表达及其发展力；所谓挑战度，是指面对新时代、新学科、新知识及其兼修融合的应变力。直白地说，高阶性也好，创新性也好，挑战度也好，本质上就是要求你不能像以前那样，一个教案用 30 年，死记硬背，而是对讲授之课程、专业、学科等内容有所研究，真正地从理论与实践上把握，传真道，授真业，解真惑，讲真真实实的专业"故事"，使学生若有所思，愿意听、喜欢听、专心听。只有对课程及其相关理论与实践深入研究，才有可能培养学生应对解决复杂问题的综合能力与高级思维，才能在源于教材又高于教材的讲授中领略知识的难度与强度，才能引领学生居于知识的前沿和高端，才能培养出具有新时代特征的应用性、复合型人才。显然，我们的教师应该从一开始就把备课的过程看作课程研究、教学研究、专业研究的过程，教研相长，教学为要，科研为基，这是我们做教师的"两论"观，即教育教学的认识论和方法论。

要对从事的课程教学有研究，就不能只靠一本教材，既要进行多本同课程教材的比较研究，还要培养常态化的接受新事物、新知识、新观念、新方法的良好状态，要培育自己的教学研究、课程研究、理论研究、应用研究的能力素养，要借助各类各种媒体，包括电视新闻、报纸杂志、网络微信等，获取相关的经济社会文化政治信息，开阔充实自己的专业面、知识点，丰富教学内容，活跃课堂气氛，集聚科研优势，否则，在一代"新新"大学生面前，你可能就没有底气和能耐站立于三尺讲台，无法应对学生们的各种提问。

一个大学教师不仅要以一定的科研能力做好教学工作，把课程内容转化为自己的语言给学生表述出来，还要培养动手能力，即把自己研究的认知（即使是点滴心得）记载下来。围绕一个方面研究得多了，记录得多了，一篇论文也就出来了，再外延拉长，一个项目的构思也会随之生成。所以，我一直认为，大学教师一定要养成动手的习惯和能力，不要只动口不动手。大学需要的是既能口若悬河的演讲家，又能提笔成章的笔杆子，但是现实中能讲会写兼而有之的却甚少。有些教师一直干到快退休了，还只是一个讲师或副教授，根本原因是他没有写出什么东西来，长期不动手、不写作，而职称评审是需要文字性研究成果的。这些人不一定就没有很好的专业知识基础和文化底蕴，但他只讲不写误了职称评定，这是青年教师应该吸取的教训。教学研究也好，专题研究也罢，重要的是既要把研究的思想观点讲授给学生，还要动笔整理出来，与同行交流，让社会认可，载入祖国的文化史册。动手能力、写作水平太重要了，大家一定要记住。

2014年9月9日，习近平在与北师大师生座谈会上提出了"好老师"的概念。习近平认为，一个好老师要有理想信念，要有道德情操，要有扎实学识，要有仁爱之心。习近平说，一个好老师就是这个老师能让学生记一辈子，这个老师的讲授能影响学生一辈子。那么，怎样能让学生记忆一辈子，怎样能够影响学生一辈子？毫无疑问，就是授课应该是研讨性的，是启发性的，是有个性的，是有真知灼见的，是能给学生留下深刻印象的，使学生真的觉得学到了专业知识、感受到了你的学识。试想，教师没有教学与专业研究能力，没有一定的知识底蕴，能达到这个效果吗？习近平讲的"扎实学识"是什么？"扎实学识"又是从哪儿来的？学识是学习研究来的，不研究谈不上学识。

如果说，大学是以教学为中心的，那么，科研就是为教学服务的；如果说，教学质量的高低取决于教师教学水平的高低，那么，教师教学水平的高低取决于教师教学研究、专业研究水平的高低；为促进教学高质量、高水平发展，为提高教师教学质量素养，为建设特色鲜明的高水平应用型大学，科研这个基础不可忽略、不可不要、不可动摇。

（2020年9月7日与郑州财经学院新进教师的交流）

中华汉字文化名城建设与"中原学"
——以经济学理论认知视角

2019 年 2 月河南省社科联第九届全会期间，省委常委、宣传部部长江凌同志在一个座谈会上曾感慨地说道，来到河南，感受最深的就是源远流长的中原文化，而如何把这些悠久的、优秀的文化传承并赋予新时代的意义，让它成为影响激励我们使中原更加出彩的新动能、新效能，是我们今天应该好好研究的课题，也是我们每一个地方努力作为的抓手。漯河要建设中华汉字文化名城，使我即刻想到了江凌部长的那一番话，这不仅是高层期望与地方发展设计的耦合，也是漯河审时度势，立基自身厚重的历史文化系脉，在新时代以文立城、以文耀城、以文兴城，实现再跨越的战略选择。

一、中华汉字文化名城建设是一个世纪工程

漯河建设中华汉字文化名城，是因为这个地方有贾湖遗址。贾湖遗址是被考古学家、文字学家等研判的淮河流域迄今所知年代最早的新石器文化遗存，是一个观察黄河中游至淮河中下游之间新石器文化关系的连接点。贾湖遗址再现了淮河上游九千年前的辉煌，与同时期西亚两河流域的远古文化相映生辉。贾湖遗址出土的刻在龟甲、骨器、

石器、陶器上的契刻符号表明，在距今8000~9000年的贾湖已出现了原始文字性质的符号，很有可能是汉字的滥觞。古文化学者认为，贾湖甲骨所显示的契刻符号的形成年代，早于安阳殷墟的甲骨卜辞4000多年，领先于素称世界最早文字的古埃及纸草文书，比半坡仰韶文化陶器上的刻画符号和山东大汶口文化陶器上的文字还要早2000年，比西欧还要早一千五六百年。贾湖遗址为探索中国文字的起源、发端，提供了珍贵的实物资料，被学界称为"贾湖文化"，是中华民族历史长河中第一个具有确定时期记载的文化遗存，是"人类从愚昧迈向文明的第一道门槛"。

贾湖遗址大量文物标本证明，贾湖先民在那个时期就已经掌握了房屋构筑、制陶、磨锯、钻孔、渔猎工具制作、稻作农业、酿酒、人工养殖等多种技能，而发现的大批房基、墓葬、窖穴、陶窑以及大量的生产工具，反映了当时的聚落形态、经济结构、技术工艺、生产力水平等。物质生活和精神生活的丰富，为原始文字的产生提供了必要性和可能性，贾湖原始文字便应运而生，从而奠定了汉字8000多年的基础和历史。如果我们今天把它发掘传播开来，让她走出贾湖，走出中原，走出国门，那么，她带来的一定就绝不仅是贾湖文化的影响，而是必将转化为贾湖经济、漯河经济、河南经济的巨大能量。文化产生于经济，经济决定着文化，文化与经济从来都是交织在一起的。

漯河建设中华汉字文化名城，还在于这里有一位生于斯、长于斯、眠于斯，被称为汉字学开山鼻祖的许慎。许慎是东汉时期著名的经学家、文字学家。他历经三十年编撰了中国乃至世界的第一部字典《说文解字》（据说20世纪20年代，郭沫若所以能看懂甲骨文字，就是因为他读过许慎的《说文解字》），使中华汉字的形、音、义趋于规范和统一。许慎归纳总结的"六书理论"（指事、象形、形声、会意、转注、假借），是对汉字构造方法的高度概括，是探究汉字造字规律的扛鼎之作，因而许慎被后世尊为"字圣""字学宗师"。考古学家赞誉许慎：与曹操用武力统一中国不同，他是用文字统一了中国的人文精神世界。也正是许慎的《说文解字》给出的文字言语大观园，第一次把中华传统文化思想概括为八个方面，即以农为本、祖先崇拜、阴阳五行、天人合一、阶级、饮食、建筑、器物。[①] 从而使"前人所以垂后，后人所以识古"，让整个华夏民族开始统一于一种精神，开始了华夏文明的一种高级阶段，让现代人借此能够读懂古代，让千秋万代能够循着一种绵绵不绝的精神，永远前行。

文怀沙大师曾经有一段感怀：我对博大精深的中原文化充满敬意，同时也深感许慎的《说文解字》更是文化精髓。中原文化是母亲文化，要认识中国，先要认识河南。其实，认识河南，恐怕先要认识殷墟和贾湖、认识许慎，这也是漯河人建设中华汉字文化名城的缘由。从贾湖契刻符号汉字起源，到许慎研究经学、创制《说文解字》，从贾湖文化伴生的贾湖部落发展，到贾湖部落发展对贾湖文化的承传，我们在看到文字、文化、文明的同时，实际上也在品味着它的物质生产与生活，品味着人类发展的文化与经济的关系。进入现代文明，人们更是把文化的升华与生产力的进步相连，把一个城市生产力的发展同这个城市的文化水平层次相连。文化已经成为城市发展的底蕴和气场，成为城市发展的强大动力，成为城市进步与落后的内容标志。改革开放以来，各地都在做着"文化搭台，经贸唱戏"的文章，漯河的这篇文章做大了，做成了古为今用、站立新时代，以全新的理念诠释出文化与经济、文化与社会、文化与政治的关系的大文章，做成了揭示漯河立市本位、路径依赖、差异化发展的大文章，这不是一般的文化搭台，这是一项大工程，也许还是一个世纪工程，从目前漯河人执着建设中华汉字文化名城的态势、气势看，我们很有信心，很是期待，很为乐观。

---

① 李达理：《论许慎〈说文解字〉中的传统文化思想》，《沙澧论坛》2019 年第 2 期。

二、建设中华汉字文化名城是知性和理性的

走进漯河，我们不仅看到漯河的发展变化，更感受到漯河市委市政府高层决策者的知性与理性，尤其是其展示出的应用经济理论指导经济实践，坚持按经济规律办事的大思路、大态势、大格局。从"四城同建"到"四三二一"重点布局，许多发展漯河经济社会的战略谋划和方针大政，以及具体的体制机制等，都很能反映出这一点。如"注重立足漯河实际，把优势放大，把特色凸显，把瓶颈突破，做到人无我有、人有我强、人强我新""实施开放带动。坚持全方位、多层次、宽领域对外开放，以'项目引进来、产品走出去、有条件的企业出国门'为主攻方向，以打造开放平台、打通开放通道、优化开放环境为重点，不断加大开放的力度和深度，不断在开放招商上取得新突破""推动高质量发展，必须用好统筹兼顾这个科学的方法论。要注重整体性，既要抓重点、抓短板、抓弱项，又要抓统筹、抓配套、抓协同，做到十个指头'弹钢琴'。要把握系统性，善于找准各项工作之间的有机联系，融合推进、系统推进、有机推进，形成各项工作相互协调、相辅相成、互促共进的整体效应""强化过程管理，加强目标运行监测和工作调度，坚持并完善各项工作推进的例会制度，及时发现、认真研究解决突出矛盾和问题，有效指导"，等等。这些都充满着经济原理、经济方法、经济规律，以及习近平新时代中国特色社会主义思想的设计、抉择，并引以指导实践的内容策略，是值得包括我们学界和各级地方党政部门领导学习借鉴的。

可以看出，市委市政府高层不只是有着科学的理论思维与部署，也非常重视具体经济社会运行中的项目规划与项目落地。以项目为抓手，

实施项目带动，是现代经济运动的一个特征。如果说经济运作，规划先行，那么项目已经成为规划编制、规划实施、规划评价的基本内容，成为政府和企业统筹兼顾、综合平衡、量力而行的基本手段，成为推进地区或部门发展的基本条件。正是通过一个个大小项目的落地落实，完成和实现了政府部门、各个经济主体的规划目标。在漯河，从建设汉字文化名城，到建设中原生态水城，以及构筑豫中南地区中心城市，深化提升久负盛名的中国食品名城，无论是规划目标，还是措施重点、阶段步骤，无不反映了以项目运作，成为党委政府提升治理能力、积极工作的新型管理路数。这不仅反映了市委市政府高层决策设计者是以其所掌握的经济学理论所做出的部署安排，也体现着漯河人按经济规律办事，务实推进漯河经济社会发展的机制偏好。因此，我们完全有理由相信漯河一定能成为辐射带动力强的豫中南地区性中心城市、宜居宜业的中原生态水城、国内领先优势凸显的中国食品名城、具有国际影响力的中华汉字文化名城。亦如市委书记蒿慧杰说的：走进新时代、站在新起点，漯河完全有条件、有能力、有优势、有潜力更加精彩。

三、在壮大漯河经济中建设中华汉字文化名城

漯河人是睿智的，发展的思路是清晰的。建设中华汉字文化名城是一项世纪工程，从现实看，基本的、主体的投资，毫无疑问主要依靠漯河自己，所以漯河必须不断发展壮大自身经济实力，从而积累更多的财力来建设中华汉字文化名城。怎样使漯河经济稳增长？市委市政府给出了四个基本原则：一是坚持做大总量和优化结构相结合，突出高质量发展根本方向，大力推动上下游产业链集聚、同类产品同类企业集聚、制造业与生产性服务业融合集聚，形成大企业顶天立地、

中小企业铺天盖地的局面。二是坚持培育龙头企业与扶持中小微企业发展相结合。三是坚持政府指导与市场导向相结合。既要站在时代发展的高度，对产业布局做出前瞻性的规划，加强政策支持，提供发展环境，又要立足现实，从漯河现有的产业基础、资源禀赋和发展趋势的客观条件出发，坚持市场导向，发挥好市场对资源的配置作用。四是坚持自我发展和外向带动相结合。大力支持本土食品企业发展，在项目建设、人才培养、资金支持等方面予以重点倾斜，激发内生动力。加强外引内联，主动参与国内外市场竞争与合作，积极吸纳境外资本、先进技术和管理经验等，显然，这不只是原则、是方略，也是路径，更是漯河人应用经济理论，以科学理论指导实践的结晶。

区域经济的发展，重在发挥优势，扬长避短，趋利避害，这是区域经济学、发展经济学的理论要义。漯河市委市政府提出"四城同建"的新定位、新目标，充分体现了这一学科理论的实践性。特别是基于四点原则形成的指导实践运作的理念、方略、路径，跃然纸上，使我们豁然开朗：一是如何做大做强做优做精现有企业的问题，如何推进三次产业融合发展问题，如何走向"互联网＋智慧食品产业新形象"的问题，反映出高层在务实地谋划着，如何使漯河的食品名城更具内涵与外延，如何更能进一步发挥优势、发掘优势、再造优势、提升优势、砥砺前进的新思维。二是从漯河市情特点出发，给出了大中小微企业并举，立足发展现代高新技术产业与加快传统产业转型升级结合，完善现代产业体系，加快漯河市域工业化进程的基本路子。与一些地方一味追求所谓现代大产业、大企业不同，漯河市既重视大企业、龙头企业的发展，也没有忽略中小微企业的发展，实际上是科学地、客观地处理好了现代产业与传统产业的关系，把现代产业发展建立在中小微企业技术提升、转型升级的基础上，不搞极端，难能可贵。三是明确了漯河市宏观经济运行的体制与机制，强调了政府的规划、政策，以及环境营造职能作用，指明了坚持社会主义市场经济运行，让市场发挥对资源配置的基础性作用，这是符合经济学、符合习近平新时代中国特色社会主义经济思想中的"两只手"理论的。四是阐述了漯河市发展的基点问题。即既要立足自我，形成内生动力，发展特色经济，也要参与城市之间、同业之间、国家或地区之间的交流，内联外引，在市场竞争与合作中吸取外部先进技术、先进经验，提升和再造自己，思维很缜密，路子很明确，对策很实在。

四、建设中华汉字文化名城应注重
改善城区人口素质结构

漯河市域总面积 2617 平方千米，总人口 283 万，城区面积 72 平方千米，城区人口 72 万，整体人口密度小，城镇化发展潜力大，农转非体量潜力大，边际性效应潜力大，加之日益趋好的经济、社会、文化、政治生态，打造豫中南区域中心城市的潜力也是很大的。但与其他城市发展不同，漯河作为汉字文化名城，既要引入、培育、生成自己得以发展的相宜产业，更要注重城市人口的文化修养，即一方面立足区、县、乡、村人口素质的培养提高，以高素质人口转入城市，实现农村人口文化素质与文化名城的融合；另一方面加大外部人才资源的引进，让更多受过高等教育的人口落户市区，逐步改善整个城市的人口文化素质层次结构，许市民个个成为汉字文化的传播者、创新者，成为新文化名城的新文化使者。也只有具有一定的文化素质品位的人，才能与文化名城相聚融合，才能成为区域文化经济的缔造者，才能有现代产业经济的经营与管理，才能了解和懂得什么是文化名城，如何建设文化名城。文化与经济的学科范畴不同，但文化的主体与主导、经济的主体与主导都是同一个对象——一定文化素质而具有创造力的人。

人们越发认识到，与其说美国是一个经济强国，不如说美国首先是一个文化帝国。正是 200 多年来，美国注重人的文化修养、文化层次、文化品位，才孕育了它的科技创造力、经济推动力。"先有哈佛，后有美国"，说的就是它重视人的文化素质教育培养，将文化实力转化成了经济实力。我们要建设汉字文化名城，基础是人才，是众多的受过高等教育、具有文化修养的人才。人才从哪里来？无外乎一是本土培养，二是外部引入。盲目的、极端的、"大跃进"式的农转非是违背城市化规律的。中央强调城市化是一个自然的、历史的过程，并强调要大中小城市并举，坚持走城镇化发展的路子。城市发展的历史也告诉我们，缺乏一定文化素养的人进了城，是很难与城市交融的，甚至会给城市带来发展的负效应，使政府背上一个新的社会包袱——政府行政性地把一些农民引进城，但他们不能如愿就业，没有固定收入，那么他们必然回过头来找政府。尤其是我们建设文化名城，这是需要认真思考的。

漯河的主导产业是食品加工业，没有重工业，但有四通八达的区位交通优势，有内陆腹地少有的"北方水城"，有人均 14 平方米的公共绿地，也是著名的森林城市、园林城市，还有各类国家、省级重点文物景点 200 余处，因此市委、市政府发展"汉字文化＋"产业链，打造文商旅一体的三次产业融合新业态，构筑以汉字文化为内容主体的现代产业体系，应是颇具地域特色优势的，也一定会重现昔日"江淮百货萃，此处星罗辰"的繁茂景象，一定会实现钟灵毓秀、泛舟轻歌愿境，一定会有无数亲水融绿者纷至沓来。

五、建设中华汉字文化名城，书写
"中原学"豫中南壮美华章

漯河既然要围绕汉字文化做文章，就要做好文章，做足文章，要探索发展富有漯河特色的文化经济之城，书写我国文化经济理论与实践的"中原学"，要把崛起一座新文化名城和生成一个"中原学"的重要内容分支紧密联系起来，这是具有历史意义和学科价值的事情。

河南省社会科学院的张新斌研究员说得好："中原学"就是中原地方的学问。我想所谓中原地方的学问，也就是我们河南地方经济社会文化政治演化、创新、发展的学问，当我们在改革开放前期就提出"中原崛起、振兴河南"的理念与目标时，当我们成功地争取获立了国家层面的"中原经济区"战略规划时，特别是当习近平总书记2014年在河南调研提出河南要打好"四张牌""让中原更加出彩"时，河南人的"中原学"就已经有了断断续续的腹稿，就慢慢开始成为党政部门、学术界、工商业界酝酿议论的一个话题。但真正从学科立论、学科体系、学科意义上推出"中原学"，并为之奔走，以求中原人能有自己的学问，能有自己的理论思维与实践指导，能在中国特色社会主义哲学社会科学理论宝库中书写阐释"中原学"的丰厚华章的，是河南省社科联主席李庚香博士。"中原学"的昨天，记叙的是中原人生生不息、创造创新中原地域文化、社会、经济、政治的悠久的、优秀的史迹；"中原学"的今天，记录的是中原人讴歌新时代、融入新时代、奋进新时代，让中原更加出彩，人人争做出彩河南人的、充满生机的、生动的史迹，并从昨天、今天、明天的发展观，给出中原人砥砺前进的规律、目标、经道。漯河人也和全省人民一道，在增添和丰富着我们的学问，我们的"中原学"。大家常说，我们的明天更美好，我还要加上一句，漯河名城会更具外延内涵，更有文化味道，更显生机活力。这是因为漯河人在奋力拼搏"四城同建"，在发掘建设"中华汉字文化名城"，在努力构筑"豫中南地区中心城市"，在认真提升食品城，在复原往日的"水旱码头"，在营造人们宜居的"生态水城"……

李庚香博士对中原学有一个概括，即"中原学"是中国特色社会主义道路、制度、理论、文化的河南探索。李庚香博士认为，我们总是说，"一方水土养一方人"，怎么养这"一方人"？重要的是要认识这"一方水土"。"中原学"就是要中原人认识自己所处的是怎样的"一方水土"，怎样的一个"小气候"，是一个认知自己、养好自己的哲学社会科学体系。当然这个体系是以实践为支撑的，亦如李庚香博士指出的，"中原学"凸显的是"新时代中原儿女的思想共识和行为自觉"。从这一视角认识看，"中原学"阐释和提倡的是现代提升地方文明程度以及生产力水平。也就是按照应用经济学理论揭示的，发展地方经济社会重要的是"执行中央大政策，营造本地小环境"。各地自然条件、资源禀赋、产业基础、技术水平、人才队伍、人文历史千差万别，各不相同，所以一定要立足省情、市情、县情、乡情、村情，甚至人情，统筹兼顾，顺势而为，从一门学科的高度，深刻认识领会事物发展的一般规定性，按照客观规律办事。

漯河挖掘人文历史资源，不要说 200 多个历史文化遗迹与景点，如若真的把贾湖文化、许慎文化等发掘好了，就这一个文字起源和《说文解字》的唯一性，便能成就享誉世界的品牌，这个"汉字之源""字圣故里"的品牌知名度和中华汉字文化名城的美誉度、影响力，对漯河第三产业的拉动、全域经济的拉动，乃至整个河南经济的拉动，都是难以估量的。关键是要有高质量层次的策划、高质量层次的运作、高质量层次的媒介、高质量层次的氛围。

（2019 年 5 月 26 日下午于漯河市迎宾馆澧河厅）

第三篇

在"山西打造产业集聚区研究报告"评审会上的发言

很高兴和大家一起参加这个会议。河南省发改委的同志邀我们参会，应该是主要基于河南这些年建设了180多个产业集聚区，做一个交流。刚才听了吕政所长和省委政研室、省政府发展研究中心同志的发言，很受启发，我也谈谈我的一些认识，不当之处尽可批评指正。我想讲三个方面：一是对产业集聚区及其建设发展的理论认识；二是山西与河南建设发展产业集聚区的时空差异；三是就这个报告谈几点感受。

一、对产业集聚区及其建设发展的理论认识

从理论与西方走过的路子看，产业集聚是一个总的趋势，这个集聚可以是同一行业系统的集聚，可以是某一相关联企业的合作式集聚，也可以是一定地理空间资源要素开发利用的集聚。集聚体现的是社会化大生产分工与合作的客观必然，体现的是我们这几年常挂在嘴边的"横向成群、纵向成链"的产业发展形态，因此国内外学者专家、政府、工商业界，包括科学研究、科技研发、科技创新的科技界都非常重视，从不同视角、不同平面关注，并给予理论的、实践的研讨与

引领。

产业发展决定着一个国家物质资料的生产与流通，决定着一个国家工业化的进程，决定着一个国家的财富创造和国民收入。产业，亦是实业，所谓实业救国、实业兴国，主要说的就是产业及其发展问题，尤其是工业、农业、交通运输业、建筑业、商业的发展。如果说农业、交通运输业、建筑业、商业等是国民经济的基础性行业，那么，工业，也就是制造业则是国民经济的主导性行业。美国无论是经济体量，还是产业的高科技、高级化程度，都是世界最领先的，但是进入 21 世纪，美国政府头等关注的还是"再工业化战略"。到了商人特朗普时代，更是叫喊着要使散布在全世界的美国工业回归美国本土发展。足见产业在国家、在人们心目中的地位。我们过去提出的四个现代化，第一位的就是工业现代化，改革开放以来，包括河南、山西在内的许多省份都相继提出了"拉长工业短腿""补上工业短板"，推进"工业兴省""工业兴市""工业兴县"，实现"以产兴城、产城融合"，强调的都是发展工业，建立现代产业体系，拉动整个国民经济发展的战略性谋划部署问题。在大部分经济基础薄弱的县乡层面，也都有着"发展农业促工业，工业起来反哺农业"的理念。

产业的发展也有其自身的规律。当处在"小生产像汪洋大海"般的农业国时，我们想的是如何实现农业产业化，发展"1.5"产业；当工业化有了一定基础，开始迈向工业化的中前期、中后期时，我们想的是如何更好地处理好农轻重关系，坚持以农业为基础，以工业为主导；当进入工业化中后期，工业化与城镇化互动发展时，我们想的是工业化与信息化融合，推进工业企业与 IT 技术嫁接，发展先进制造业；当人类社会进入"互联网＋"的时代，工业的革命性特征则是转变为工业互联网经济、工业数字化经济、工业大智慧经济。而无论是怎样的一个工业演进过程，产业的业态及其组织形式都会由独立的单个经济体向联合的互助经济体转变，由固守在原有地理空间向更有利发展的新的空间转移，由小而全、大而全的封闭的企业经营方式向更精细分工合作的现代企业经营方式发展，而最终的基本的产业组织形态就是走向集中、集群，即产业集聚，努力追求集聚效应。

从这一认识出发，我们就知道了政府为什么关注重视、引领发展产业集聚区，尽管现在的产业集聚区并非那么规整、那么合理、那么有效。也正因如此，我们在今天研究产业集聚区时，既要把握这样的产业态势，又要规避出现的前车之鉴。我赞成山西的做法，先研究一些理论的东西，再看看别的省发展产业集聚区的经验教训，从而走出一条自己的可行的、稳健的路子。

二、山西与河南建设发展产业集聚区的时空差异

应该说，山西与河南都属于资源型经济大省，改革开放以来，山西经济发展很快，一是靠煤炭，二是靠钢铁，也有一些新的产业，但占比甚微。资源是不可再生的，靠资源也是有限的，必须寻求转型，寻求新的产业兴省的路子。这其中我认为应注重两点：一是在区分两省发展的时空差中找出山西产业集聚区发展的大路数；二是从自身省情特点出发，加快传统产业的转型升级，构筑山西发展的战略性支撑产业。

河南产业集聚区起步于 2008 年，是郭庚茂省长从河北调任河南以后开始的。有人说，河南的产业集聚区酝酿于河北，实践于河南，也许是这样的。郭庚茂省长到河南以后在最开始的调研了解情况过程中，便有意识地引导地方领导和部门研究产业集聚区的建设发展问题，并在不同层面和场合强调了建设发展产业集聚区、加快河南经济转型升级、跨越发展的具有战略意义的政府工作着力指向。2010 年，河南省政府下发了《关于进一步促进产业集聚区发展的指导意见》。意见认

为，针对当前河南经济存在产业层次低、发展方式粗放、资源环境约束加剧等突出矛盾和问题，必须按照科学发展观的要求，着力推进"三化"（工业化、城镇化、农业现代化）协调发展，加快构建"三大体系"（现代产业体系、现代城镇体系和自主创新体系），走节约集约发展、科学发展和可持续发展的路子，培育区域发展新优势。并强调，产业集聚区是促进"三化"协调发展、构建"三大体系"、实现科学发展的有效载体和重要依托，是落实科学发展观的实现途径，是转变发展方式的战略突破口。加快产业集聚区规划建设是创新体制机制、培育区域竞争新优势的客观需要，是贯彻落实国家促进中部地区崛起等相关政策措施和实现跨越、促进崛起的关键举措。文件要求河南全省上下要进一步统一思想认识，积极开拓创新，加大工作力度，扎扎实实推进产业集聚区的规划建设。紧接着在省级层面由河南省发改委牵头，国土、环保、考古、住建、规划等部门协同论证规划了 180 多个产业集聚区。

至此，产业集聚区的建设与发展，在全省各地轰轰烈烈运作起来。实践证明，建设产业集聚区、重组河南区域经济，大大改善和优化了河南经济结构，提升了河南经济质量，基本实现了建设产业集聚区"企业集中布局、产业集群发展、资源集约利用、功能集合构建"的初衷预期。但是什么事情都是非均衡发展的。这期间也出现了一些问题，以至于有人对产业集聚区发难。这就是本来产业集聚区的理想目标是以若干特色主导产业为支撑，产业集聚特征明显，产业和城市融合发展，产业结构合理，吸纳就业充分，以经济功能为主的功能区，结果一些地方只讲集聚、不讲特色，只讲设区配置干部、不讲干部治理素质，只讲企业入驻多少、不讲企业性质类别，尤其是一些产业集聚区与原有的开发区、园区混为一体，不具任何特色，占了土地，占了公共资源，却无法形成一定经济实力和区域竞争力，这应该是大家颇有微词的一个重要方面。后期河南省也采取了一些措施，有了一些改善，但仍然需要下大气力调整。

发展中的问题只能在发展中解决。产业集聚区的建设与发展大方向没有错，政府出台的一些政策办法都很好，重要的还是要深刻理解，深化认识，深层运作，持之以恒。要不断研究和发现问题，及时果断处理，展事物之长，避事物之短。山西这个路数好，先行开展理论的、实践的比较研究，又拉近山西省情特点现状，再做出相应决策部署。

三、就这个报告谈几点感受

这个报告很好。一是从基本内容上看，从为什么要尝试产业集聚区的建设与发展，到河南借鉴怎么做，到山西怎么推，应该说思路非常清晰，内容非常实在；二是从基本构架上看，一个总体报告，四个分报告，一个运营方案，很详细、很鲜明、很到位、很有理论与实践应用价值；三是从基本路径上看，切入规划先行，明确集聚区与开发区等职能关系，实施"管委会＋公司"组织运行模式，加大体制机制改革保障等。所以说这个报告的整体文本结构、逻辑体系、立意预期、内容应用，包括文字语言表达都是值得肯定和赞誉的。

我还想说的是这份系列研究报告还有一个基点与亮点很值得称赞。就是通过翻阅研究报告，我发现山西的同志想要建设与发展的产业集聚区一定是有特色的，抑或说非常强调"特色"二字，从指导思想上把"特色"置于产业集聚区建设与发展的基点、落点，报告中从大标题、中标题、小标题，到题下内容研究阐述，满眼都是"特色"，这个太重要了。它不仅反映了发改委同志从酝酿理论思维，到提出研究思路，到对整个产业集聚区建设与发展设计预期，始终紧紧抓住"特色"这个核心问题，也说明了发改委同志对产业集聚区建设与发展的理性、深刻、务实、严谨的态度，我非常赞赏。

因为这是一个研究报告，不是政府要下发的指导意见，所以没有涉及一些具体运作的内容，这是正常的。我个人的认识是，山西在研究推进产业集聚区建设发展时，应该注意三点：一是一定要注重产业集聚区的特色个性，任何没有特色个性的集聚区，都是没有发展前景的。接受产业梯度转移也好，引进所谓高新技术企业也好，必须是有特色、可持续、具有产业高级化发展前景的。二是作为资源型大省，还是要注意把产业根扎在原有传统优势产业基础之上，但必须下大气力推进这些优势传统产业与 IT 产业、数字产业、智慧产业嫁接，实现优势传统产业更新改造，转型升级。我们把优势传统产业称为战略性支撑产业，说的就是传统优势产业。从一定意义上讲，传统优势产业就是一个地方的财政保证产业、工资保证产业、民生保证产业。新兴产业、高新技术产业一时间上不去、引不来，再把优势传统产业冷落丢弃了，这就麻烦了。三是坚持产业集聚区建设与发展的生态环保性，实现建设与发展区域生产、生活、生态的"三生"宜存宜居空间。

山西有山西的省情特点，河南有河南的省情特点，省与省之间可以相互借鉴，但不可以照搬硬套。山西已经形成了不同区域的产业发展局面，包括我们现在正在研究的集聚区发展问题。实践中各地建设了不同的产业园区，也已经取得了不同的发展效益，我不赞成再硬性地推行统一的集聚模式业态，但是对于一些还在彷徨、探寻的园区、开发区，则可以因势利导，按分工合作、优势特色，顺其自然地转化为我们理想的产业集聚区发展。

真诚祝愿山西在研讨推进产业集聚区建设发展中取得积极成效，为加快山西经济转型发展，创新产业组织，走出一条务实的、高质量的个性化发展路子！

（2019 年 12 月 16 日于山西省发改委）

河南省发改委产业研究所 2020 年度项目成果评述

　　看到这么厚厚的一个本子，品味着这十大项目内容，感慨颇多。我和咱们研究所也算是老相识、老交情了。几十年间，从机构调整到人员变化，从职能转变到定位再造，研究所一路走来，应该说有低谷，但更有高峰，尤其是这些年大家拉近河南经济社会现实问题，对接河南省委省政府部署指向，做了大量工作，向高层决策者和职能部门提供了许多有价值的咨政性、智库性意见建议，这些应用性极强的研究成果或被直接纳入河南省委省政府政策文献，或被高层领导批示作为各级政府决策与调控的重要参考。今天的研究所，不仅人人有研究选题，小组合的团队力量也已然形成，在全省发展改革委系统、全省社科系统，声名鹊起、影响日盛。其实，我们也不过只有"十几个人来七八条枪"！可就这"十几个人来七八条枪"风风火火闯中州，塑造了我们产业研究所的发展形象与品牌。我最高兴和振奋的是看到这些年轻人都能独立地或是互助地从事河南经济社会发展项目研究，有的已经成为业内的"新星"名家，这些年轻人的发展、这个团队的崛起、这个氛围的营造，应该说是我们产业研究所这些年来最了不起的成就，也是最值得称道的地方。

　　就这十个项目我的基本印象有以下几点：一是选题好。这些项目的一个共同点就是在选题方面基本上都凸显了理论性、应用性、实证性、决策参考性；所有项目选题都能够立基河南经济社会文化政治现实，站位新征程，面向新时代，立意新格局；所有项目的具体题目相对很精准、很鲜明、很自然，推敲到位，意境通达。选题很重要，提炼好题目更重要，直接决定了研究的起点与落点、研究的思维与思路、研究的内容与架构、研究的方法与结论，题目推敲好了，就有了脉络，就有了遵循。我看咱们的题目都推敲得挺好的，尽管个别也还有需要深化精练的地方。

二是方法好。说方法好，我这里主要是说研究的基本路数行不行、好不好。路数不通、路数模糊，就谈不上有研究或是能研究出什么来。现在许多硕士研究生、博士研究生为什么感觉写论文、做项目难，根本上就是研究方法路数不通的问题。

我理解的方法路数，首先是研究站位问题。就是你要研究什么，一定要有一个研究站位，即研究的视平面。比如你研究河南经济社会发展问题，无论是综合性或是专门性，你就应该站位到省委书记、省长角度层面来看问题，站位到政府管理部门角度层面来看问题，站位到发挥市场调节作用还要规避市场缺憾局限角度层面来看问题（这是我们社会主义中国体制的一个特色。当今国内外经济社会实践充分证明了必须坚持"两只手"思维与运作），而不可以只是站位于一个研究者、一个研究项目、一个研究局部的视野视角，所以说站位很重要。我看我们的这些项目还都有一定的站位，都还表现出了一定的站位格局，都还比较接地气。

其次是做应用研究要树立问题导向意识。就是明确研究对象，找准基本问题，围绕基本问题展开研究。找问题、对问题的认知，一要客观，二要从宏观、中观、微观不同层次结合研究，给出宏观统筹、综合平衡、精准施策的意见建议。现在出现的问题既有历史积淀的经济结构不合理因素，也有经济运行中政策不当、管理能力与体系问题带来经济比例失衡的因素。所以，我们选题做研究，一定要找准问题（找准问题有自己观察发现的问题，但主要的还是拉近河南省委省政府、郑州市委市政府高层领导们关注的不同时期、不同阶段的不同的经济社会问题），进而对问题进行深入调研与深层次解析，以了解现状、甄别成因，才能很好地整理出解决问题的思路对策。

再次是要有简单的、必要的理论支持阐释。这一点我们的研究就很好，没有长篇大论，而且文字表达还契合官方语言，容易引发政府部门人士的共鸣。

最后是方法问题。做项目研究应用什么方法，决定着研究成果的可靠性与可行性，是一项研究成果是否科学的重要标志。研究方法包括研究的技术路线设计，研究的数据资料获取及其手段，研究的定性与定量的数理统计、模型选择应用，也包括具体项目运作中的调研活动等。相比以前，产业研究所的同志在这方面可以说有了长足的进步。

三是内容好。我虽然是跳跃式看这些成果，但感觉每一个项目的内容都很实在，也很细腻，问题现状叙述客观，背景成因分析可信，纵横面点比较有据，展现出研究的个性与理性。而且从多个方面抒发出积极的正能量，这与一些所谓专家学者"言必抨击政府""言必贬损国家""言必怨高（高层决策）怨低（基层运作）"的负能量相比，有格局、有品位、有层次，有家国情怀。我还是认为研究者即使在象牙塔里，也没有所谓的纯学问，也没有所谓"两耳不闻窗外事"的纯学者，实际上都有一个为着谁、服务于谁的意识和政治倾向、导向问题，这是无可否认的。改革开放以来，我们一跃成为世界第二大经济体，但是资本主义与社会主义跨文化交融，也产生了不少习近平同志称为"端着共产党的饭碗，砸着共产党的锅"的"公知"们，这些"公知"们打着学者专家的名号，以文学作品、论坛交流、网络传媒、项目研究等形式散布传播流言蜚语，嘴里喊着"不关心政治"，其实一直在或明或暗地进行着政治鼓动。而我们的项目抒发传递的都是主旋律，都有一定的政治责任感和积极推进社会主义经济发展的事业心。这一点要坚持和发扬。

此外，项目撰写的文笔也是要称赞的，多数项目文笔语言表达、文字组织能力、文体结构逻辑等都很不错。做研究，有思路、有见地、有观点，但是没有文字语言表达能力，想要说的"心里话"叙述不清，主题思想阐释不明白、不鲜明，或是表达出来的东西词不达意，或是写出来的东西让人看着吃力费解，不知道到底想说什么，那就不行。我们做研究的，尤其是做社会科学研究的，都应该注意文笔表达的基本功。我不仅知道我在研究什么，我还能把我研究的成果观点很清晰地传递出来，与人交流碰撞，我看咱们研究所的这些年轻人在这一方面有了很大的进步！

当然，我们的研究还有进一步提升的空间，有些地方还是显得粗糙了点。就事论事，我提几点意见建议。

一是结构篇幅安排。一项研究分五个部分，前三个部分讲概念特点，而研究的真正主体内容就两个部分？一项研究前三个部分写国际、写国家、写经验，后两个部分才写到主题、写到河南，这肯定不合理，毕竟研究的是河南经济问题，篇幅内容与结构逻辑不能紧扣主题，不能直奔主题，说明我们的研究基线、主线、定位、目的是模糊的，这样就导致了篇幅结构的不合理，导致了主题与非主题的本末倒置，也就谈不上有多少深度认知了。

二是借鉴经验启示。我们的应用研究一般都会将外部经验拿来做比较并从中得出启示借鉴，但现在的问题是前边罗列了外部的一些经典事例与经验，而到后边从内容上看，几乎找不到与这些经验启示的联系，外部的东西成了摆设。一定要前后呼应，一定要表达出借鉴的是什么。借鉴经验启示，是我们做应用研究的一个基本方法套路，也是开展应用研究必须具有的重要内容，一定要把重要内容凸显出来，这才是我们研究借鉴的价值意义所在。

三是研究者本身的专业与时政积淀。我们是社科研究工作者，一定要注重平时专业与时政的积累积淀，要善于把最新的概念词汇、最新的政府高层关注的问题应用和结合到我们的研究中。应用研究者必须拥有"融入新动态，跟着政府走"的强烈意识，一定要把功夫用在平常，多看、多听、多记，出时新性成果，出社会与高层需求性成果。比如，一个时期我们对外宣传或是研究叫"老家河南"，后来又推出了"遇见河南""出彩河南"，我们就要相应地跟着这个思路境界走。还有经济开放、市场开放，开放的目的预期是引入构建产业链、供应链，是补内陆腹地高新技术产业短板的不足，开放要能促进我们的经济跨越。再就是围绕完善营商环境，实打实解决好政府治理能力及其人才问题、团队问题、技术问题、管理问题等软硬件机制。

最后提一个建议，下一年度做项目汇编时，一定要把各项目目录节次一并打印出来，附到每个项目内容的前面，这样便于品读项目研究的主题思路、主线架构、主体内容、主要观点、技术方法等。

有问题是正常的，只有发现问题，才能改正提高。当然我提的问题也不一定都对，仅供参考。

希望来年有更多更好的项目研究成果面世，希望我们产业研究所在"十四五"期间为河南经济社会发展做出自己的更大贡献！

（2020 年 12 月 20 日于郑州市新世纪大厦）

在世界银行贷款项目结项
评审会上的发言

　　我的总体印象是，两个项目团队还是下了很大功夫的，特别是调研搜集了许多相关资料数据，在研究的具体方法、技术应用上都是做得比较到位的，但是作为世行贷款项目，作为对一个省的财政政策支持、促进新时期农业经营主体发展评估的研究，以及如何进一步优化财政政策，扶持、引领新型农业经营主体发展的研究，还是有着较大的提升空间，包括研究的主题定位、主线坐标、内容重心等也都值得再商榷、再梳理、再斟酌。我分别就两个项目谈一些个人认识，与各位交流。

　　先说说由中国发展研究基金会团队完成的《河南省扶持发展新型农业经营主体财政政策优化报告》。我还是很欣赏这个文本的，这倒不只是说这个文本的外观形象很精美，仅就文本现在的内容阐释、研究方法、文笔表叙等，我就感觉很到位、很规范、很通畅，显示出较高的应用经济研究水平与功力，但是整个报告应该说存在着三个缺憾。

　　第一，报告的副标题揭示出研究者立意于从扶持新型农业经营主体对财政政策供给的种种需求，看财政政策优化趋向的独具匠心的缜密思维、研究逻辑、技术线路，然而研究过程及内容架构上却并没有依次推进，有点好心没有做好事的感觉。客观地说，这个副标题很好，真实反映出我们研究者的独到匠心与清晰思维，如果真正按照"基于新型农业经营主体差异化需求分析"展开，先分析出扶持发展新型农业经营主体对财政政策的需求，再梳理研判出相应财政政策的供给状况，从而以此提出如何优化扶持发展新型农业经营主体的财政政策，该有多好啊，遗憾的是，没有这样做。这里面的问题，一是泛泛地解析了新型农业经营主体差异化需求，而没有从财政政策的角度来分析相应需求；二是有需求意识，缺供给意识，几乎没有对财政政策的供给部分进行研究；三是没有把握住这一报告的主导与主题应该是围绕发展新型农业经营主体看财政政策供给优化展开的。也是由于仅仅强调了新型农业经营主体差异化需求，而忽略了如何通过研究、围绕"需求"，给出财政政策的"供给"及其优化，加之"差异化需求"与财政政策供给关联性不紧密，导致整个报告中"需求"研究模糊，"供给"研究淡漠，便没有形成需求供给间"综合平衡"上的财政政策优化意见建议。

第二，表里不一，本末倒置。这个项目题目是《河南省扶持发展新型农业经营主体财政政策优化报告》，也就是说，项目研究的起始点、落足点、主题主线、坐标定位本应围绕"扶持发展新型农业经营主体"，研究如何在未来时期进一步优化财政政策，并给出具体意见建议，然而整个研究的内容却弃财政政策优化于不顾，而着眼于新型农业经营主体的发展研究，即便中间也述及财政政策，却是作为一个小小节点而已。这是一个硬伤，说得重一点，研究跑偏了，请咱们的团队再看看，再琢磨琢磨。

第三，项目研究结论部分，应该是根据前面解析的新型农业经营主体的差异化需求，从财政政策供给优化跟进，很自然地提出相应财政政策优化意见建议，却没有梳理聚焦过来，而是泛泛地、有意无意地提了一些一般性政策建议，财政政策同样只是作为一个小节点，再次反映出项目研究淡化了主题的初衷，依然没有落实到财政政策优化与扶持发展新型农业经营主体及其差异化需求关系上来，你是研究财政政策优化的，不是研究大众政策优化、一般政策优化的，更不是单纯研究新型农业经营主体发展的。其实不看内容，单看目录就能发现，研究的主题偏移了，重心错位了，是按照新型农业经营主体发展研究问题了。

此外，报告显得有些时旧感，无论是理论阐释，还是数据应用，都存在这个问题。建议一定要把中央和河南省委省政府最新相关的文件精神、政策指向表述进来，特别是要把研究的主题与习近平的发展新理念、供给侧结构性改革、高质量发展、乡村振兴战略、城乡融合等结合起来，提高政治的、经济的、社会的、文化的站位；一定要深入调查、研究现行财政政策对扶持新型农业经营主体的正效应、负效应，现时农业经营主体发展对财政政策的需求是什么、有哪些，顺应新型农业经营主体发展需求，财政政策应该如何进一步调整优化，等等，使报告更务实、更接地气。

我还建议将报告中大篇幅的国内外经验借鉴部分删去，原因一是你拿来的国内外经验模式并非完全基于财政政策视角；二是这些内容与现有具体内容并没有直接地紧密联系起来；三是这是一个应用经济研究项目，需要有操作性、可行性，最好不要摆放堆砌。

由河南省农业科学院团队完成的"河南省扶持新型农业经营主体发展财政政策评估"项目，应该说思路是清晰的，是接地气的，应用的数据资料也是翔实可信的，而且一个值得肯定的方面是这项研究抓住了主题要义，基本上是沿着研究、评估财政政策与扶持新型农业经营主体发展关系展开的，基本上达到了项目研究的预期目的。

研究和评估财政政策与扶持新型农业经营主体发展关系，最主要的是使财政政策的确务实地促进了农业经营主体的发展，提升了农业经营主体发展的规模效应和水平层级，从而在推进新型农业现代化、推进农业供给侧结构性改革、推进乡村振兴战略实施、推进产业兴旺持续增加农民收入等方面彰显党和国家治理能力及其作为。"三农"问题破解的关键是农业产业化程度，是增强农业经营主体的组织化、现代化程度，是要把一家一户的小农生产引导转向社会化大生产，而这在我国社会主义初级阶段，还需要政府财政的推动，从而使政府财政政策、财政资金投向，以及财政政策应用评估具有重大的理论和实践意义。所以说，研究也好，拉近现实评估也好，坐标主线一定要紧紧围绕促进河南农业经营主体发展，看看出台了哪些财政政策，这些财政政策的综合应用绩效、效果是怎样的，尚存在的问题与完善的节点是什么，并以此做出对现时财政政策的客观评估。我个人认为这个报告在这一方面还是做得很好的，始终紧紧地围绕主题展开，应该给予充分的肯定。

但是整体来看，要考虑怎么提升理论表述、数据分析，使这个报告新颖、闪亮起来，使这个研究成果能够契合与融入新时代的国家大政、大潮、大势。包括：怎样把培育扶持新型农业经营主体发展—财政政策—农业供给侧结构性改革研究结合起来，从农业供给侧结构性改革看新型农业经营主体发展，给出财政政策支持效应、效果的评估；怎样把培育扶持新型农业经营主体发展—财政政策—农业产业经济高质量发展研究结合起来，从促进与提升农业产业经济的高质量发展看新型农业经营主体发展，给出财政政策支持效应、效果的评估；怎样把培育扶持新型农业经营主体发展—财政政策—产业兴旺—农民增收研究结合起来，从实施乡村振兴战略规划、促进产业兴旺、农民持续增收、生活富裕出发，看新型农业经营主体发展，给出财政政策支持效应、效果的评估；怎样把培育扶持新型农业经营主体—财政政策—县域乡村新集体经济壮大—现代农业产业体系研究结合起来，从不断壮大新集体经济组织、建立健全现代农业产业体系看新型经营主体发展，给出财政政策支持效应、效果的评估；怎样利用最新数据资料反映表达和评估当下财政政策与未来应有走势；等等。同时，从评估的角度看，报告还缺乏对扶持新型农业经营主体财政政策应用的纵向时间效应分析，缺乏对扶持新型农业经营主体财政政策应用的横向空间效应分析等。

  财政政策是财政杠杆的内容体现，客观评估财政政策，不断优化财政政策，发挥财政政策对扶持、发展新型农业经营主体的正相关作用，反映着国家宏观调控、政府治理能力的现代化水平，所以要研究好、论证好，以使项目报告确实达到对高层决策、顶层设计、规划安排的应有参考价值。

     （2019 年 8 月 27 日于河南省财政厅 1513 会议室）

对郑州市社会科学院几个项目的
评议认知

第一次参加郑州市社会科学院项目评议，感慨颇多。一是郑州市社会科学院在科研人才与团队紧缺、物质环境条件较差的情况下，每年能完成 20 多个项目，确实不简单；二是该项目研究仅 2020 年受到市委市政府主要领导批示的就有 26 人次，也是不得了的；三是其立项选题研究应用性很强，都是围绕郑州市委市政府高层决策者关注和市域经济社会发展现实需求展开的；四是院长及班子成员带头做研究，这种引领示范性，使整个单位有着较为浓厚的研究氛围，并成为一种常态；五是作为郑州市社会科学研究的最高研究机构和对全市社会科学研究的组织协调部门，影响了整个省城各部门、各单位以及社会各界的社会科学研究活动，郑州市经济社会发展的绩效中无疑也应该有着社科院的贡献。与其说感慨，不如直接说是感动，真是不容易呀！

这次我主要评议了《坚持和完善全面加强党的领导制度体系研究》《促进经济高质量发展的制度建设研究》《黄河流域城市高质量发展研究》《郑州市文化旅游高质量发展调研报告》四个项目。我的总体印象是：第一，选题接地气、契合郑州市经济社会发展实际，有着积极的高层决策者决策参考价值；第二，研究既注重拉近现实发掘问题成因，又能从理论上、实践规律上解析并形成对策思路的基本支撑；第三，整个项目研究有着调研的典型案例和数据资料，研究的方式方法及其结论可信可行；第四，字里行间反映了每一个研究者热诚的科研责任感和以自己绵薄之力促进经济社会发展的活力与执着；第五，逻辑架构及其文笔表述也很鲜明通畅；等等。我也从中学到了很多。

具体到项目我也谈几点看法与大家交流。

先说说《坚持和完善全面加强党的领导制度体系研究》。这项研究一反过去套路，没有就领导制度说领导制度，也没有大谈体系，而是从与此相联系的社会主义制度、社会主义规律、社会主义经济、社会主义文化、社会主义政治诸方面从一般基本理论切入展开，反映出研究者内心针对时弊欲从源头理论、制度、社会主义的道路追求及目标任务等给出为什么要坚持和完善全面加强党的领导制度，什么是坚持和完善全面加强党的领导制度，怎样坚持和完善全面加强党的领导制度，以及如何评价坚持和完善全面加强党的领导制度等研究。所以这一研究思路和内容一定要被充分肯定，这也是多少年来我们已经淡化和麻木了的，现在需要从思维观念上、从理论指导上、从实践维度上引起重视。

这一研究中的一些观点思想，我还是很赞成的，但在具体表达上应注意尽量将制度视角和层面作为主导内容，系统研究中应特别区分制度与道路、方针方略、政策任务等范畴。我建议若是从理论研究出发进行研究，则应以切入生产关系、生产关系与生产力、生产关系与经济制度、生产关系与体制机制等为宜。生产关系、社会制度、经济体制、运行体系是一个理论逻辑系统。若是从现实出发研究，则以切入领导制度体系现状问题成因等，以及给出坚持和完善全面加强党的领导制度体系的思路对策为宜。一是要注意甄别党的领导、党的领导制度、党的领导制度体系等几个关键词及其理念、观念、概念关系，无论是从理论上还是实际上讲，它们之间都是有着差异区别的。二是要注意理论阐释与理论研究、理论研究与应用研究的关系，论文研究与项目研究的范式、路数，应用性研究项目一定要与一般基础理论研究区分开来，把做项目与撰写论文区分开来。此外，应提升研究站位与高度，我们今天研究问题，一定要具体到今天之背景形势下，要以新发展理念，要用新时代认知，形成研究的新格局，不可太学究气了，要接地气。

《促进经济高质量发展的制度建设研究》这个项目立意很好，旨在通过研究给出经济高质量建设的制度保证，所以在理论、实践上都有很大意义。这项研究值得称道的是有积极的理论维度，研究者以大量的理论来说明高质量建设与制度建设之间的关系，并呼吁人们从理论上不断探讨高质量建设的制度保证的重要性，以及怎样形成由基本理论支持的制度，真正促进经济社会高质量建设与发展。别具匠心，值得称赞。我建议就目前这些内容，进一步梳理整合一下，同时注重把要表达的思想与现实火热的经济社会生活联系起来，与这些年经济社会发展的经验教训联系起来，与习近平新时代中国特色社会主义思想联系起来，与开启国家新征程、构筑时代新格局联系起来，使基本理论与现实生活融会贯通，理实兼修，必然会使项目研究更具新颖性，更具时代感，更有针对性。还有就是一些概念是否应再斟酌，整个研究还有再提升空间。

《黄河流域城市高质量发展研究》《郑州市文化旅游高质量发展调研报告》这两个项目很规范，且给政府决策提出了很务实、很有价值的意见建议，整个架构逻辑、内容观点等都是可圈可点的。这个研究提出的以水定城、以绿护城、以产兴城、以智强城，以及提出的抓住历史机遇，建设亲水之城、生态之城、枢纽之城、智慧之城、人文之城，打造发展极，推进城市高质量发展，都极具高层决策参考价值。尤其是《郑州市文化旅游高质量发展调研报告》，很有阅读感、亲近感、操作感。整个研究资料数据翔实，内容观点丰富，文笔表达通顺。我就不一一赘述了。

就这两个项目，我提两个建议：一是《黄河流域城市高质量发展研究》建议将战略意义部分压缩一些，否则整个篇幅显得虚多实少、头重脚轻。各分标题还是要具体到"城市"这个主题字眼上来，也就是应加上"城市"两个字，这是研究的对象，否则容易使人感觉主题研究分散了。还有就是图表下面一定要注明数据来源的时间和出处。二是《郑州市文化旅游高质量发展调研报告》中文化旅游兼容应该既是从产业深化的角度提出，也是从观赏、休闲、历史、文化的角度延伸，也就是说，讲文化旅游，把文化与旅游组合，主要应该是将旅游转型提升到文化层面，使人们在欣赏天文地理、遗迹文脉中感受情景、感受历史、感受天人、感受文化，放大文化与旅游产业的当量，促进经济社会文化政治的传承发展。

所以，我认为文旅融合的核心内容是深度发掘旅游资源，使旅游地成为吸引人们具有文化感官、接受文化熏陶、增进文化内涵、改善文化修养的新理念、新业态、新境界、新格局。如果我的这一认知有一定参考价值，那么我建议在这个项目研究中加进去，我觉得研究文旅发展这一点应该是重要的、核心的内容，也就是说我们研究文旅发展，应围绕于此形成基本思路体系。

而且这项研究还建议应该与省市规划、徐立毅书记关于郑州市东西南北区划定位、黄河流域生态保护与高质量发展战略、一些专家的郑州市建设"滨水城市"设想等相联系、相结合，有所创新。

此外，研究还应突出，特别是对策思路中要提出如何发挥市场机制，撬动民营经济作用等方面的内容。发展文旅产业，不宜大搞政府推动型，政府的财力总是有限的，要借力而为，借社会之力，借民间民营经济之力。

（2020 年 12 月 1 日于郑州市社会科学院四楼会议室）

《郑州市大健康产业发展规划研究》 尚有较大提升空间

这两天看了由中国社会科学院人口与劳动经济研究所编制的《郑州市大健康产业发展规划研究》电子稿，今天又看了纸质文本，其理论基础和课题研究的功力，包括文笔表述甚是了得，凸显出京城及其国字号水平，很是受益。但也感觉还有不少提升空间，提出来与各位商榷交流，不当之处尽可批评指正。

一、对文本的总体印象

我感觉有几点尚须认真斟酌。第一，这是一份研究报告，还是一个专项规划？从内容逻辑范式上看，像是研究报告，不同的人或团队各写一部分；从具体起点落点上看，又像是一个专项规划，有些章节还有点规划的内容，可以说文本有些不伦不类。郑州市的大健康产业发展规划，一定是政府部门委托做的一个专项规划，不应该是一份研究规划的报告。这就需要编制单位与政府部门再沟通，规划与研究报告是两个概念，定位定性不明确，整个文稿就显得没有逻辑。

第二，文本对于大健康产业的概念似乎从理论到实践上并没有真正认识清楚，也没有溯及大健康产业提出的时间背景、来源出处、现实意义，所以各部分内容不仅彰显出各自的个性见解，而且前后阐释不一，再加之文本完成后缺乏细致统纂，所以章节之间基本联系不大，无论从应用理论研究的角度，还是从规划内容部署的角度，都是很不到位的。

第三，感觉文本中对于什么是产业、什么是事业的认识也是含混的，这牵扯到具体研究、规划部署的主题、对象，坐标主线、内容阐释的问题。无论是做研究还是编制规划，主题对象概念一定要首先弄清楚，现在文本中产业和事业两个不同的概念是混在一起的，如大健康产业和具体的医疗健康产业，一些章节论述为产业，一些章节又说是事业，产业和事业的混淆，往往导致对后面许多内容关联的研究或是部署安排错误。

第四，文本的创作在到底是一般理论研究还是应用理论研究的定位上没有把握好。文本应首先明确是一般理论研究还是应用研究，按照题目，本应该是应用研究，但现在的文本侧重在一般理论研究方面。根据该文本负责人的说法，文本既是理论研究，也是应用研究，"我们要出书，需要规划时，把那部分摘出来就行了"。恐怕不对，也肯定不是那么简单。现在这个文本出书，实际上将是著作不像著作，研究不像研究，规划不像规划，因为这三者之间的思维方式、体例范式、言表句式等都是各不相同的。

第五，主题主线主体内容并不清晰，造成文本开篇词不达意，且这一部分篇幅有点大，离题有点远。说导言不导言，说铺垫不铺垫，从标题到内容都显得很笨拙。坦率地说，作为导言也好、导语也好，发展大健康产业对社会民生、对经济拉动的直接作用意义，这个最重要的焦点问题，文本却没有写出来。

第六，文本第二部分从大标题到小标题，到具体内容写得非常混乱，几个议题实际上并不在一个层面，最后的"国际经验"也并不具有代表性，包括"国际经验"题目下的"国内经验"也是经不起推敲的，相对较单调粗糙。

第七，从规划编制的一般规定性看，尚缺乏供给侧研究—需求侧预测—综合平衡的系统思维与路数方法认知。

二、对文本的几点具体建议

第一，对大健康产业概念认识尚有深化提升空间。文本的第二部分作为承上启下的重要章节，硬是把大健康产业等同于医疗健康，从而引领了整个文本对大健康产业医疗化、医院化、表面化，化"大"为"小"的片面和误区。毋庸置疑，医疗健康是大健康产业的重要组成部分，但不能等同，且又是居于先导性的第二章，直接影响了后续内容的展开，这在结构编排上是有失误的。即使写医疗健康，首先，一定是传递出大健康产业既重视医疗健康、医院医治，但更重视康养预防为主、医院医疗为辅的产业发展意义和基本目的愿景信息，告诫人们大健康产业本质上，更多的是围绕预防疾病发生，保障生命健康而形成的相应产业。也就是说，研究大健康产业，应揭示出它的概念及其内涵是健康预防，不是得了病去医院，去乞求医疗治愈、恢复健康，而是做好预防，尽量不得病、少得病，让人们在一个良好的生产、生活、生态环境下健康地活着，高质量地活着。所以，不要空谈和片面地谈医疗健康。

国家把人口与计生部门和卫生部门合并组建卫生健康委员会，其战略意义就是在强化以人为本思想的基础上，关注人的生命健康全过程，即注重"医疗疾病"的医疗卫生、产业发展，增进人们健康预防理念，引领人们健康生活，仅仅是医疗卫生、医疗健康，那就失去了重组卫生健康委员会的意义了。卫生健康委员会的成立，是一个标志和转折，其职能重心就是要树立大健康意识观念，发展生命大健康产业，从"医疗健康"转向"健康预防"的大方向目标上来。

大健康产业应该是一个包含健康饮食、健康运动、健康养护、健康医疗、健康休闲、健康旅游、健康娱乐、健康环境，以及健康文化鉴赏等多层次、多环节、多形式、多点面的大产业链系，并且随着科技发展、人们健康知识的丰富、人们日益增长的对美好生活的向往需求，大健康产业正成为新的朝阳产业，成为拉动国民经济和社会发展进步的战略性支撑产业。有学者把大健康产业拉近新经济时代，认为大健康产业必须也必然与利用大数据、互联网、消费者参与结合起来认识深化，形成新时代的新的大健康产业概念、大健康产业趋势、大健康产业增长极。这说明我们的研究与规划、绝不要停留在医疗、医院、医生，或是病床数、医患比、治愈率上，这不应该是大健康产业发展的主流。

第二，整个研究与规划的站位起点尚有深化提升空间。从文本规划内容看，现在是把已有的一些项目汇总罗列了起来，缺乏以这些项目为基础而梳理的郑州市大健康产业发展的基本方向和目标、重点产业和空间功能分布；缺乏对这些项目的国内国际审视评价，从而没有提出整合走势、高站位、高起点、新标志、新标准的意见建议，还停留在一般养老公寓、敬老院、康复中心等。这个规划的时间是2019～2025年，应属于中远期规划，却没有任何新眼界、新概念、新设计、新鲜感，虽然在第一章就叙述了郑州市的国家中心城市功能定位，整个内容却几乎没有与此相联系，没有与国家中心城市、大都市区、"三区一群"发展与大健康产业相联系，更没有通过研究给出郑州市大健康产业的比较优势、产业特色以及主导产业在哪儿、是什么，甚是遗憾。看不出重点、看不出特色、看不出对全域大健康产业发展的统筹协调，压低了作为省城、作为发展势头被国内外看好的郑州市发展大健康产业的水准。

　　第三，整个内容还有进一步具体到郑州市地域特色深化提升的空间。文本的第四、第五、第六部分，从分析区位优势到面临挑战机遇，再到产业发展规划等还是不错的，也很有结构逻辑，内容也丰富，但有两个地方建议再斟酌：一是结构不是太紧凑合理；二是特色感比较单薄。建议：一是把第四、第五部分内容的分析铺垫与第六部分结合起来，联系得更紧密一些，规避"两张皮"的问题；二是应改变目前文本中现状性内容整合多了些，自己思考研究少了些，建设性、创新性、前瞻性少了些，理论描述性多了些，务实性、可行性少了些的问题；三是文本提出的"一核一带四翼"缺乏实际依据支撑，并没有说明郑州市大健康产业空间布局到底应该是怎样的，重点地区、重点产业到底应该是什么（现在提出的六个重点太分散了，多个重点就没有重点了）；四是对郑州市大健康产业的总体性概括不到位，应该更靠近和反映郑州市的市情特点，能不能进一步提炼出一句话，具有地域特点的代表性、特色性、标志性、品牌形象性，使人一下子就清楚郑州市大健康产业是什么。

　　此外，如前文提及的，整个研究与规划不要忽略其对象是河南省的省会，是河南省的政治文化经济社会中心，医疗健康及其辐射力是客观的、自然的，所以不要把重心放到医疗健康，而是要放到：健康产品的生产，如医药、医疗器材、食品等；健康文娱平台的打造，如文化遗迹品鉴、文化旅游、休闲娱乐、人文环境、运动场馆等；健康养护环境的营造，如增强健康全过程养生养护意识，增加养生养护公共服务设施供给，增进健康旅游示范基地建设；等等。

　　总之，无论是做规划，还是搞研究，一定要立足于大健康产业是关乎人们健康生产、健康生活、健康生态的一个全产业链、全价值链、全供应链，一个"大"字辨明了凡是与健康生命有关的生产、流通、分配、消费活动，都应该含在其中，包括生命健康延续、生命健康保障、生命健康环境等人们生老病死的全过程，这是一个大概念，其内涵是关于人活得更健康、活得高质量、活得有价值的健康学说及其推进健康产业的大力发展。目前这个版本有基础、有内容，关键是要认真调研、定格定位、提炼提升、更接地气。

（2019 年 6 月 21 日于郑州市龙子湖利丰国际大厦郑州发展研究院）

郑州市"两业"深度融合发展
重在要有深度

　　"十四五"时期，无疑是一个承前启后的重要时期。尽管这一期间国内外经济发展的变数很大，我们将加快形成以国内大循环为主体、国内国际双循环相互促进的新发展格局，但在这一大格局中，无论是整个国家还是地方，经济运行的落点就是聚焦到两个方面：一是城市经济运行重在推进制造业和服务业的深度融合，构筑城市现代经济体系；二是农村经济运行重心在推进乡村振兴战略实施，构筑城乡融合一体化发展的农业现代化体系。这既是未来我国经济发展的大格局，也是未来我国经济发展的大趋势，凸显了以习近平同志为核心的中央领导集体的大智慧、大运筹、大战略、大担当。由郑州市发改委完成的"'十四五'时期郑州市推动先进制造业和现代服务业深度融合研究"课题，看后感慨颇多。感觉这个选题选得好，选得准，选得应时应势。一是这个选题符合中央、省委省政府、市委市政府高层决策和经济指向，也是郑州市加快转变经济发展方式和产业转型升级，构筑新时期、新业态、新模式的新举措；二是这项研究应当说是郑州市在后疫情时期着力发展的一项重点任务，也是围绕郑州市国家中心城市建设扬优势、补短板的必然选择，是带有战略性意义的；三是这一项目研究既有深厚的产业演进理论支撑，也有国家产业政策的契合与遵循，更有贴近郑州市产业基础、潜能潜力实际发展的引领性、指导性；四是研究的思维逻辑、体系架构、内容要点清晰鲜明，包括整个文笔表达、用词述句等都是值得充分肯定的，凸显出省城、省域层面的研究功底与水平。

这项研究最应该称赞的是始终立足于郑州市产业经济发展实际状况，揭示出郑州市先进制造业与现代服务业"两业"深度融合的坐标曲线：从制造业行业看，研究的基点与主体放在了寻求大量的、中低端的传统制造业如何在"两业"深度融合中转型升级、创新跨越；从现代服务业行业看，研究的基点与主体放在了寻求借势"两业"融合过程，全面提升郑州市生产性服务业比重，加快推进研发设计、信息技术、智能服务、知识产权、科技金融等在制造业的延伸互通；从"两业"深度融合发展预期看，寻求推进郑州市先进制造业与现代服务业相融相长，耦合共生，实现"两业"产业链、价值链、供应链、创新链同构同赢。正是研究基点主体的明晰，使整个研究章节通透，层层递进，深入浅出，要义鲜亮，从而使这一研究内容具有积极的可行性、可操作性，很接地气。

我们看到，这项研究提出加强"两业"深度融合，进一步提升航空港区已形成的全球化智能终端生产及服务业基地，宇通客车的智能工厂制造、物流供应链协同发展模式，中铁装备的研发设计、智能服务、生态集群，以及三全食品、思念食品的先进制造、冷链物流、制造业服务化，更多的篇幅研究和强化了以"两业"深度融合为契机，加大加快促进传统制造业从中低端向中高端的转型升级。这是符合郑州市市情的，也是我们在推进"两业"深度融合时必须面对的，必须要突破的。构筑现代产业体系，迈进数字经济、新经济社会，现代高新技术制造业、现代服务业的引进是必要的，而加大本土原有制造业、原有服务业的技术升级、方式转变则是必须的，这是我们研究"两业"深度融合的思路与原则。

先进制造业这个概念在国民经济统计中并没有一个很明确的界定，但它反映着一个国家、一个地区的工业化体系结构、实体经济及其国民收入状况、社会生产力水平等，是政府和业界研究经济活动、经济力量的重要内容。所谓先进制造业，一般应是相对于传统制造业生产过程所拥有的高新、高端、高级化状态。高新，是指产品生产过程应用的高新技术、高新工艺、高新装备、高新材料等；高端，是指产品生产居于产业链的上游前端，具有高潜质、高潜能、高潜力；高级，是指产品生产的高度集群化组织方式、高级经营管理组织机制、高级价值链附加值、高级市场品牌和竞争力等。

坦率地说，先进制造业的先天不足，将成为我们建设国家中心城市、提升现代服务业比重的一个痛点。"两业"深度融合，就是使制造业从单纯的生产产品转向既生产产品又能提供相应服务功能；服务业则从被动的服务转向主动参与生产企业，促进生产服务一体化发展。显然，"两业"融合无非是实现生产与服务的统一，可以叫"生产＋服务"或"产品＋服务"，我个人认为，就郑州市目前的状况看，恐怕在大力提升制造业技术层次外，最主要的是推进研发设计、智能物流、信息服务、金融服务向制造业延伸互动，特别是向纺织业、食品业、建材业、装备业等市域支柱行业、优势行业延伸互动。

毋庸置疑，再好的东西也有再完善、再提升的地方，我提几点意见，仅供参考。

第一，还可以再突出一下科技支撑问题。"两业"融合也好，深度融合也罢，关键是提高"两业"经济创新的能力水平，创新的原动力则是技术研发及技术推进力。这一点项目研究也提到了，但我认为还要加强。我们现在的问题是技术研发、技术供给不足，而技术研发、技术供给不足是因为缺乏一流研发机构、一流研发高校、一流研发人才、一流研发团队、一流研发平台。像超硬材料磨具、盾构掘进技术等国家重点实验室，国家工程技术中心等国字号研发平台太少，别说与武汉比，可能连洛阳、济源等都不如。研究仅仅强调以郑州大学等提高研发设计、试验实验能力水平，实践证明这是远远不够的，也是不行的。我建议必须实施市内市外结合，不惜血本从浙江大学、中国科技大学、中国科学院、西安交通大学等引进研发人才和团队，建设国家级研发平台基地。过去是"筑巢引凤"，现在是给研发人才团队建国家实验室、国家工程技术中心等，并通过此举引人、引团队。

第二，突出郑州市的"工业文化旅游"建设。国家发改委等部委2019年11月发布的《关于推进先进制造业和现代服务业深度融合发展的实施意见》，提出培育发展"两业"融合新业态、新模式，其中有一个发展"工业文化旅游"的内容，即国家支持有条件的工业遗产和企业、园区、基地等，挖掘历史文化底蕴，开发集生产展示、观光体验、教育科普等于一体的旅游产品，郑州市也是有这个条件的。除了研究中提到的推进纺织工业博览、中国砂轮生产遗迹，我建议还可以加上郑州煤矿机械制造遗迹，甚至巩义的兵工、卷烟制造等都有较大的工业文化挖掘价值，而且应该是有着厚重的历史文化品鉴和研究价值的。

第三，再谈几个小问题。一是关于推进"两业"深度融合的战略重点那一部分，我感觉写得有点多了，虚的描述多了，重点就不突出、不鲜明了。其实，最多用这一部分的第二段、第四段就行，就这两段内容还可以再精练，甚至最好点出来重点行业、重点企业，这不能泛化、不能含混。二是第一章的"三、研究现状评述"，研究主题是先进制造业和现代服务业融合发展问题，这一部分却把它们的次序颠倒过来了，不仅有悖于主题表述，同时也模糊了你到底要研究的内容，两者倒置在理论与实践、在现行国家政策指向等方面都是不可取的，而且，这部分的内容也并非就是标题的意思，也是在谈先进制造业和现代服务业关系的，那为什么要翻过来表述呢？三是文稿中在多处用了"科技革命"的字眼，这不准确，应是"技术革命"，包括国家发改委等部委文件的表述，都是"技术革命"，或称作"新技术革命"。四是第一章第二部分的（二）（三），不可以用"两者"替代表述

"两业","者"与"业"是两个不同的概念,千万别混淆了。

瑕不掩瑜,整个研究是成功的,抓住了郑州市"两业"融合发展的基本问题,并给出了可行的、接地气的意见建议,想必通过今天大家的研讨,会进一步充实完善这一研究,我真诚支持并看好项目研究团队及其成果。

(2020 年 8 月 7 日于郑州市嵩山饭店)

郑州市第二批省级现代服务业专业园区发展规划评审会发言

这次的省级服务业专业园区规划建设是根据河南省委省政府工作部署，为加快构建河南省现代服务业集聚发展载体体系启动的。省发改委给出的理论认知是，现代服务业专业园区是以某类服务产业为核心，以专业化、特色化为方向，在一定区域内集聚而成的服务业企业集群，是现代服务业发展的重要载体。省发改委的文件提出，整个规划建设要按照"项目集中布局、产业集中培育、功能集合构建、要素集约利用、产城融合发展"的要求，重点在现代物流、科创服务、文化创意、健康养老、电子商务、专业市场、服务外包七个领域展开；具体建设规划编制要把握"四个突出"，即突出科学布局、符合多规合一，突出主导产业、预留发展空间，突出市场运作、创新体制机制，突出创新发展、强化引领作用，以及七个基本内容架构：发展现状、空间布局、功能定位、发展目标、产业发展重点、基础配套设施、组织保障措施。

我梳理和交流的上述内容就是我们这次评审的依据标准，也是审视评议每个园区规划的依据标准，大家按照这个来编，我们按照这个来评。我印象中今天参评的规划应该属于复评，上年评审中提请大家再充实、再完善、再提高，进一步反映省级现代服务业专业园区层面水平要求的规划。下面直接谈些具体的意见建议，请编制单位和规划部门做参考。

一、中国（郑州）有色金属国际物流港
产业园产业发展规划

关于中国（郑州）有色金属国际物流港产业园产业发展规划，除了大家讲的，我也有三点认识交流：一是一个需要在规划意义里说明白的问题——作为亚洲最大的集生产、消费、集散于一体的铝工业基地，这次申报服务业专业园区建设，主要是欲成就郑州国际陆港第二节点起步发展区，打造国际货物核心集散地，因此，在规划中应说明依据是什么。凭什么"吸引班列沿线和周边地区大宗商品在园区集散中转"？目前的市场份额、市场点面、市场潜力是怎样的？纵向发展优势与横向发展特色、同业地区分布、物流流向等是怎样的？仅仅因为是"铝都"、具有"综合交通网络资源和产业基础"，就能吸引东西南北、国内国外在这里集聚中转？这些问题没有交代清楚，没有具体数据支撑，整个规划的编制就是不可靠的，没有可行性。不能只是说2017年12月26日《郑州市人民政府加快建设郑州现代国际物流中心的实施意见》提出，到2020年初步建成郑州现代国际物流中心，支持中部国际陆港第二节点建设以有色金属为主的国际大宗商品铁路中转枢纽，便可以建设了，还是需要条件基础的，特别是对于规划而言，一定要有园区规划的市场分析，从而得出规划期的发展目标、发展重点、功能布局等。而规划范围上仅限于省、市和你所在的上街区、荥阳县；内容上是一些文件罗列，且更没有国内、国际相关分析，整个层次眼界都比较低，一点也没有"国际物流港产业园"的影子。

二是整个规划似乎缺乏一个坐标主线和目的意义。也就是说，建园区、编制规划的内容主导、目的意义是什么，并不十分清晰，导致整个规划有些零乱。我个人认为，我们这个园区规划要达到的目的包括以下几点：首先，对原有物流业的再盘活、再开发、再提升、再放大，寻求新时代的新的产业链、价值链、供应链；其次，进行铝都现有物流市场供求的时空维度和动静态分析，论证有色金属服务业专业园区建设的现实性、可持续性；再次，顺应产业新业态、新模式、新技术、新动能需要，加快传统物流业的转型升级；最后，对接省市上位产业发展规划、土地利用总体规划、城镇总体规划、生态环境规划、区域公共服务基础设施规划等，以便明确如何围绕做大做强做优做精主导产业、培育关联产业，明确发展目标，突出发展重点，集聚同类或相关企业形成新的经济增长力量。

三是可以看出这个规划的载体依托是中铝河南公司，而唱主角的是上街区政府，这就有一个暗含的风险问题，即如何发挥中铝河南公司的积极性、主动性和创造性，不要让政府多出面，而是让中铝河南公司直接融入规划编制和建设，以避免政府规划与公司发展之间"两张皮"，造成将来园区建设过程中的政府依赖、政府"承建"，政府背上由此形成的种种包袱，这是值得注意的。政府的定位是宏观调控，是政策引领，不应是具体的、直接的建设者（政府只负责基础设施、公共设施、服务购买等），这个规划的编制单位与政府双主体印象太浓烈了，中铝河南公司没有态度，没有介入，确实是有风险的。我们建园区、搭平台，是让企业来投资运营的，园区投资主体不明确，将来政府必然会背上包袱。

此外，规划有一个非常不和谐的地方也需关注。就是建设的园区是以中国铝都、亚洲最大的铝工业基地为依托，打造的是国际物流港产业园、国际陆港第二节点区，但落点定位则是"建设成为中国有色金属中部交易中心、物流中心、定价中心、有色金属信息发布中心"，不是"国际"的了，成"中部"的了，这肯定是不应该的。

二、"好想你"健康食品物流产业园
专业园区发展规划

一提到新郑，很多人马上会想到的是轩辕黄帝故里（拜祖大典）和"好想你"枣。现在看到"好想你"要做健康食品物流产业园，我甚有兴致。"好想你"做物流园区，应当是有条件基础的，一是它的栖居地新郑市薛店镇，尽管在全市经济排名第二，但产业基础很好，有5家上市公司，4家世界500强企业，有着雄厚的物流业作为发展的产业支撑；二是"好想你"枣业本身的品牌影响力；三是区位交通优势；四是契合新郑市产业"三主导"——商贸物流、食品加工、生物医药方向定位；等等。

但从规划文本看，其功能定位是建设"全国重要的休闲食品物流枢纽""全国知名的冻干食品代加工中心""中部地区重要的休闲食品电商智能配送中心""中部地区重要的高端快递分拨配送中心"等，这里却没有阐明怎么能够成为"枢纽""中心"，内在优势和物流业发展的现代化程度又是什么、居于怎样的水平。也就是说，作为一家企业，"好想你"凭什么就能成就一个物流园区，优势在哪儿？只有功能定位，没有相应的支点支撑不行。除了满足自己物流需求外，如何分得行业物流一杯羹，应该做一说明才是，因为目前新郑市、薛店镇的物流园区已有很多。现在的问题是产业发展重点章节理论描述多，具体这个物流产业专业园区的产业主导和关联产业并不明确。整个规划给人一种这个园区特别孤立的印象，因为就是一家"好想你"公司来投资、来运营，为什么这样长的产业发展历史，这样大的行业品牌影响，这样好的关乎人们对美好生活追求的产品，全规划就没有看出与谁合资合作？一家公司拥有实力创建一个园区无可厚非，问题是在经济全球化，特别是专业化分工日趋精细背景下，"好想你"基本上没有与国外有多少联系，现在"好想你"做物流园区，一样不与外界结合，没有考虑怎样把产品销往世界各地，与国内外行业龙头合作，与世界食品科技公司合作研发，打造国际驰名枣业全产业链、价值链、供应链，这就显得有些保守封闭了。

而且就整个文本来看，在语言表达和数据处理方面还有一些需要完善充实的空间。

三、《郑州市中央文化区产业发展规划》

这个规划对于编制单位或是政府部门来说，最大的焦点是两个问题：一是中原文化区建设在郑州市四个文化区建设中的特色、个性、优势等差异是什么。二是如何提高文化区发展的目标层次，使郑州市中央文化区打造与中部地区、与全国、与世界相应相连。我个人认为这两点是我们编制规划的内容重心和重点亮点，也是规划实施的目标和抓手。

中央文化区建设一定要称得起、撑得起"中央文化区"这一名号。我看到文本中提出园区研发设计要依托原有地区的老工业基础和中原工学院、河南工程学院、河南工业大学等，坦率地说，我心里顿时有些凉意：第一，这些老工业基础至今没有实现大的复苏与振兴；第二，中原工学院、河南工程学院基本上都是2000年以来专升本的院校。为什么还停留在这些基础上呢？20多年过去了，西开发区的国家大学科技园没有什么大的建树，应该说就是起点太低，一直到现在还在说依托这些发展中的院校，我们为什么不能升级呢？我绝不是不看好或是有意贬低这些学校，我只是认为中央文化区的打造还是要由更高层次水平的大学和科研机构来参与推动，不然对不起"中央"这个名号。

还有就是建议发展基础和条件部分，最好落足到中央文化区专业园区的现况基础和条件上来，郑州市的、中原区的内容太多，没有必要，应该压缩。

四、《楚汉文化产业园产业发展规划》

我对《楚汉文化产业园产业发展规划》的基本印象是，这是一家公司的发展规划，尽管它时不时提到广武镇政府，但它不像是一个政府规划。正是由于是一家公司规划，所以，对整个园区规划的站位、视角、层面等处处暴露了它的局限性、低层次性，甚至还有房地产开发的疑惑性。

我总觉得这个园区规划，有地缘文脉史迹优势，无文化内涵氛围气概，整个规划语言概念性多，真实的文化业态少，特别是又在这个园区加建恐龙科普园，不伦不类，令人费解。一家公司投资创建一个产业园区，只要有实力，也无可厚非，重要的是，政府要负责，要拉高企业标准，一定要与荥阳市、郑州市，要与郑州大都市区发展、国家中心城市建设相适应。目前这个规划主要依据一个广武镇的规划来编制是值得商榷的。

我还是想说说它的功能定位问题。功能定位下一段导语，实际上应该是一段对功能定位的总括性概述，不仅没有把功能定位鲜明地表述出来，而且段落末尾一句"一个亲近自然的度假区域"，一下子把"楚汉文化产业园区"给彻底冲淡了。度假区与文化区有联系，但更有区别，它们是两个范畴，这一句话给人们传递出了其实质性内容是建设度假区，只是挂了个楚汉文化区的名头。接下来的"（一）总体定位"也没有总体定位的主题概念，"美好生态区域""文化体验区域""幸福度假区域"都与文化园区的打造、与楚汉相争文化主题偏离较远。其实，要说总体功能定位也就是一句话：吸引人们对楚汉之争、楚河汉界人文史迹的品鉴，使人感受繁华省会中的古文化精灵与圣洁。很遗憾，包括紧接着的"（二）功能定位"都显得很凌乱，一点也凸显不出文化园区的特色、优势、意义，更说不上唯一性。概括的经济功能定位很空，服务功能很乱，文化功能很虚，生态功能很缺。作为文化园区，落足不到文化史迹考察、史迹研究、史迹鉴赏、史迹文旅，就无所谓文化园区。生态功能一段毫无实际内容，空谈什么生态防护、生态教育，不谈留住乡情、乡风、乡愁等，牵强得很。

项目投资及收益预估部分，"（二）人流测算"提到，2020年人流量为340万人，2020～2025年人流量为730万人，2025年稳定在880万人，这些数据的来源依据是什么？怎么算出来的？没有交代。"（三）收益估算"，我们都知道，景区也好，度假区也好，收益取决于人流量及其游客入住率的高低，规划说按年均接待80万～200万人计算，2018～2020年收益为1.86亿元，2021～2025年为4.17亿元，2025年以后达到7.06亿元，这是令人质疑的。半小时车程就可以到郑州市中心的每一个酒店，游客会在你那个地方住下吗？规划不可以只算正收益，不讲负收益。

五、《郑州金水科创产业园区产业发展规划》

郑州金水科创园区是郑州金水科教园区规划范围内的一个服务业专业园区，是整个科教园区的发展起步区和核心区，属于郑洛新国家自主创新示范区郑州片区和中国（河南）自由贸易试验区的重要组成部分，也是金水区加快推进郑州市北部区域能力提升、创新发展的主阵地和重要产业支撑平台。这个规划从范式到内容，从规划目标到规划路径，从园区建设现状到园区运营体制机制，总的说是符合河南省发改委相应文件精神要求的，相对还是比较规范、比较清晰。但也有一些值得深化调整的内容。

一是作为中国（河南）自由贸易试验区郑州片区重要组成部分，应提出你的优势、品牌是什么，你的贡献度是怎样的，你未来的发展方向和特色是什么，包括在郑洛新自主创新示范区中的位置影响等，应该有所比较分析与阐释，现在的规划里都没有明确这些，但这又是非常重要的，因为只有弄清楚了这些关系，才有可能梳理和规划出客观的定位与重点。

二是注意把规划功能定位、发展重点与发展目标三者之间衔接统一起来。你的功能定位是省级生产性服务业核心区、科技服务创新引领区、产业融合发展先行区、双创生态先进示范区；但你的发展重点是科技研发、技术转移、知识产权、检验检测认证、创业孵化；而你的发展目标又是全市一流、全省领先、全国知名的科创服务园区。显然三者之间不是那么协调，既然三者之间是相通相连的，文字用词表述还是具体翔实为好。

六、《巩义竹林长寿山健康养老产业园区康养产业发展规划》

这个规划以优异的文笔表达，系统提出了园区发展的目标、重点、步骤等，特别是注重联系上位规划，都是值得称道的。但是这个规划的一大硬伤是园区主导产业不明，名义为健康养老产业园，实则为健康产品生产园，这与省府文件精神是相悖的。我们申报的是现代服务业专业园区，可规划提出，"目前园区的主导产业为大健康产品的存储、销售、流通等"；还叙述园区集聚了"太龙药业、爱立方、世华康泰、新福瑞等一批现代化、规模化的大健康产业龙头企业"，生产着"十种大健康产品"，且"未来计划用3~5年时间，建成中原地区重要的大健康产品销售集散中心"，请问你到底要建设什么园区呢？

需要指出的是，健康产品与健康养老是两个概念范畴，健康产品的生产不能等同于健康养老产业，健康产品销售集散中心也不能等同于服务业康养产业园区，把二者混同，这就完全模糊了你的园区定位功能，你到底是要申报建设什么样的园区呢？康养产业园区却做康养产品的生产、存贮、销售？这怎么可以呢？这是一个方向性错误。而且一些药品的生产还会产生废水、废气等污染物，破坏生态环境，药品生产地怎么可以做健康养老服务业呢？

再就是整个规划的编制，似乎还应该解放思想，放大眼界。目前的规划内容，包括康养产业业态、产业模式等还比较单一，还没有达到一定高度，起点还比较低。就拿风情小镇来说，不要停留在吸引周边百姓过来吃个小吃，而是要规划如何放大风情小镇当量，既要吸引人去吃，也要吸引人去看，更要吸引人去领略、感受山文化、林文化、养文化、寿文化，要立基长寿山，让人们在康养休闲的同时，品鉴、记忆和传颂竹林七贤、草堂杜甫、西游大话的美丽故事，品鉴、记忆和传颂中原最早的兵器制造、卷烟工业，以及乡镇企业的起源发祥，品鉴、记忆和传颂竹林人怎么把村变成镇，又怎么把镇推向省内外，成为镶在黄河洛河交汇上空一颗耀眼的明星，成为国人推进乡村振兴的示范与样板。要挖掘历史文脉，要增强文化内涵，要渲染生态康养，而不是其他。

（2019年6月12日于郑州市嵩山饭店）

在新乡市政府生态城产业发展规划
汇报会上的发言

参加这个汇报会很高兴，也很感谢市长们给的这个与各位交流的机会。有些话还是要说的。新乡市利用一山一湖的自然条件，规划建设"山水林田湖草一体化生态城"，是符合区域经济发展规律的，也是区域经济、城市经济发展的大势所趋，反映了我们新乡市委市政府认真贯彻习近平新时代中国特色社会主义生态思想，坚持以人民为主体，打造魅力新乡的战略谋划和责任担当，展示出高层决策者不忘初心、砥砺奋进、全心全意为人民服务的精神风貌和站位格局。生态城的建设不仅会大大改善人们就业创业以及产业发展的基本环境条件，若发展得好，还有可能成为新乡经济、社会、文化、政治的一个新的地理标志，有可能成为新乡加速推进传统工业城市向生态工业城市转化的新的平台载体，有可能成为新乡提升招商引资高度、维度、强度的一张新的名片。尽管发展这个生态城存在着很多现实问题和困难，特别是刚刚扬起头便遇到了新冠肺炎疫情的冲击，而且这一冲击对整个国内外产业链、价值链、供应链全链系统都是深刻的、重大的、久远的，但有"危"就有"机"，我相信，全新乡人也都会相信，我们这个生态城会"生逢有时"的，一座现代化的新型生态城一定会矗立在豫北大地、黄河岸边的，我们满怀信心地期待着。

刚才太增院长讲了，很实在，很受益。我讲点虚的，做一点简单的理论阐述。我个人认为，生态城规划，无论是综合性还是专门性产业规划，基本的认识应该有这样几点：

一是从规划编制的思维思路上看，这个规划的内核要义是不是明确的。这就是说，生态城规划应依据生态学原理，对园区未来发展在空间和时间上做出部署和安排，从而给出人们生产、生活、生态"三生"相宜相居的、可持续发展的生态系统和优美环境的动能追求。规划必须反映这一点，这是编制的规划由静态变为动态且落地的根本点。长期以来，"规划规划，墙上挂挂"，就是大家对规划内核不清、要义不明造成的，导致为编制规划而编制规划，编者被动，作者被动，行者被动，再加之一遇到领导调整，整个规划也就被束之高阁了。

二是应当明确规划编制的起点与落点是什么，抑或说规划编制的功能、意义、作用是什么。从理论和实践上说，就是挖掘、放大编制对象、编制范围内的自然资源、物质资源、社会资源、文化资源能量效应，既能够使人们在规划执行中知道干什么、怎么干、往哪儿干，又能够使这个规划及其实施对区域各阶层、各群体人们产生促动、激励作用，这就是规划编制的起点和落点、规划编制的功能和意义。如果我们编制的规划动员不了区域力量，放大不了区域能量，影响不了人们对区域发展的考量，这个规划就是失败的。规划编制的起点和落点，也是一个规划"顶天立地"的问题，"顶天"是说规划编制一定要符合客观规律，要有科学的理论支撑；"立地"是说要实事求是，要接地气，要有短安排、长部署，要有站位格局，要有层次水平，要高人一筹。

三是要坚持实事求是，量力而行，留有余地，统筹兼顾，综合平衡，也就是一定要处理好目标理想和现实可能的关系问题。过去做规划，一要调研预测需求，二要计算供给可能，三要进行综合平衡，这就是规划编制的程式和一般规定性，现在、将来都要坚持。但相当长时间内似乎已经不这样做了，而是几乎把编制规划当成了编排项目、下达项目活动了，有人称规划为需求侧编制法——特别是很多情况下都是根据领导的思想需求来编制。我们反思一下，现在很多时候、很多情况下为什么会出现"通胀"或"紧缩"，为什么会出现一拨一拨的"半拉子"工程，为什么会出现财政拮据、赤字爆盘、债台高筑，我认为就是忽略了供给侧的问题，忽略了生产可能、技术可能、资金可能、人才可能，忽略了统筹兼顾、综合平衡，忽略了规划编制的一般原则要求。毋庸置疑，项目是规划内容的基本载体，从一定意义上说，编制规划也就是安排部署一定的项目工程，但绝不能等同于编制项目，而且还应该围绕安排的项目工程，明确其来源、建设、收益、评价等。

而规划的一般内容构成包括：规划编制的原则，比如因地制宜、统筹兼顾、综合平衡；规划编制的定位，比如在统筹空间布局的基础上应着力建设像我们这个生态城的"生态绿心"、目标特色等是什么；规划编制的内容，比如我们的规划范围、发展定位、产业抉择、空间结构与功能区分布、发展模式、目标重点、步骤措施；等等。

按照上述认识，我感到这个规划编制应该说是明晰的、到位的、接地气的，也是符合规划编制的一般规定性和范式的，整个内容体系、逻辑架构、目标重点、文笔表达，尤其是对生态城产业的抉择定位、相应项目部署等，都是应该给予充分肯定的。

和任何事物一样，编制规划也不可能做到十全十美、周到细微，也就是说，都有再提升的空间。这里我有几点思考，提出来交流商榷。

第一，我们这是"山水林田湖草一体化生态城产业发展规划"，整个规划当应首先突出山水林田湖草产业优势特色发展，这是建设生态城的基础，也是我们这个生态城的内容表征。从文本看，山水林田湖草业发展的相关内容事实上是有的，但似乎没有凸显出来，没有通过标题、目录反映出来，从而淡化了生态城的自身产业，使这个生态城失去了建设与发展的生态性。"绿水青山就是金山银山"，没有绿水青山的产业化转变，形不成水产业、山产业，也就不会有金山银山的收获。所以，我建议这个产业发展规划还是应充分体现出山水林田湖草产业来，让山水林田湖草产业点亮生态城，让人知道这是生态城生态之所在，魅力诱人之所在，美好前景之所在，特别是在生态城建设发展的前期，一定要彰显和适度地张扬。

第二，建设山水林田湖草一体化生态城与现存产业的利用和调整问题。生态城主要依托的是凤凰山和凤泉湖，而原有这一空间的产业，特别是电池生产企业、建材生产企业、火电生产企业等该怎么办？不搬迁，就与生态城建设定位相悖；若搬迁，则不仅成本高、代价大，且挫伤既有生产力。这也是规划中应该有所交代安排的。现实地说，搬迁恐怕难，所以我建议规划应对这部分产业企业强化转型升级，应部署安排加快企业技术改造、技术更新、技术嫁接、技术提升方面的项目内容，强调实施政府与企业双轮驱动，使这部分企业向环保生态型转化，与生态城的建设发展相适应。

第三，生态城规划期最早建成是 2030 年，所以，规划应对规划期做出分阶段推进的明确部署。建议在生态城的空间布局和土地利用上合理分配资源，为后一阶段引入高端产业、智慧产业，进一步扩大生态城的新经济成分，提升产业的高级化程度，真正使生态城发展成为新乡市产业发展的新高地，预留下足够的不同功能园区。所谓分阶段推进，包括在中短期应以原有产业的转型升级和发展服务业为主体，随着生态城建设各种环境条件逐步完备、氛围气场逐渐升高，迎接国内外产业的梯度转移，迎接新兴产业的入驻。当然，也不排除有高新科创产业看好生态城的未来而随时顺势扎营。

规划的编制是政府和受邀编制单位双方的事情，但我认为主导方是政府。规划的立意、目标，对区域内宏观供求关系的把握，高层决策者的战略思维与设想期望等，实际上都需要政府向编制单位交代清楚，使编制单位有所遵循。从这一视角来说，规划的编制走向、走势、走步，首先是要由政府定调的，政府思路明确，编制单位调研也好，与相应部门座谈征询也好，就有了坐标基线。

（2020 年 4 月 11 日于新乡市委常委会议室）

《郑焦产业带发展规划》的几点意见交流

　　文斌博士前天给我发了一份他们编制的《郑焦产业带发展规划》初稿，让我给他们提提意见，因当时忙乱，只是粗略地浏览了一下，现在再看看，总觉得有一种意犹未尽之感。从内容上说，一些应有的方面也都点到了，却似乎还没有发挥到位，特别是在一些内容要义的逻辑关系上，难以凸显规划的目标目的；从文笔表述上，包括标题与主题关联方面还有些词不达意，不是那么集中聚焦，不是那么鲜明和具操作性。作为初稿，这也是正常的，相信经过几轮修正就会很到位。

　　做这个规划很有理论与实践价值。一是体现了产业发展与区域发展的线性关系，贯彻了产业为基，以产兴城，产城融合发展的新理念观；二是郑焦地理位置自然相交，如若注重把两市之间相应产业对接联系，互补互动，则是相得益彰，求取双赢的极好谋略；三是焦作作为资源枯竭转型城市，客观上需要借力郑州省会城市平台、气场，顺势发展，同时焦作的现有制造业集群对郑州恰是一定补充；四是30年前大社会学家费孝通先生就曾经提出过"郑焦新金三角"构想，现在从产业带建设筑起郑焦产业链、价值链、供应链，当有助于实现费先生的苦心愿景，也为焦作的转型发展找到了新的增长极和后发优势。

　　目前的这个规划就其内容，以及范式而言，应该给予积极肯定，但也有进一步提升的空间。

　　第一，整个构架体系上还可以再充实完善。比如增加郑焦产业带各自特性，同类产业带的一般特征，一些省内外市域间产业带发展的经验借鉴，郑焦产业带的主要产业等内容板块。

第二，整个内容上还可以再梳理明晰。目前的内容有些乱、散、泛，到底要在哪些产业间构筑发展产业带，以及怎样聚焦于郑焦产业的基本融合性、融合点、融合路子、融合机制等，似乎没有反映出来。

第三，整个内容与主题的关联上还可以再密切直接。文本中相当多的章节脱开郑焦产业带这一主题，郑州的说郑州的，焦作的说焦作的，各自为政，互不联系，冲淡了主题定位与规划目的。

总的印象是缺乏甚至没有抓住郑州与焦作产业之间的共性关联，没有明确说出郑焦产业带"带"些什么，怎样带，以及推进产业带的经济效能与效益评价等。建议是否可以考虑从习近平这两年提出的"产业链、价值链、供应链"三链视角，就郑焦产业带发展进行统筹梳理、后发比较、择优推进，并以此形成规划的思路脉络、内容体系。

（2019 年 9 月 17 日）

关于《中原区产业项目准入及退出实施细则》的几点意见

第一，实施细则中"适用范围"前半句强调准入的产业项目应适用于"郑州中央文化区核心板块范围内"，后半句又说可以是"投资或引进的各类产业项目"。"各类产业"显然是与"郑州中央文化区"的定位相悖的。同时，"科研类项目"还提出引进"经认定的高新技术企业或国家级创新型企业"，给人的印象是，实际上这个中央文化区什么产业都可以准入，什么项目都可以准入，这是值得注意的。

第二，实施细则中"实施原则"表述上是含混的，特别是"坚持产业主导"这句话，既没有表达清楚要坚持准入什么产业，更模糊了准入产业与"郑州中央文化区"定位的紧密关联，这就要从顶层设计上明确围绕市委市政府给予中原区的功能定位，从而应该准入什么样的产业方面来认识，而不是泛泛地要"坚持产业主导"，文化类、教体类、金融类、总部类、商贸类等都是可以的，而包括商务类、科技研发类都是应该规避进入"郑州中央文化区核心板块范围内"的，至少不能在"核心板块范围"布局，而是把这类产业准入放到非"郑州中央文化区核心板块范围内"，这是个依据功能区空间定位准入与发展产业的导向问题，不能含混。

第三，工程中心、国家实验室等不仅不能布局到"郑州中央文化区核心板块范围内"，且一定要坚持国家层面级别，省一级的绝不可以放宽进入。河南全省目前的所谓省级实验室、工程中心等基本上是为了要项目、要资金虚设的，基本上不会出什么成果。大学科技城也好，经济技术开发区也好，客观地说，名声在外，但多年的实践教训当应吸取。

第四，院士工作站不是单个孤立的，总是依托某一行业、企业，或高校、科研院所建设发展的。

第五，建议将中原区的地理空间细分为中央文化区与非中央文化区两个大的基本功能区，依照两大功能区定位提出产业准入与退出的实施细则，恐怕比现在这个笼统的无区别的要好一些。

第六，郑州市经济工作会议及其"十四五"重点任务等已明确，应拉近对照并形成中原区有个性的产业准入和退出的实施细则。

第七，作为政府文件，还应从文笔表述和格式范式上进一步规范，一些参考依据要么不要，要么应作为附件放置文件后。

（2021 年 1 月 13 日）

在新蔡县乡村产业振兴规划
评审会上的发言

中华人民共和国的发展关键在农业、农村、农民的发展，关键在推进和实现农业现代化、农村都市化、农民市民化，关键在破除城乡壁垒、工农壁垒、人际壁垒。围绕"三农"问题，70年来，中央高层从着意解决农民温饱，到立足增加农民收入，从逐一理出贫困县、贫困乡镇、贫困村、贫困户，到果断打响扶贫脱贫攻坚战，从强化新型城镇化，到实施乡村振兴战略，到2020年坚决全面建成小康社会，共产党人可谓扒心扒肝、尽心尽力。70年换了人间，了不起啊！

进入"十四五"及2035年，我们的又一个新征程开启了，中央高层的设计与指向也是非常明确的，那就是纾困国内大循环，在狠抓科技进步的同时，实施乡村振兴战略，破解"三农"的难点、重点、焦点问题，铸就新时代国家经济社会发展的新格局。航向已经指明，道路也已开通——乡村振兴战略的首要的、起步性的就是谋求乡村的产业兴旺，以产振农，以产兴农，这既是中华人民共和国70年发展的实践要求，也是今天共产党人不忘初心、砥砺奋进，坚决实现乡村振兴的信心与动能，更是马克思主义"物质资料的生产是人类赖以生存和发展的基础"理论、习近平新时代中国特色社会主义思想的贯彻体现。乡村振兴，没有产业的兴旺，就没有农业、农村的产业链、供应链，就不可能融入社会化大生产及其建构起现代经济体系，就没有农业农村的产业价值与附加值链，就没有农民的稳定就业，就没有农民的持续增收。所以，乡村振兴，不仅要保有产业，而且一定要振兴产业，要产业兴旺。毋庸置疑，全面推进乡村振兴，是"三农"工作的必然选择，也是历史性选择。一定意义上说，乡村振兴，首先的、基础的、重要的就是产业振兴，所以我很赞成咱们县这么快拿出了这么个规划，这是具有战略意识思维的。

这个规划整体上是值得肯定的。产业规划编制得好不好，从理论上看决定于三点：第一，是否符合国家、省、市现行的产业政策指向；第二，是否体现了现代产业组织运行规律；第三，是否能够推动产业结构优化完善。从时间上看也决定于三点：第一，有没有清晰的目标重点；第二，有没有可行的步骤措施；第三，有没有契合于区情特点。从现有规划看，这几点实际上都契合，只是还需要在下一步完善中再理顺。

下面我提几点建议与大家商榷。

第一，站位还可以提升。过去编制规划是调研需求，分析供给（生产可能），然后平衡，规划从本质上讲就是一个生产流通分配消费的平衡表，称为实现国民经济社会的有计划按比例发展。现在编制规划其实还应坚持这个"老三步"的路数，但还要把握三点：一是一定要与上位规划衔接联系，如国家的、省的、市的总体规划、区域功能规划、某一专门系统或行业规划等，一定要注意把规划置于上位规划之中；二是一定要充分体现和反映县情、乡情、村情、民情，实事求是，量力而行；三是一定要突出项目在规划中的主体主导性。亦如有人戏言，现在"编制规划就是安排项目"的意识，求得未来发展中的项目带动。

第二，政府主导的思想还可以再鲜明。规划提出，乡村产业振兴政府是主导，这是对的，但却没有明确政府怎么来主导。我国实施的是有中国特色的社会主义市场经济，经济发展、产业振兴更多的是要靠市场机制调节运行，但在现行体制及现实市场经济运行并不完善的背景下，尤其是推进乡村振兴，坦率地说，确实是需要依靠政府来推动的，所以规划完全可以明明白白地提出乡村产业振兴的政府主导性。那么政府主导性表现在哪儿呢？表现在"强化县域统筹"上，包括县域产业的城乡空间布局，县域空间功能区划分，县域财力、物力、人力的统筹配置，以及政府组织招商引资，招商引资的营商环境营造，从体制政策上促进民营经济的发展等，我感觉这些应该有所表述，这也是县域经济大格局中的应有内容，这体现着政府主导、政府治理、政府调控职能。不要听信那些自由派、"崇洋派"学者专家说的"政府退出农村，农村就繁荣"，政府如果不管农村，农村会把绿水青山变成金山银山吗？社会主义与资本主义的一个基本区别就是在发挥市场调节这个基础性作用的同时，提高政府治理体系和治理能力现代化，引领农民、农村、农业与城市市民、城市市井、城市产业融合一体化发展，逐步缩小城乡差距、走共同富裕的路子。任何削弱政府作为的观念与实践都是有悖于社会主义理论和道路的。

第三，关于乡村产业振兴的重点与战略定位。乡村产业客观上说，多属于散状型，我看规划中新蔡县的产业几乎都列出来了，现实中的产业也确实多元多极，所谓靠山吃山，靠水吃水，这是由先天的资源禀赋所决定的，但在政府主导乡村振兴条件下，还是要区分基本的、主导的、重点发展的，因为政府的财力总是有限的，"撒胡椒面"是不可取的。建议在下一步修正过程中，最好还是要分清重点、明晰主导，不然都成重点，都成主导，就没有重点、主导了，"眉毛胡子一把抓"不可能抓出成效，也始终形不成特色与优势，更别说品牌、形象了，请予以考虑。

还有一点就是战略定位写得也很好，但欠缺了与相应区域的简单比较，提出的目标值要做具体比较，以证实提出的目标的可能性与可行性，也展示乡村产业振兴的个性发展。

最后我还建议要有一个项目库的支撑，并且列明项目投资人、投资来源、建设期等，没有项目支撑，再好的规划目标都是实现不了的。个人意见，仅供参考，谢谢大家！

（2020 年 12 月 15 日于新蔡县政府）

希望安阳"新东"能在产城融合中稳定下来，稳步崛起

安阳是豫北重镇，是河南与河北相邻的窗口，是我国历史上第一个都城——殷墟，以及我们的祖先创造甲骨文的地方，更是中国商代后期的政治、经济、文化、军事中心，正是有着甲骨文、青铜文明及其8代12位国王273年的都城信史，使后来的北洋统帅袁世凯也看上并大加赞赏这一风水宝地，坚持死后一定要葬于洹河岸畔。到了近代，安阳还是一座集经济、社会、文化、政治于一体的名城，安阳火柴、金钟烟、棉纺、机械和印染，还有钢铁、玻璃、机床、自行车等产业的支撑，使安阳人过着安逸的生活，一直令邯郸人羡慕不已。然而到20世纪90年代末叶，安阳的经济社会生活开始出现动荡，打破了往日的宁静。至今，作为市府所在地的安阳县，不仅没有进行市域县区建制的变更，甚至连一个固定办公地点都没有，整个安阳的空间发展和布局在频繁调整的主政官们的偏好里，忽东忽西，忽南忽北，安钢上下徘徊不前，安玻不复存在，高新技术产业、战略性新兴产业几乎没有，传统优势产业又不去引导转型升级，产业的萧条，使安阳经济社会持续处于低迷状态，以至于成为河南经济排名的垫底。这次我们要评审的这个"新东"也让我们费了不少心思，找不到此地在哪儿，属于哪个区域、哪个地段。现在多少有点明白了，这是有可能在给安阳县政府一个新的地址。过去安阳县人骄傲地说，安阳市政府就在我们县，这一二十年却不敢再说这个话了，因为市政府把安阳县政府弄

得没有安身立命的地儿了。这个"新东"会不会再变？不好说，但真诚希望不要再变了，愿在"新东"的发展中，成就安阳县政府一个稳定的驻地，给出安阳县政府一个经济地理上的名分。统驭调控经济社会运行的首脑机关连一个自己的稳定的场所驻地都没有，绝不仅仅是尴尬，更是不可能推进它的区域经济社会稳发展的。

这是安阳市"新东"产业集聚区总体发展规划，但从内容上看，又不是单单的产业集聚区发展规划，很明显，它是一个以产为基、产城融合，有可能实现未来的安阳县全区域综合发展的规划，因此，这个规划的编制与以往的专业规划不同，它要把握住两个焦点：一是要通过产业集聚区建设实现产城融合，这就要求在规划的编制中，既要有产业集聚区发展的规划内容，还要有与之相适应的整个区域基础设施、公共服务产品配套建设的规划内容，即编制出以产城融合、产业兴城为主导的产业集聚区发展规划，如果是按照新近中央的战略指向和一些地方的做法，还应该加上如何使产业集聚区建成的同时，也使产业集聚区成为一个富有地域和产业特色的著名城镇。可见这个规划的编制需要沿着产业集聚区建设—实现产城融合—成为著名城镇（特色名城名镇）这样一个主线和坐标展开，也就是说，规划应围绕这一主线来科学定位，来明确目标，来布局产业，来明了重点，来抉择路径。二是规划还需要进一步明确规划期内怎样从原来的以服务业为主导的产业的基础上有序有效地转向高端装备制造、通用航空、电子信息产业，从而形成规划编制的一条复线，即加快产业结构调整——实现原有传统优势产业转型升级与集聚发展先进制造业双驱动，这一点非常重要，也是规划编制必需的、基本的内容组成，这是无论作为规划编制者，还是作为规划实践者，心里都应该明确的。

从现有规划版本看，我有几点小建议与各位交流：第一，进一步明确规划编制的基本理念与科学思维。一定要明确我们这个规划必须要符合产业发展的一般规律，符合工业化与信息化"两化"融合发展的产业大趋势、产业大格局，展示出作为欠发达地区政府对推进工业化的责任与担当，有规划，有部署，有安排，通过规划给区域内每一个阶层、每一个人以鼓舞。目前这个规划在这一点上似乎还没有表现出来。第二，进一步梳理产业基础与发展可能，明晰定位、目标，明确主导，发挥优势，突出特色。也就是应该给大家一个规划要义，我们要通过规划及其实施，达到促进主导产业集聚、促进区域产城融合、促进建设名城名镇的"三个促进"的预期目标，并以"三个促进"为引领，注重优化产业结构，处理好积极务实引进新兴产业与加快传统产业转型升级关系，真正体现出规划以产为基、产城融合、以产兴城的战略意义与实践价值，目前这个规划似乎在这一点上还没有表现出来。第三，进一步确立产业集聚和基础设施、公共服务配套项目，以项目带动、项目支撑、项目运作，实现"新东"经济社会的真正崛起。在今天，所谓的规划，一定意义上说，其实就是对未来一个时期的各类各种项目的安排部署，没有项目，项目散乱不具体，投资空置，整个规划真的就成了一纸空文。目前这个规划似乎在这一点上还没有表现出来。第四，进一步强化和打造区域发展个性，实施差异化策略。我觉得推进"新东"经济"一心两片三园"空间布局结构的思路很好，但是还应该强调重点，各板块齐头并进都发展，结果可能都发展不了。我建议把"研发设计园"突出出来，给予重点关照和发展。这几年我们都在讲经济新常态，什么是经济新常态？不要总是把它等同于我国经济进入了萧条期，发展不景气，实质上它是告诫人们，我们进入了经济全球化发展的时代，进入了新经济时代，进入了网络经济时代，进入了智能化、大智慧时代，这个时代的内容特征就是要应用新技术革命成果进行新的，更能不断满足人们对美好生活需求的生产与生活研发设计、创造创新，即科技研发、科技创造、科技改变生产与生活。华为用30年成为世界名企，一些名不见经传的地方成为区域发展明星，就是抓了科技研发、有了科技研发。所以，既然要建设研发设计园，就应该真抓、抓实，比如引进高新技术产业的著名研发团队，建设相应的产业产品研发中心、研发基地、研发实验室，营造激励高新技术产业研发人员得以发挥积极性、主动性和创造性的良好环境条件等，这比单一引进或集聚一个、几个产品生产企业价值要高出成百倍、成千倍，而且，利用安阳距北京、太原、石家庄、郑州等地理交通区位优势，做研发设计产业无疑很有比较优势，做好了，这也许就是未来"新城"经济的一个亮点、一个潜在的生产力增长极，这一思路请予以考虑。

话说回来，从一般规划编制的规定性和范式看，从现时条件下建设产城融合主导的产业集聚区路径来看，从省市县域规划内容特点来看，这个规划还是应该给予肯定的，无论是与上位规划的对接，还是与"新东"区域特点的联系，抑或是规划基本内容文字等，都还是不错的，政府部门以及专家提到的一些问题，有的是规划修改时要充实改正的，有的是需要进一步和相关部门对接完善的，但整体上还是应该给予认可的。

（2019 年 4 月 30 日于安阳新东产业集聚区管委会会议室）

关于弘康与卓峰公司两个
可研报告的评议

前天省工程咨询公司的同志把弘康医药科技集团申请建设医药物流园区、卓峰制药公司申请建设医药生产园区的可研报告发给了我，我一看这两家企业均属华信集团的子公司，作为地方龙头企业的华信集团，要建立新的产业园区，当然应该是不用怀疑其投资及其发展的。华信不仅在地方，即使是在河南高等教育界也是大名鼎鼎的。华信早年就办了一所华信学院，后更名为郑州工业应用技术学院，拥有近百个本专科专业，在校生规模近 30000 人，在河南民办高校系统久负盛名，颇有影响，特别是集团创办人对学院的倾情呵护，坚持所收学费全部用于学院建设发展，保证所聘校长全权处理学院事务，鼓励强化全员全心全意打造百年名校的创业创新方略与理念，在业内更是令人赞叹不已。所以，我的意识中，报告只是程序技术层面的一个环节，重要的是像华信这样的集团，政府应该大力支持，它们不仅能把园区建设起来，还一定会把园区建设发展得很好，它们具有这样一个品牌与形象。更何况我们多么需要这样的企业投资、带动。

作为华信集团投资建设的项目，我很是看好。

刚才各位专家从不同视角、不同层面就这两个可研报告提出了非常好的意见建议，我也受益匪浅，特别是大家都抱着认真负责的态度，让我深受感动。下面我从可研报告文本本身谈一些看法，和大家交流，不当之处尽可批评指正。

先说说弘康医药科技集团的这个可研报告。

我看了今天的报告，比之前改进了不少，这一稿去掉了要建设弘康医药科技集团企业总部的说法，变成了要建设"医药物流园区"，这就比较规范、比较清晰了。但还存在写作上的问题，就是规范名称后的表述内容却容易让人产生误解。本来是建设医药物流园区，但在明确定位时，你罗列了企业所有的经营范围，这便冲淡了着力发展物流业、建设医药物流园区这一主体主导，那些医疗设备、连锁药店、保健品销售等便多余了，它们并不属于物流范畴，实际上你是要建设区域性医疗设施、医药配送中心的，你是要建设医药包括医疗实施现代仓储和智慧物流运营平台系统的，这是报告应阐明的基本定位点，所以上来一定要把这些基本的东西交代清楚，抓亮点，否则不能形成整个报告的论证支撑。而且我建议，要提高整个报告的层次格局。报告中提出，通过医药物流园区建设，不仅要大力促进新郑服务业发展，还要把新郑打造成物流小镇，这个定位太小，这个园区将来仅仅只是服务和满足于新郑市吗？肯定不是。把新郑打造成物流小镇也不对，不能把一个市变成一个镇，要定位在一定空间区域，比如河南、中原、中部等，没有这个相应的市场，投资这个园区建设的未来价值与收益就可能是零。一定要有超越，有大的作为，要有战略思维和策划。

报告也要力戒冗长八股，现在的版本实际上还有提炼精准的空间。比如前面几章，关于物流业现状的描述完全可以压缩，再重组。你现在在政策背景、产业背景、市场分析、SWOT分析等方面都进行了表述，没有必要，而且表述中几乎没有与现在要建设的这个物流园区相联系，尤其是没有描述分析医药物流的状况是怎样的。这一部分是需要的，但用不了那么多笔墨，一是这个园区建设是符合国家、省、市产业政策指向的，二是目前就国家、省、市物流园区，特别是医药物流园区的区域性、市场性等空间分布做概括描述就行了，现在的报告里这部分内容太多。

还有一个需考虑的问题是，要建设专业医药物流园区，却又提出要建会展中心，不说你现在周边到处都是会展中心，单说在物流园区建一个会展中心，会展什么呢？谁来这里参展呢？最好去掉。

再说说卓峰制药有限公司的这个报告。

和弘康医药科技集团的报告一样，都是写得很细致、很繁杂，其实不需要，只要说明你准备干什么、有哪些条件基础、市场需求前景、生态环保符不符合国家要求等就行了。你的那个市场分析部分全国的内容太多，而且与本园区建设联系的几乎没有，缺乏针对性与鉴别性。但这还不是主要问题，主要问题是这个园区实际上要建一个新的医药生产基地，所以报告最主要的必须写明两点：第一，这个选址是否合适，对周边地区生产生活生态有无影响？第二，制药过程产生的废气、废水、废物排放处理是怎样的？有没有具体环保工程措施？而问题在于这两点恰恰都没有在报告里提到。尤其是环保那一部分硬是照抄了一些文件用语和几个数字标准，这显然是不行的。刚才专家还提到药品生产的植物提取与动物提取污染及其防控问题，都是必须要说明的，不然将来建起来后这些问题会给企业带来很多意想不到的后患。这也是我们政府部门在研究审批这个园区项目时必须予以高度关注的问题。

就这两个报告，我最后还想提两点建议：一是做项目可研报告，一定要有本项目与同类项目、本项目在一定区域内发展的不同典型事例、基本数据的比较研究，从而提出该项目建设的差异性、竞争性、可行性，就这一点看，这两个报告都是欠缺的。二是希望在下一步完善提高的过程中注重整体报告的专业性、规范性、层次性，从现有版本看，编写报告还需要增加有关专业人士。当然，报告的创作，既是受托编制单位的事，也是企业的事，应加强双方的沟通交流，企业应该主动为编制单位提供必需的资料数据，告知编制单位企业的基本的发展理念与期望等。现在已经有了一个很好的报告基础了，今天这么多专家又提了那么多宝贵的意见建议，应多消化、多吸纳，相信我们的编写单位会拿出更满意的报告的。

（2020 年 6 月 5 日于新郑市新区鑫港万豪酒店）

第四篇

让"大别山精神"成为新县经济社会发展的不懈动力

很高兴来到新县与大家交流。也就是一年前的这两天，习近平总书记来到我们新县视察，使新县在国人的眼中已经不仅仅是一个远近闻名的将军县，以前大家只知道红军从这里起步，而现在习近平作为党和国家最高领导人第一次正式提出并确立了新县之"红色基因库"的"大别山精神"，这既是对我们新县过去革命志士奋起革命，创建新生苏维埃的认可褒奖，也是对新县、信阳、整个河南传承红色风范、创新发展未来的期盼与厚望。70多年来，新县在党的领导下，在"大别山精神"鼓舞下，一直努力地推进着经济社会向前发展。今天我们齐聚这里，就是进一步贯彻习近平视察新县的指示精神，特别是倡导"大别山精神"，对未来五年，乃至2035年新县发展进行谋划部署，会议的现实意义是不言而喻的。

刚才泰森参事讲得很好，我和大家一样非常受益，也很受启发。借此机会，就新县"十四五"规划编制我谈一些自己的看法和认识，与大家交流。

规划是对未来五年、八年，甚至十年以上的远景发展所做出的一种前瞻预测性、指导引领性部署和安排。过去编制规划是做生产供给与消费需求的分析平衡，讲究综合平衡，量力而行，统筹兼顾，规划带有一种政策导向、行为约束作用，体现了政府有计划按比例发展国民经济和社会的意志愿望。随着计划体制从以中短期为主导转向以中长期为主导的机制变换，计划的严肃性、权威性、强制性、指令性趋淡，多表现为预测性、导向性，但作为政府的战略思想、顶层设计、决策部署，阶段任务的组织运营载体，依然成为事实上的政府调控宏观经济社会发展的基本手段和措施，并且把规划期内要达成的目标指标以各种项目明确下来，实施项目带动，落实规划内容。所以，现在一些地方，包括省市一级的规划都强调和实施项目带动。亦如有人说的那样，编制规划就是安排项目，即以项目及其时空运作作为规划的实体内容，这也不能说不对，因为很多供给侧的生成与推进需求侧的实现，都是通过一个一个项目来落地的。但多年实践也发现存在一个问题，就是项目棚架——一些项目，尤其是一些重大项目由于种种原因没有到位，导致原定的供求关系、经济结构出现失衡，造成一定时期经济社会秩序紊乱，不能不说这是"经济过热""经济低迷"，或是说经济速度过快过慢的一个重要因素。所以我还是认为，编制规划要讲项目，要以项目为抓手，但也一定要做过去、现在、未来供求关系、经济结构、投入产出分析比较，保持宏观生产资料的生产与生活资料的生产之间的平衡，保持整个社会的价值与使用价值之间的平衡，保持国民收入积累与消费之间的平衡，如果我们的规划发挥不了这一作用功能，那它就是没有任何意义的。

比如，我们现在编制新县的"十四五"规划，就应该认真地从我们的几山几水几分田，从我们的产业基础、地理区位、交通条件、人文底蕴、资源禀赋等进行分析概算，提出可行性数据，务实安排部署。在今天还要客观分析我们的城镇化状况，我们的相应专业人才状况，我们的融入大区域、"双循环"的能力状况，我们的政府治理体系及治理能力现代化水平状况，等等。要把这些梳理出来，这其中主导的、主体的是产业基础，要分析哪些是财政产业，也就是我们县的饭碗产业、工资产业，哪些是潜质型产业，怎么转型、怎么提升，以及如何转型升级，从而核算出我们的供给可能，做到量入为出，实现速度、结构、比例、效益之间的衔接统一。

县域经济，说到底产业是基础，必须坚持以产兴县。新县的产业，坦率地说，按照目前的交通区位，所谓战略性新兴产业基本上可以说与我们相去甚远，但现时已经发展起来的文旅产业、康养产业、休闲产业等，就是我们新县现代产业体系的脊梁骨，就是我们未来产业发展的支点、重点、亮点。未来发展要做的中心文章是提升与引进、改造与嫁接，与大数据、新经济联通，放大现有产业经济当量。

新县产业的特色个性一是绿色产业，二是红色产业，这就是我们的比较优势。占据新县绝对空间优势的山水林田湖草，承载着新县人"绿水青山就是金山银山"的致富梦；名扬四海的"红色基因库"、大别山精神，连接起新县人沿着红军路，在创造出一个又一个"28年红旗不倒"征途上，爬坡过坎，趋向经济繁荣。我认为这是我们编写新县"十四五"规划的魂魄，也是展示新县未来发展新格局的神韵。我们制定的规划应给新县内外传递出这样的信息与信心。

县域经济社会的发展，我始终认为取决于四个基本影响因素：一是能不能发挥优势，扬长避短，最大限度地开发利用好先天、后天形成的自然资源、经济资源、文化资源、社会资源、政治资源；二是能不能聚集到一些"能人"和一个个善策划、会运作、干成事的团队，这也表征了政府治理体系和治理能力现代化水平；三是能不能不断推进县域城镇化发展，从而使县域开放并融入大市场、大区域、大收益的产业链、供应链、价值链分工体系中；四是能不能使规划具有实在的指导引领约束力，对上不因主要领导更替淡化修正甚至废弃既定规划目标任务，对下不因某些不同意见，或是常态性变化使重大项目搁浅受阻，官方语言叫"一张蓝图绘到底"，坚持规划实施的严肃性，不可以以长官意志任性规划执行，政府应作为接受第三方评价，发展生产力，而不是破坏生产力。

所以，规划的编制要体现经济规律和编制规律，要体现县情乡情，要体现个性格局，要体现时代大势。规划项目可以是高大上，但规划内容不应该那么神秘，规划文本要接地气，就是要使领导者、运作者、实践者一看规划，就明白未来要干什么，谁来干，怎么干。包括一些目标指标，切不可过于超前，要以发展为前提，以质量为标准，以效率为内核，达成规划思路、规划设计、规划内容、规划实施、规划评价一体谋略，以新发展理念编制好"十四五"规划。

我还想强调的是，新县县域经济规划及其发展一定要讲格局，讲个性，既要按市、按省、按国家宏观区域功能划分跟进作为，又不要不顾区域差异，雷同照搬，抹杀了自己的个性特色，坚持有所为，有所不为；既要立足自身资源，把山水林田湖草传统优势产业做大做强，又不要闭县锁区，排斥外力，故步自封，坚持营造良好营商环境，积极吸引那些能够促进传统产业转型升级的高新技术产业、新型生态环保产业驻扎发展，使本土产业与现代产业融合，构筑具有鲜明特色的新县经济格局；既要发挥好政府宏观调控功能作用，不断提高政府治理体系和治理能力现代化的水平，又不要一味行政命令主观行事，坚持市场配置资源的决定性作用，运用市场机制，推动民营经济大力发展，建构新时代、新活力、新动能、新机体的新县新兴经济社会运营体系（县域经济社会发展更应该放开，要把住共产党的领导，把住社会主义方向，把住增强人民福祉的目的，尽可以放手各类产权经济体的发展）。

谢谢大家！我相信，也真诚祝愿我们新县能够编制出一部有个性特点、有地域特色、有格局品位、有实践效应的"十四五"规划来。

（2020 年 9 月 18 日于新县）

在周口市乡村振兴战略规划
评审会议上的发言

周口市是一个典型的传统农业区，乡村振兴战略规划的编制实施，有着现实的、长远的意义。所以，周口人应该抓住这一良机，认真研读中央、省关于推进乡村振兴战略规划实施的指导意见及规划要义，领会精神实质，把握内容要点，明确政策指向，拉近周口区情，设计好、策划好、编制好自己的乡村振兴战略规划，以期在乡村振兴战略规划实施中，实现周口经济的转型与超越，引导周口人绘就出周口生活、生态、生产的最美画卷。从这一视角看，周口人更应该重视和借助乡村振兴战略规划的编制实施，把它放到市委市政府、县委县政府以及各级乡镇党委政府的主要工作议程，作为主要工作抓手。其实，市地也好，区县也好，能不能实现平安和谐稳发展，基础在乡村，乡村发展、乡村振兴，绝不只是乡村自身的事情，更关联着区县、省市的全局。当然，做规划既要立足促进乡村振兴与发展，也要注重从全市、全县宏观层面的整体谋划运作，而且要有高的站位，凸显出作为市一级规划，对全市乡村振兴战略的指导引导、部署安排。

我个人认为，也综合前面领导专家所述意见，这个规划应该说是成熟的、契合于周口市市情的、接地气的，至少可以从三个方面说明：一是整个规划及其内容符合中央、省关于推进实施乡村振兴战略规划的指导意见及规划指向；二是整个规划及其内容符合周口市的市情实际，对区县乡村振兴战略规划的编制具有指导意义；三是整个规划及其内容从逻辑体系架构、内容目标导向、措施重点步骤到数字文笔表述等，符合规划编制的一般范式规定。尽管一些数据考证、项目落实、图件精准，包括一些理念思路问题还有进一步充实完善的空间，但整体上我还是要说，我们应该给予这个规划以充分肯定。

下面我也谈点个人意见和建议与大家交流，供市里领导及编制单位参考。

第一，一定要立意于借势乡村振兴战略规划实施的机遇，绘出周口新时期时代感强烈的最美画卷，激励人们奋发有为地站位。亦如开始说的，从市委市政府，从而影响到县委县政府、乡镇党委政府，不仅要在思想观念上真正认识到推进乡村振兴战略规划实施，是以习近平同志为核心的党中央做出的重大决策部署，是决胜全面建成小康社会、全面建设社会主义现代化强国的重大历史任务，是新时代做好"三农"工作、加快城乡融合的新旗帜和总抓手，而且，面对传统农区实施乡村振兴战略规划任务重、压力大的现实，要变被动为主动，抓住这次难得的机遇，统筹谋划、科学运作、借势发展、带动转型，以乡村振兴为支点，走出一条传统农区发展的新路径、新样板。尤其是要把市委市政府高层设计、谋划憧憬的内容充分展示出来，激发人们的情怀与动能、责任与担当。

第二，进一步发掘即将形成的周口市新的地理区位和交通优势，以新的河南东南部区域性中心城市为坐标，实现农业产业与物流产业双发展，带动乡村振兴战略的实施。一个地区经济的发展，重在发挥优势、扬长避短，一定要不断地去发掘、培育自己的比较优势、后发优势。周口市的发展，既要进一步开发利用好原有农业资源这一比较优势，加大生态农业、科技农业内涵，提升农业产业化水平，实现产业链、价值链、供应链"三链同构"，还要看到正在形成的新的地理区位交通比较优势，高铁开通在即，现有的机场、铁路、高速公路，特别是还有不断扩大的两个货运港口码头等地理区位交通条件正在孕育着周口这个河南东南部的新的大枢纽区域经济。枢纽区域经济的核心与张力是物流产业，也就是说，周口物流产业会迅速发展起来，我们一定要看到这一大势，一定要以此重组再造周口区域经济，尤其是应该把物流产业的发展同推进乡村振兴战略规划衔接起来。物流产业的发展，不仅会大大提升和放大周口经济的能量，也必然会为乡村振兴战略规划的实施铺就良好的基础和空间——为乡村振兴产业兴旺，为乡村振兴三次产业融合发展，为乡村振兴农民进城有业可就、有钱可挣，为乡村振兴持续增加农民收入、生活富裕提供绝好的时空条件保障，所以，规划乡村振兴战略，千万不能忽略未来物流产业发展的良机，一定要规划好、组织好、处理好这一方面的关系。因此，建议规划在物流产业发展与乡村振兴战略规划的位置关系方面更加突出一些。

第三，重视乡村振兴战略规划实施的体制机制创新完善问题。这里，我们不仅要在推进乡村振兴战略实施中坚持农业供给侧结构改革的主线，还要在体制机制上务实地有所创新突破。从江浙一带经验路径看，除了地方政府加大投入，改善农村农业基础设施、公共设施、公共服务之外，要坚持把重心放在引领乡村按照市场化机制、靠自身内生力量振兴的思想，探索新时代乡村以新集体经济为主导的多元产权及其经济实现形式。这个规划点到了产业兴旺与壮大新型农业经营主体问题，就是要以更高的站位谋划促进诸如农户、农场、农业专业化合作社、农业产业化龙头企业、农业服务体系等在组织机制上的跨越，不断走向有我们自己特色的、可持续发展的新型农业集体经济形式结构，成为乡村经济和整个区域经济的战略性支撑。要推进实施"变资源为资产、变资金为股金、变农民为股民"的"三变"改革，这是一场符合中国特色社会主义市场经济体制的深层改革，实践证明是行之有效的，建议在接下来的完善提升中，进一步强化这一方面，梳理出乡村振兴—新集体经济—"三变"改革的技术线路，使乡村振兴战略落地、落实。

还有一点思考是，周口市是一个人口大市，有将近 900 万人口，又是一个传统农业大区，在规划里要不要坚持把劳务输出做部署安排？当然这是要面对进入新时代现代产业对劳动力提出新的标准要求，我们需要对原有劳动力进行高技能培训，以输出高素质劳务人员为内容特征的规划安排，就是建议把劳务输出与乡村振兴战略规划实施联系起来，作为推进乡村振兴战略实施的一个重要方面进行规划部署，请市里县里的同志们予以考虑。

此外，我也主张把最新的、最权威的中央、省里关于乡村振兴战略的意见办法，包括具体政策措施等穿插进来，只要是在我们的规划没有颁布之前，新政策、新精神、新要求都可以拿来，我们的规划是2018～2022 年，如果没有这些新的文件精神在其中，那么我们的改革、我们的规划、我们的运作都将是非常被动的。

我就说这么多，不当之处，尽可批评指正。

（2019 年 8 月 28 日于周口市天明锦江国际酒店）

一个把乡村振兴置于全区域经济社会发展大盘的规划

——郑州航空港经济综合实验区乡村振兴战略规划评述

由社科院农发所主编的《郑州航空港经济综合实验区乡村振兴战略规划》，看后给人一种务实清新、地气味浓郁的感觉。港区乡村振兴战略规划的编制显然与一般市县不同：第一，按照港区的总体规划，基本上可以说是没有乡村存在的；第二，即使有，也是无足轻重，可弱化不计的。但这个规划确实是港区的，而且是实实在在的，不过，这是对国家核定的港区 415 平方千米沿边代管的 73 平方千米涉农空间的一个规划，反映了港区政务的责任与担当。

这个规划有几个特点。第一，有鲜明的目标、措施，给人以抓手遵循。和其他同类规划不同，规划"构建乡村振兴新格局"这一总括性、导言性章节，首先提出了整个规划的总体思路以及具体实施"五大聚焦"——聚焦都市圈、聚焦规划区、聚焦产业发展、聚焦开发模式、聚焦乡村振兴，建设"产＋城＋人＋文＋生态"五位一体的郊野休闲生态引领区，构筑"五区联动、廊道贯穿、特色点缀"区域空间，等等，给人以振奋激励的同时，也使人有了实践的"抓手"，有了遵循，有了目标，有了动能。第二，强调了推进乡村振兴与全区域发展的统筹运作。把整个规划的层次和着力点提升到一个新的高度，超出了现在一些区县规划就乡村论乡村的误区，而是把推进乡村振兴摆到全区域发展的大盘中统筹规划、协调发展，即一方面明确了怎样贯彻实施乡村振兴战略，另一方面是从乡村振兴的大格局上、大站位上，给出了乡村振兴与全区域统筹运作的基本思路、发展路径，这一点非常重要，我们一些区县规划恰恰缺乏的就是这一统筹意识和定位。第三，传递了乡村振兴规划的战略意义。很显然，这个规划的主导与主体是乡村振兴战略及其实施，但通过规划又使人明确了这不仅是要推进乡村振兴，还通过乡村振兴规划的实施，把未来港区的农业、农村、农民问题，把城乡融合发展问题，把郑州大都市圈、国家中心城市建设问题等相连问题带动解决，意境深刻高远。第四，"补齐农村基础设施建设短板"一章内容较新颖。规划没有泛泛地写流水账，而是围绕乡村振兴的现实问题，围绕政府在乡村振兴中的作为，直击乡村振兴的矛盾点，提出了现阶段政府主导乡村振兴过程中，政府应该做什么，应该把投资的重点节点放在哪里，等等。整个规划务实，有着极强的操作性、可行性，应该予以充分肯定。但也有进一步深化提升的空间，借此谈一点我的认识和大家交流。

毫无疑问，任何规划的编制都应该立基于它的基本区情、业情、商情等，也就是应该首先明确它的可发展性，它所依赖的资源，它起家、发家、兴家、旺家的根本条件，它欲发展的比较优势和焦点、难点、重点等。郑州航空港经济综合试验区乡村振兴战略规划的制定，它的定位目标方向，我个人认为是否可以概括为两个基本点：一是如何发展建设航空港经济综合试验区里的都市农业试验区问题；二是如何借势港区产业，实现三次产业融合、增加农民收入，解决郊野人们生活富裕问题。这应该成为思考、设计、编制港区乡村振兴战略规划的坐标主线。中央提出乡村振兴20个字5句话，起点是"产业兴旺"，落点是"生活富裕"，这就告诉了我们乡村振兴的基础和关键是什么，乡村振兴的目的和追求是什么，也只有以产为基、产业兴旺，才能走向生活富裕。港区乡村振兴当然应该注重借助港区产业优势，让农民、农村、农业融入港区大枢纽、大物流、大产业、大都市，实现在港区发展中带动乡村振兴，在乡村振兴中推进港区经济社会的稳发展。

港区都市农业既要充分发掘有限的土地资源，放大农民、农村、农业经济当量，更要依托港区现有便利条件做物流，寻求新时代乡村郊野的产业链、价值链、供应链，变一产为"1.5产"、三产，组织区域内外农产品，包括非农产品的加工、冷藏、运输等，甚至利用地缘优势与国内外行业接触、联手，创立自己的产业体系，创立具有港区特色的乡村产业。绝不能一味地照抄照搬照套别人的一套，雷同别人走老路，就没有出路，就发展不了，港区的农业是弱化、弱质的，千万不要就乡村说乡村，就农业说农业。一定要观念创新、实践创新，一定要引导农民挣钱。

就现有文本而言，这一部分建议：一是明晰主导产业和支柱产业，并对照前面"新格局"标明的功能区划分，引导形成产业集聚；二是怎么推进产业融合，应该从产业性质、产业业态等方面有所交代，现在在这一点上不那么明确。还有规划的项目库很细很好，但是一看几乎全是政府投资，没有社会资本。现阶段，政府主导、政府加快乡村基础设施建设是必须的，但是都靠在政府身上，政府肯定是背不起这些包袱的。

（2019年6月18日于郑州航空港经济综合试验区发展局）

关于城中区（县）乡村振兴战略
规划的编制

——在濮阳市华龙区乡村振兴战略规划
评审会上的发言

接到这一任务，参加这一会议，我一直在想一个问题，就是像华龙区这样的情况还要不要编制乡村振兴战略规划，编制的规划又如何推进实施？刚才听了各位专家和领导们的发言，很受益，我也给大家汇报一下我的一些认识，与大家交流，请大家批评。

华龙区地处濮阳市中心城区，农业、农村、农民甚至可以忽略不计了，因为他们基本上都融入这座新兴的石油城里去了，土地几乎没有了，农村除了还剩余一个乡、一个镇、几个村外，全部城市社区建制化了，农民变市民后，现在主要是围绕石油机械装备制造和商务商贸、文化旅游、传统杂技等赖以创业就业发展。那么，这样居于中心城区的城中区，还要不要制定乡村振兴战略规划？我认为，还是应该要的：第一，毕竟还有一个乡、一个镇、一些村的存在，尽管这部分乡村人口只占据全区总人口的百分之十几，尚需巩固脱贫成果（资料显示华龙区是濮阳市较早脱贫区县之一），促其融城振兴，则是贯彻中央乡村振兴战略实施所必需的；第二，也只有通过务实的、科学的规划，才有可能对未来这一部分乡村发展做出部署安排；第三，虽然从编制与建制上说，整个华龙区已经在形式上农转非了、城市化了，乡村也改称社区办事处了，但是其乡村经济社会的格局做派、小农小富、素质层次，与现代文明、现代城市总还是存在一定差距，总还是存在提升放大潜能潜力的需要，即需要以乡村振兴战略规划的实施为契机，促进华龙区从不同乡村组合成区华丽转身，迈向新时代经济社会生活的高质量发展与跨越。

基于这一认识我们编制华龙区乡村振兴战略规划，在思路上，应当既要趋同中央、省、市大政指向，又要拉近华龙区区情特点，精准定位，从而寻找到规划的主线条。显然这个规划编制的主线条也好，要义抓手也好，应该在于统筹协调部署安排好两个基本关系：一是宏观上中心城区发展规划与尚处于亟待乡村振兴、加快实现城乡融合发展的城中区规划之间的关系；二是微观上现有区域产业怎样联结、带动这部分乡村的产业兴旺，明晰乡村振兴战略规划实施的产业定位、产业重点、产业组织关系。也就是说，华龙区乡村振兴战略规划的编制，不能简单地与其他县区一样，把产业及其建立的现代产业体系围着"农业产业"转，按部就班地来规划"乡村"生产空间、生活空间、生态空间，按部就班地来规划构建乡村产业体系、农业经营体系、农业社会化服务体系等，而是必须在规划中鲜明体现城中区与整个中心城区发展空间相对接、相融合，包括地理空间主体功能区分、产业结构优化布局、产业组织体制机制，以及加快中心城区与城中区，特别是这部分乡村全面融合等内容安排，一定要突出中心城区，或是说主城区与城中区一体化发展的思维意境。也就是要站位中心城区总体发展的思维，统筹安排城中区乡村振兴发展问题，谋划中心城区发展中的乡村振兴战略规划实施问题。

所以，华龙区这个规划不好做，但目前做到这一步，也是不容易的，其实内容方面都有了，关键是怎样将相关内容表述进行重组再造，使大家更明确我们这个城中区乡村振兴战略规划实施的价值意义、主导主线、目标措施。

（2019 年 7 月 26 日于濮阳市华龙区政府会议室）

乡村振兴示范县编制乡村振兴
战略规划的思考
——在遂平县乡村振兴战略规划论证会议上的发言

　　遂平县的这个规划总体上来说，还是应该给予基本的肯定的。一是规划体现了党中央、国务院关于乡村振兴战略实施的指导意见，符合国务院、河南省、驻马店市乡村振兴战略规划的内容指向；二是整个规划编制，包括内容架构、逻辑系统等符合规划编制的一般范式及其规定性；三是规划基本上反映和契合了遂平县的县情特点，尤其是注意把规划期目标同现时形势紧密结合了起来；四是文笔语言字句表述相对比较鲜明清晰，基本上传递出了县委县政府就全县乡村振兴战略规划实施的思路布局；等等。应该说，作为省发改委的一个专研机构，这个规划的编制确实是有着积极的底蕴和水平的，与任何事物一样，我们今天看着很不错，但到了明天可能又感觉很多想法、很多事情、很多内容没有表达出来，所以，再好的规划也只能是相对于一定时点而言的。即使是编者单位本身，也许是"只缘身在此山中"，自己看不到自己，所以需要借助评审对规划进一步充实、修正、提升、完善，我作为一个局外人，和大家交流几点认识，仅供参考。

　　第一，编制遂平县的规划，首先一定要立足"乡村振兴战略示范县"，而非一般县区。乡村振兴示范县是河南省贯彻中共十九大精神，务实推进乡村振兴战略实施的一项重要措施，由原河南省委农办与各省辖市充分沟通协商，选择经济社会发展基础比较好、城镇化率比较高，在产业发展、环境建设、乡风文明、乡村治理等方面有一定特色的县市作为先导规划建设，以期形成示范引领作用，遂平县是全省确定的18个乡村振兴战略示范县市之一。按照当初设计运作思路，作为示范县市要按照中央提出的"产业兴旺、生态宜居、乡风文明、治理有效、生活富裕"的总要求，要强化组织领导，明确部门职责，细化工作措施，合理推进工作；要坚持因地制宜，突出规划引领，发挥比较优势，形成工作特色，推动全面发展，引领带动全省乡村振兴。对于如何实现这样一个预期，各县市都有着自己的构想和套路，也都在积极地进行着实践探索，但不管怎么说，正确科学地编制好县市的乡村振兴战略规划应是首要的，也是最重要的，规划编制既要承传中央、省、市指导意见和规划指向，也要反映县市的县情市情及其县市高层决策者的谋略安排。与一般规划编制不同，这一规划从内容范式上既要按照统一的路数走，也要有所具体化、以本县市区情特点为依据，凸显本县市的主导、主体、主线，使规划具有前瞻性、可行性、指导性、可持续性，兼具长期与短期、总体与局部、理想与现实的正相关关系，以便在乡村振兴战略的实施中，促进县市经济社会更高层面、更大格局、更高质量地跨越。

也就是说，其实在这个规划编制之前，遂平县应该已经有部署、有安排、有路数，有不少可圈可点的做法和成效了，所以现在编制这个规划，首先要对示范县进行一些认真的总结，在这个基础上进一步提出未来几年的设计规划，尽管目前这个版本也叙述了相关的不少内容，但思路和出发点不一样，没有站在示范县的角度来梳理、来总结，由于没有站位在示范县的平面上，因此，现在的这个规划陷入了一般性的泛泛描述，起点低了，格局小了，示范县与非示范县的个性、优势、层次突出不出来，也就是看不出遂平县不同于其他县市发展的个性化、差异化，这是值得思考的。

第二，编制遂平县的规划，重要的是一定要把遂平县与驻马店各县、与驻马店市的共性和个性、差异化发展、建设相交与城郊型经济构想突出出来。

驻马店市是一个典型的农业大市，但是正在爬坡过坎地转型，而距驻马店市中心仅有16千米（距驻马店高铁站15分钟车程）的遂平县则一直在跟进，其县域经济综合实力位居全市各县之首，发展强势，使遂平县完全有可能走向并成为驻马店市的一个城郊型卫星区，这一大势一定要在规划中突出出来，而且要按照这一站位与格局来进行遂平县的经济社会发展规划，进行遂平县的乡村振兴战略规划，把遂平县乡村振兴战略规划实施与遂平县县域经济社会发展规划衔接起来，推进全县乡村振兴，提升乡村都市化水平，实现未来与市中心城区、县中心城区的对接，以期顺势融入驻马店市的总体发展之中。发展城郊型卫星区，遂平县是完全有条件的。遂平县不仅是"全国优质小麦标准化示范区""全国商品粮生产基地"，而且拥有3家农业领域省级工程技术研究中心、1个农业科研院士工作站、5家省级农业产业化重点龙头企业，形成了小麦—面粉—食品，玉米—饲料—养殖—畜产品加工等产业链、价值链、供应链，农工贸一体化发展大盘，不需要市里支持，所以建议考虑从未来城郊型卫星区建设思路来编制这个规划。

第三，编制遂平县的规划，应进一步挖掘该县域经济社会资源优势，以此支撑夯实遂平县乡村振兴战略规划的实施。遂平县有着良好的区位优势和交通条件。往北至郑州180千米，向南距武汉300千米，107国道、京港澳高速公路、京广铁路、京广高铁纵贯全境，七蚁公路等省道穿境而过，城乡公路四通八达，处于郑州武汉1小时高铁圈内。遂平县气候温和，属暖温带半湿润季风性气候，四季分明，盛产小麦、玉米、大豆、花生、烤烟等作物。西部山区蕴藏着丰富的铁、钼、铝矾土、水晶石、大理石等矿产资源。

此外，遂平县境内的嵖岈山风景区是国家AAAAA级旅游景区、国家地质公园、国家森林公园、全国标准化示范景区、河南省首批文明景区、伏牛山生态旅游精品景区和央视版《西游记续集》的主要外景拍摄地，享有"中原盆景""中州独秀""江北石林"之美誉。主景区周围还分布着国家级重点文物保护单位——嵖岈山卫星人民公社旧址、丹霞地貌红石崖、高山湿地凤鸣谷、飞瀑流泉龙天沟等景区景点。遂平县先后被授予"中国女娲文化之乡"、全国休闲农业与乡村旅游示范县、河南省首批旅游标准化示范县等称号，嵖岈山镇被确定为全国重点镇、中国历史文化名镇、全国特色景观旅游名镇。但是从现有规划看，特别是从乡村振兴战略规划实施看，还是缺乏挖掘利用发展的宽度与厚度。

第四，编制遂平县的规划，还应该注意引领全县人民继续探索农村集体经济的实现形式和运行机制等。遂平县有全国第一个人民公社——嵖岈山卫星人民公社，于1958年4月成立，1958年11月3日，毛泽东主席曾亲临遂平视察，在遂平历史上留下了光辉的一页。人民公社是我们党在社会主义建设初期尝试的一种经济社会组织形态，它的实践过程肯定存在着各种问题，但借用"公社"这一马克思憧憬的未来理想组织形态，引领广大农民走集体合作化的道路，以期壮大集体经济，破解农耕社会矛盾，促进"三农"发展，应该说也还是起到了其历史性、现实性作用的。即使在今天，我们在实施农村家庭联产承包制体制下，也应该回头看看，人民公社的存在，还是有许多值得再研讨的地方的，特别是发展和壮大集体经济方面，与中央精神并无冲突，中央强调和支持在乡村振兴战略实施中，发展集体经济，在壮大集体经济过程中，不断增加农民收入，所以我觉得编制乡村振兴战略规划，不应该忽略这一方面的内容。就是要规划怎样使这一颗人民公社的"卫星"依然闪烁，不仅是作为一张形式上的"红色名片"，更让它作为现时代实际上的金色名片。

（2019年5月16日于遂平县政府）

在渑池县乡村振兴战略规划论证会议上的发言

渑池县这个乡村振兴战略规划文本很有范儿，也很有味儿。我的感觉是，这个文本既循着国家、省的内容规范展开，又比较贴近地方区情特点，反映出了渑池的县域地气个性，使规划的执行者与被执行者都可以清晰地认识到未来要去做什么，怎样来做，以及工作结果要评价些什么等，感觉整个文本清新有序，内容表达、逻辑体系鲜明到位。

这个规划有一个最大的特点，也是亮点，就是把乡村振兴战略实施与推进全县域经济社会发展交融连接了起来，把乡村振兴战略实施放在了整个县域总体发展的大盘子中统筹规划，从而使乡村振兴与县域经济统一于一个主导、一个主体、一个主线，相对于一些就乡村说乡村、脱离县域经济整体性的发展规划而言，这是不多见的，应给予充分肯定。

中央在乡村振兴战略规划以及最近接连下发的相关指导意见中明确地提出，应把乡村振兴战略的实施作为推进城乡融合、破解"三农"难题的总抓手。这就说明中央并不是单纯地实施乡村振兴战略规划，而是谋求通过乡村的振兴，推进整个县域经济的发展，加快城乡融合，加快"三农"突围，甚至也可以说，中国共产党人要再走一次新时代背景下的农村包围城市之路，以期彻底改变世人对我们的"农"字号形象，真正实现乡村都市化、全面城镇化，表征富起来、强起来的战略部署与安排，也是党的十八大以来，贯彻习近平新理念，全面深化与推进农业供给侧结构性改革，打好脱贫攻坚战，全面建成小康社会，奋进"十四五"，迈向2035与2050两个新阶段、新目标的重要战略举措。

这个文本有意无意贯穿了这一顶层设计的思路指向，也正是基于这样的意识观念，规划文本以促进乡村和县域的高质量发展为逻辑起点，以城乡融合新格局为目标落点，强调坚持农业供给侧结构性改革为统领，谋划三次产业融合发展，培育产业兴旺高新潜能，构建现代农业生产体系、产业体系、经营体系等为支点，从而营造生态宜居、乡风文明、治理有效、生活富裕的新时代乡村愿景概念，并给出了实施乡村振兴战略的制度性供给和组织保障，所以说规划的内容是系统的、完整的、可行的，是符合党中央、国务院和省委省政府关于实施乡村振兴战略意见、规划要求的，是符合渑池县的县情、乡情、村情特点的，是接地气的，也是符合规划编制的一般规律范式的。

看着这个文本，我也想借此机会就乡村振兴规划编制的思路遵循与各位交流一下。县域乡村振兴战略规划到底应该采用一种什么模式，是否都要完全模化并与中央和省的规划完全一模一样？还是更多地强化相应观念，强调相应原则，求同相应方向？这是值得我们包括县委县政府、编制单位认真思考、探讨的。中央的指导意见与规划，从理论上说，是一个"普照的光"，即具有普适性，但各地又有着自己的区情和特点，所以中央提出的叫"指导意见"。而中央层面的"规划"是就全国总体发展而言的，意思应该理解为在中央指导意见引领下，在与国务院规划大方向、大目标、大要求一致前提下，应该结合本省、本市、本县、本乡、本村实际来制定自己的规划。也就是说，编制县域及其乡村规划，一定要紧紧贴着区情特点，贴着你那几山几水几分田来规划，制定出来的规划确实对你有用、有效，接地气。

就说我们河南，作为一个依然的农业大省，怎么切入国家实施乡村振兴战略，迈向一个新的层境，让河南更加出彩，是我们每一位河南人所关注的。习近平在今年两会期间与河南代表团座谈，主要讲述的就是乡村振兴的话题，为什么？这是寄希望河南人应以乡村振兴战略实施为契机，把农业大省变为农业强省，把农业大省变为农、工、贸融合发展的新兴经济大省，从河南省情实际出发，走出一条自己的路子，在乡村振兴中实现河南经济的跨越。乡村振兴，规划先行。那么，我们编制河南的、三门峡的、渑池县的乡村振兴战略规划，是否就要完全按照"产业兴旺"那五个板块，不分区情特点，不论资源条件，不管优势基础，一样照套雷同？这样恐怕是不行的，这不是实事求是的，这不符合习近平的思想以及中央精神。

规划，尤其是县域政府规划，不仅要有前瞻性，更要具有指导性、引领性，不能太虚，一定要拉近县域实际来编制。渑池县这个规划编制得好，好就好在它实事求是地分析了渑池县县域特点和县情、乡情，从而提出了规划的基础、规划的重点、规划的措施等。也就是说，乡村振兴战略规划的编制，既要全面满足"产业兴旺、生态宜居、乡风文明、治理有效、生活富裕"的内容要求，也应该因具体县域的不同区情特点而有所侧重，有所个性，一定要使编制出来的规划能够给人一个明明白白的主体和重点，不能千篇一律、一个模板。

我为什么这么说呢？因为从目前乡村振兴战略规划实施的现实看，我们战略规划的推进还是政府主导型的，即主要是依靠县级政府投资。而县级政府投资不仅资金有限，而且按照现行制度规定，政府投资主要用于农村基础设施建设、公共设施建设和购买公共产品服务。这就是说，乡村振兴战略规划的实施，主要还是要依靠乡村自己，但是多数乡村相对城区偏远，自己基本上就没有什么产业和经济能力，这就需要思考乡村振兴战略规划编制的重点、主线到底放在哪儿，包括"产业兴旺"，是否就仅仅是指的发展工业？

关于乡村振兴战略规划的编制，我觉得应该有三点基本的内容：

一是梳理明了规划编制的主线坐标。也就是应该思考着如何推进农业供给侧结构性改革，如何围绕经济高质量发展，激发、激活乡村产业，实现乡村振兴。抑或说，编制乡村振兴战略规划，首先应提炼出规划的一根主线坐标，即把高质量发展、供给侧改革、产业兴旺三者衔接起来，给出一个乡村振兴的基本坐标主线、路径方向，这是个意识观念问题，凸显的是实在的新时代感。二是强调在乡村振兴战略规划实施中，应坚持以不断壮大乡村集体经济为抓手，统筹规划，增强乡村振兴的经济实力与社会支撑力，促进乡村经济稳定发展和可持续发展。三是在乡村振兴战略规划的编制与实施中，应该突出经济是基础的认知，突出产业兴旺与就业收入的关系，以实现农民人均可支配收入指标目标为动能，追求在不断增加农民收入中，改善和提高农民素质，从而实现乡风文明、治理有效、生活富裕。我的一个中心思想是说，要把乡村振兴战略规划的编制实施，靠近到习近平新时代中国特色社会主义思想上去，紧紧围绕产业兴旺、集体经济、农民增收三个重要节点，点面上展开，并形成规划的坐标、主线、重点。

渑池县一共有 36 万人口，农业人口就接近 26 万，虽然有着较好的自然资源和生态环境，但它的农业比重很大、城镇化率很低，应该说乡村振兴战略实施的压力是大的、任务是重的。现在的这个规划不是拿来国家、省、市的内容套叙，而是认真地概述了渑池县长期以来注重把农业放在重中之重的位置，为今日实施乡村振兴战略奠定了良好基础，如不断加大财政资金的投入，大力建设高标准农田、改善农田基础设施条件，提升农作物机械化水平，加快农业土地流转，推进集中连片规模经营等。从规划的整个内容看，规划把产业兴旺置于部署安排的重点，立基于以农业为基础，以工业为主导，大力推进三次产业融合发展，没有虚说，实实在在地把农业基本县情给表达出来了，这与江浙一带实现乡村振兴发展的"农业起家，工业发家，旅游旺家，三次产业融合兴家"是一致的。这里的工业也并非现代意义上的先进制造业等，而是农产品加工业，教科书上称之为"1.5 产业"，但规划又同时强调了科技对农产品加工业的改造提升性，具体地规划了未来渑池乡村振兴过程产业兴旺的相应内容、重点、步骤等，明白无误地强化了只有注重产业兴旺，才能实现乡村全面振兴的意识观念。

乡村振兴战略规划实施，在农业县，就是要坚持县委县政府的"稳粮强经，重特兴富"发展思路，就是要实现粮食的稳增长，同时发展非粮产业和其他经济作物，使农业供给侧结构满足于人们对农业及其农副土特产品的需求，提升农业经济的高质量水平。这是渑池县委县政府高层决策者发展渑池县域经济的顶层设计和战略思路，规划立足并紧紧抓住了这个定位和纲领，充分肯定了乡村振兴中的已有做法和经道，使规划具有现实性、可行性、操作性。也正是渑池县持续深化以农业为基础、顺势发展工业，推进三次产业融合，开拓农业、农村、农民发展新空间，追求"农业＋"的新技术、新方式、新业态、新模式，成就了两个省级农业产业化集群以及多元农业发展。仅一个农村电商系统一年交易额已达 7 亿元，而且经济的发展，大大改善了农村人居环境，一些村还跃入"中国美丽休闲乡村""全国生态文化村"。规划对这些内容的阐释，无疑有力地支撑和增强了渑池县推进乡村振兴战略规划实施的决心与信心，提振了渑池县实施乡村振兴战略规划的动能与希望。

有一个地方我有点疑惑，可能我不了解背景。我看到规划 P20 提出了"渑义主中心"，我持怀疑和待商榷的态度。规划说，这个"渑义主中心"主要包括渑池中心城区和义马中心城区，其设想也许有一定道理。我想，要构筑渑义一体化发展，打造三门峡东部重要增长极，引领城乡融合发展，率先实现区域内农业、农村现代化都是无可厚非的。但它涉及两个独立的建制县市，且以两个县市中心城区为空间架构，所以是否现实，能否成行？义马市委市政府同意吗？这不是郑汴融城，尽管历史上义马本来就归辖于渑池县，可义马现在 GDP 远超于渑池县，它愿意回归吗？所以这个设想只有基础，却恐怕没有可能，除非省市部署安排，请酌。

我还有一个建议就是，这个规划周期为 2018～2022 年，但不应该影响编制过程，特别是修正完善时，应注重把中央的、省里的最新相关产业动态、政策指向、意见办法等内容穿插进去，不一定用文件号、颁布日期等给表现出来，但基本的、新的精神则是可以吸纳进来的。比如最近有关部委颁布的"利用集体建设用地建设租赁住房试点方案"，这不仅会对楼市产生较大影响，更有可能为乡村振兴中利用集体建设用地建筑租赁住房、度假庭院等带来发展新机遇。同时，这也不仅意味着国家开始向社会大规模转移土地红利，更意味着一大批低成本土地将进入房地产市场，意味着乡村户籍的增值性——农民因建设公共租赁房屋和度假休闲庭院，成为新型房舍股东，成为新富阶层，长期享受土地红利。这也是促进乡村振兴、农民增收的一个重要举措，所以我们的规划为什么不可以在有关章节里予以反映呢？

（2019 年 5 月 24 日于渑池县政府会议室）

在濮阳县乡村振兴战略规划
论证会议上的发言

 如同专家所说的，这个规划的确很好，但我更喜欢规划里面把濮阳县建设成为"开门就见花园，全县都是景区"的说法。这既表现出濮阳县委县政府一班人的顶层设计理念，也为濮阳县经济社会发展作了一个目标定位，更反映出推进濮阳县乡村振兴战略实施的路径抓手。加之未来要打造"中原地区新兴的绿色食品基地""全省乡村旅游目的地""全市乡村振兴先行示范区"这三个"两地一区"发展预期，使人感觉到濮阳县围绕乡村振兴在认真地思考设计、策划运作，从而看到了濮阳县乡村振兴的前景。

 "开门就见花园，全县都是景区"，应该说是濮阳县对未来树起的一个发展理念和目标，折射出濮阳县从自身县情出发，以服务业为主导，推进三次产业融合发展，借势实施乡村振兴战略，探索建立新时期县域现代产业体系的理论思维与实践担当，而整个规划的编制，显然也是按照这一认知逻辑展开的。过去说，"规划规划，墙上挂挂"。这个规划则比较务实，不会只是"墙上挂挂"的，它沿着"开门就见花园，全县都是景区"的目标规划要求，从乡村振兴战略实施切入，从县城区到乡镇、到村庄，各个层级、全县域、全系统、全过程都要见真景、见意境、见效应的，这也是把乡村振兴战略与全县宏观经济社会发展紧密连接了起来，实现在县域经济社会发展中推进乡村振兴，在乡村振兴中加快和促进县域经济社会发展。所以我说，这个规划把我们真正要做的初衷、格局编制出来了，不简单、不容易。

河南省、濮阳市、濮阳县的工业，尤其是先进制造业，都是短腿短板，所以，濮阳县一方面要在加快农业产业化进程中，积极切入先进制造业，寻求高起点发展第二产业；另一方面应主动融入市域、省域大趋势和大态势，从自身资源禀赋出发，亦如规划里提到的，着眼于农旅、文旅、村旅开发，营造全域、全季、全时乡村旅游目的地，并以此作为实现乡村振兴的动力抓手，作为当前和"十四五"，乃至2035年的基本任务、目标追求，就这一点上来说，规划的思路主线是明确的，也抓住了濮阳县未来乡村振兴的根本关键。这叫从实践出发，走自己、自为、自立的路子。

我还要说的是，这个规划在其内在逻辑联系上有机有序，一气呵成，很有味道。第一章切入农业现代化，开启乡村振兴新征程，明确大目标、大方向；第二章以发展新理念为指导，描绘龙城发展新蓝图，贯穿了新理念，以高昂的政治观，统揽全域发展；第三章站位城乡融合发展，强化濮阳县的区域副中心城市地位，把乡村振兴与助推区域副中心城市建设紧密结合联系为一体；第四章高质量发展农村产业，拉近最新经济运行模式应用，给现代农业化发展赋予新时代高质量要求，决意率先实现农业现代化；第五章建设农业、农村融合示范县；第六章建设生态宜居县；第七章推进乡村文明；第八章县域发展与人才支撑；第九章坚持乡村治理；第十章走共同富裕之路；第十一章引进江浙"三变"改革，明确乡村振兴的路径选择；第十二章组织保障……规划非常实在，说的是濮阳的事，画的是濮阳的图，理的是濮阳的路。

这个规划所阐释的内容也很鲜明，很符合濮阳县的实际。它没有虚说浮华，而是紧紧抓住两个大的基本点位：一个是濮阳的县情、业情所决定的农业现代化高质量发展定位大方向；另一个是濮阳县在濮阳市的副中心城市地位。这就把濮阳县实施乡村振兴的发展基础、发展情势、发展大路数给梳理出来了，并且极富个性地从建设区域副中心城市切入来规划乡村振兴的路径格局，一改一些地方就乡村论乡村、就振兴说振兴的狭窄编制套路，把乡村振兴与整个县域经济社会发展、与中心城区发展、与城乡融合有机地结合了起来，把乡村振兴战略规划置于全县、全市经济社会发展大盘统筹运作，并以提质扩容发展中心城区，带动助推乡村振兴战略落地，避免了乡村振兴与全县经济社会发展割裂现象。这也是符合最近国务院国发〔2019〕12号《关于促进乡村产业振兴的指导意见》精神的。这个意见第十条就是"强化县域统筹""在县域内统筹考虑城乡产业发展，合理规划乡村产业布局，形成县城、中心镇（乡）、中心村层级分工明显、功能有机衔接的格局"。也就是要把乡村振兴与县域发展统筹运作。

当然就规划的完善度来看，也还有一定提升空间，比如说规划编制的依据还应加进国家的、省市的总体规划指向，使我们这个规划与上位规划衔接，有来源、有遵循，否则谈不上统筹。再比如，对于前文提到的发展短腿短板，应跟进提出破解的相应措施，因为县、乡、村的工作都是很具体、很现实的。还有，就是在做规划过程中应适时注重国家、省市相关最新时势大政策、大精神，包括应用新的表述词语，以使我们的规划尽可能地处于时兴的状态。

前面专家们已经谈了很多，希望认真改进提升，使这一规划好上加好，真正地能够代表政府，指导、引领、鼓舞濮阳人民奋进新时代，成为濮阳乡村振兴的一个重要媒介载体。

谢谢大家！

（2019年7月7日于郑州郑东新区鑫仕麟假日酒店）

在商城县乡村振兴战略规划
评审会上的发言

商城县的这个规划有三个特点：一是站位全县域经济社会发展视角编制规划，把乡村振兴战略实施与整个商城县的总体发展结合起来了，不是孤立地就乡村振兴说乡村振兴；二是拉近商城县情特点，梳理出了商城县实施乡村振兴战略规划的基本内容；三是围绕推进乡村振兴战略，强化了人才保障这一关键性因素。这些都是应该给予积极肯定的。

我们开这个会议，目的是借此充实完善，提升规划，使我们的乡村振兴战略规划更具有引领性、可行性，所以，我谈几个个人意见与大家交流。

第一，文本还应进一步提升格局气势，明晰商城县实施乡村振兴战略规划的内外基础与条件，给人以信心和鼓舞。坦率地说，目前这个规划显得有些平淡。规划都是面向未来的，不能只是罗列现状，必须提出发展定位、发展方向、发展目标、发展措施等，必须给人以鼓舞、给人以希望、给人以激情、给人以动能，必须把自己的几山几水几分田、自己的优势劣势、自己的区域经济社会影响表达出来，必须把专项规划与总体规划、把乡村振兴战略与全县经济社会发展战略、把政府作为与市场机制、把求与供等关系梳理结合，才能编制出一个具有现实操作价值的规划，这就是一个站位格局问题。编制商城县乡村振兴战略规划，一定要站位到商城县委县政府高层决策者、站位到商城县经济社会发展的宏观全局，而不是以一个受托的、被动的编制者的身份地位，那你是编不出来好的规划的。

商城县无论是历史文脉还是天文地理，抑或是现代发展，都是颇有影响力和厚重感的。商城是著名的自然生态宝地，宜居宜业。整个县域植被茂密、河流纵横、物产丰富，盛产优质粮油、茶叶、油茶、中药材等经济作物，是"信阳毛尖"的主产地之一，拥有众多的国家级景区、地质公园、森林公园、水利风景区等旅游资源，是大别山水土保持生态功能区、全国低碳国土实验区、国家全域旅游示范区、省级生态县。商城是交通要道，流通便利，宁西铁路、沪陕高速穿境而过，省道S216、S338、S339在此交会，国道G220正在建设中，沪康高铁、环大别山高速、阳新高速已纳入上级建设规划，均过境商城。商城是历史名城，文化厚重，从这里走出了清代宰相周祖培、河南大学第一任校长林伯襄等历史文化名人，拥有花伞舞、火绫子等一大批非物质文化遗产，是全国为数不多的"中国民间文化艺术之乡"，被誉为"大别山下状元县"。

商城是红色热土，英雄辈出，经典革命歌曲《八月桂花遍地开》从这里诞生并传唱全国，是河南省第一支红军队伍——中国工农红军第十一军第三十二师，河南省第一个县级苏维埃政府，河南省第一块革命根据地——豫东南革命根据地，以及著名的"红军洞"所在地，也是1947年8月刘邓大军千里跃进大别山，重建大别山根据地，被誉为"大别山红旗不倒"的红色基因库。近年来，商城县先后被评为全国科技进步先进县、国家油茶发展重点县、全国重点产茶县、新型职业农民培育试点县、国家计划生育优质服务县、美丽中国创新示范县、全国休闲农业与乡村旅游示范县、全国农村产业融合发展试点示范县；顺利入围国家全域旅游示范区、国家新型城镇化综合试点县、全国县级文明城市和国家级卫生县城创建行列；荣获中国民间文化艺术之乡、中国炖菜之乡、中国十佳最美乡村旅游目的地、中国长寿之乡、中国健康宜居小城、中国百佳深呼吸小城、中国最美丽县、中国最具幸福感县级城市等多项荣誉称号。

这就是商城，这就是商城实施乡村振兴战略的基础条件，这就是商城县实施乡村振兴战略的个性优势，这些内容不需要在规划里一一详细叙述，但要有所概论，这是个起点，这也是我们商城县推进乡村振兴战略规划实施的战略要素、信心与希望所在。

什么是格局？格局既是指原有创造形成的发展基础与布局，也是指谋求的未来发展的新基础、新布局、新理念、新目标，新的发展总是建立和倚靠在原有的基础水平上的。总结过去也好，分析优劣势也好，预测未来也好，都应该注重对已知已有的细致梳理，寻找和构筑起规划期的起点与落点。同时把县委县政府主要领导和相关决策部门的思想、路数、目标贯穿进去，达到一个高度与境界，这才能叫现实性、可行性、有格局、会发展。

规划编制应该首先树立和勾画起这一内容格局。

第二，突出"产业兴旺"这个乡村振兴战略规划及其实施的"牛鼻子"，务实谋划县域乡村产业链、供应链、价值链"三链同构"的乡村振兴现代产业支撑体系。乡村振兴战略实施的第一位的、主导的是产业，但是这个产业从县域县情实际看，一般不会有国家层面、省市层面所说的战略性新兴产业，多是资源性、地域性、世传性产业，即所谓传统性产业、优势产业。尤其是从乡村一级看，就是要整合、重组、更新、嫁接、改造这些传统优势产业，也就是这些年我们一直强调的要加速传统优势产业的转型升级，把它做深、做大、做强、做优，做出更大市场份额，做出更大产业附加价值，做出更大品牌效应。规划中应把这一点给凸显出来，因为我认为这是我们在积极引进相宜产业的同时，乡村振兴产业兴旺的主导与主题。

加快传统优势产业转型升级，喊了多少年，我们并不一定真正地理解。许多情况下，往往是一说到产业就是引进新兴产业、高科技产业，哪有那么多啊，就是有，它能来我们这个"老区、山区、库区、国家级贫困县"吗？我们能提供人家需要的营商环境吗？我们能提供人家需要的产业素质的人力人才吗？我们能提供人家需要的交通便利设施条件吗？所以，基点还是要放在我们自己的传统优势产业上，推进传统优势产业的转型升级。转型就是转变原有的工艺制作、生产手段、技术线路等，叫转变经济发展方式；升级是指加强对原有传统优势产业的新工艺、新技术、新设备、新材料的应用化程度，逐步提升产业的技术有机构成，形成产业的高级化、标准化、数字化、智慧化发展过程。

对于现在的规划，我总感觉到现有产业梳理出来了，但散、泛、乱，看不出主导产业、支柱产业，或是摆了不少农林牧等产业，却不提农林牧的再加工、深加工产业化和可持续发展，不提转型升级，这样，我们在实践中对于发展产业可能就会无所遵循，规划是引导的，你没有起到引导的作用。有一些表述都比较含混。比如"三产融合"，哪三产？不明确，不清楚。再如，商城发展文旅康养产业最有优势了，文本却并没有把它凸显出来；包括利用散落在乡村各地的红色革命遗址史迹，发展红色教育游学等，也都是可以挖掘、开发、利用的。做规划，重要的是既要理出主导的、基础的、支柱的产业发展路径，更要以规划项目落实、推进为目标，加强相应产业的发展，把产业发展兴旺与产业项目工程建设紧密结合，部署一些大中型项目，形成以项目带动的新的县域乡村产业经济运行系统，这是实现产业兴旺、乡村振兴的物质力量。

第三，要规划一个国家级贫困县实现乡村振兴的道路范本出来。我们商城县是国家级贫困县，国家级贫困县多靠上级政府财政转移支付运行，但乡村振兴战略实施是以政府为主导的，是需要政府财力投入的，而我们不可能有更多的财政资金投入，怎么办？这个背景下，我们的规划编制是否应着重注意三点：一是规划先行，规划引导，有一个科学可行的发展规划，包括全县域发展总体规划和乡村振兴专门规划，以总体规划引导乡村规划，以乡村规划助推总体规划，以保证县域经济社会发展的协调性、均衡性。二是有计划、有步骤地发展那些基础条件好、转型升级快、短期与长期效应都比较看好的产业企业，加大资金、政策支持力度，形成示范带动，产生正向能量。三是发挥政府与市场"两只手"作用，一方面不断提升政府治理体系和治理能力现代化水平，强化服务意识，在财力有限条件下，跟进产业企业发展需要的基础设施、公共设施建设，营造产业企业发展的良好政治生态环境；另一方面改进完善产业政策，营造良好营商环境，遵循市场法则，鼓励支持民私营经济发展，发挥民私营经济在县域乡村振兴中的积极作用。我们是贫困县，财力有限，如果我们不靠市场撬动，不靠民私营经济力量，我们就没有大的出路。你不用怀疑，凡是县域经济比较活跃的，都是民私营经济发展比较好的，是民私营经济创造和提供了县域 GDP 的、投资的、就业的、财政收入的大多数。我建议这些理念也好，实体内容也好，一定要在规划中体现出来，成为规划发展的要义引领和目标指向，目前咱们的文本还真是缺了这些。我一向认为，规划是宏观指导性的，要有理念、有目标、有项目、有措施，如果我们能够编制出一个贫困县推进乡村振兴战略的路数模板来，那么这个价值意义就大了，就不只是对我们商城县，而且是对所有贫困县、对所有发展中的县域来说，都是极具示范引领、带动影响的了。

乡村振兴战略规划的编制，还应注意应用新发展理念推进乡村集体经济的发展，壮大乡村集体经济。特别是村一级集体经济的发展，直接影响着村级经济的发展振兴。应把江浙一带的经验路数引过来，赋予新时期集体经济的新的内涵与外延，促进乡村振兴，增加农民收入，这是中央实施乡村振兴战略的基本初衷预期。

还有就是，建议还应该就文本的语言文字表达进行再修饰，一些数字包括出处进行再核实。我总是说，规划的编制既是受托编制单位的事情，也是委托编制单位的事情，但首先是委托编制单位一定要把县域县情、发展基础、高层思想等信息传递给受托编制单位，受托编制单位则必须认真调研摸清编制对象"家里家外"底子，吃透编制单位的情况特点，并认真筛选、总结，再挖掘、再拔高，使它在新的规划期内上升到一个新的高度，构筑一个新的格局，绝不是记流水账。所以说，规划编制的好坏，是双方协同的事情。恕我直言，这个文本在这一方面双方都没有完全做到做好。当然，什么都是遗憾学。在这一时点看规划内容，感觉不错，但时过境迁，你又会发现很多不到位、不理想的地方，我们都应该尽最大努力把规划做到尽可能的完善、完美。

具体一些细枝末节的问题，刚才专家们都从不同视角讲了，我就不再重复啰唆了。

（2019 年 12 月 20 日于省工程咨询公司）

新县乡村振兴战略规划应有
大思路、大格局

刚才几位专家从各自视角对这个规划交流了自己的认识，给出的评价、提出的意见建议都很具建设性、指导性，很受启发，我也谈谈一些认识，抛砖引玉。

我的一个基本认知是，推进和实施乡村振兴战略，既是以期务实解决"三农"问题，也是以此引导构筑县域经济的新发展、新格局。所以不能仅仅是就乡村振兴说乡村振兴，而是一定要把乡村振兴战略与整个县域经济社会发展战略契合一体，把乡村振兴战略规划与县域经济社会发展战略规划互动一起，以乡村振兴夯实县域经济大厦，以县域经济体量支持乡村振兴发展。我们现在的一些规划，多是把两者人为地割裂开了。这个规划的一大特点是站位整个新县县域经济社会的发展大局，站位新县县域经济与乡村经济的发展融合，站位构筑新县县域经济及其乡村经济的新格局而编制的。这一点我们应该给予积极的肯定。

从这一认识出发，我认为新县乡村振兴战略规划编制与实施的重点，也是基本落足点应该是两个字：一是红，即红色革命史地（习近平称为"红色基因库"）——大别山精神的继承与传扬所带动发展的人们对红色革命溯源、红色革命人物、红色革命遗迹、红色革命故事等红色革命文化的考察、瞻仰、记忆、回味、深化，即做好做足红色文化旅游产业建设发展的大文章；二是绿，即绿水青山福地——立足上苍赋予新县得天独厚的自然资源优势，以"绿水青山就是金山银山"理念，做好做足绿色经济与生态产业建设发展的大文章。这是新县乡村振兴以及县域经济发展的两个基本抓手、两大亮点特色，也是认知新县县情特点的两个基本视线。

一组数据显示，新县人均6亩林业用地，用材林、经济林、薪炭林、防护林等林业发展基础很好，光各种林场近2000个，除了8.2%的农业耕地面积和2.78%的水域面积外，真是可谓"七山一水一分田，一分道路和庄园"，几乎就是一个大山林地理空间，一个以林产业为主导和特色的县域经济体，这是上苍赐给新县乡村振兴、县域发展的天然资源。统计资料表明，2018年，新县地区生产总值141亿元、社会消费品零售总额54.35亿元，分别增长8.3%、10.6%；固定资产投资增长12%；地方公共财政预算收入6.06亿元，增长21.2%；居民人均可支配收入18959.8元，增长9.1%。这说明新县人民凭借着这一得天独厚的资源优势，一直在奋力地跨越。这也说明新县推进乡村振兴战略的实施，已经有了良好的产业基础和经济条件，这是我们规划设计新县乡村振兴战略规划的认识基础、思维逻辑、基本线路。

新县位于河南省东南部、大别山腹地、鄂豫两省交接地带，被人们称为"中原南门"。新县这个"红军的故乡，将军的摇篮"，曾经是鄂豫皖苏区首府所在地。鄂豫皖苏区是中国共产党在土地革命战争时期领导创建的根据地之一，是仅次于中央苏区的第二大革命根据地，诞生了多支红军主力，创造了"28年红旗不倒"的奇迹，被习近平肯定为"坚守信念、胸怀全局、团结一心、勇当前锋"的大别山。从土地革命初期的鄂豫皖革命根据地，到三年游击战争时期的鄂豫皖边游击根据地，再到抗日战争时期的鄂豫皖抗日民主根据地，最后到1947年刘邓大军千里跃进大别山，实现解放战争由战略防御转入战略进攻的伟大转折，大别山的四度辉煌见证了中国革命的不平凡历程。习近平前不久到新县考察时，满怀深情又意味深长地说，这次考察第一站就是鄂豫皖苏区首府烈士陵园，目的是在庆祝新中国成立 70 周年之际，缅怀革命先烈，告慰革命英灵。习近平说："我每次到革命老区考察调研，都去瞻仰革命历史纪念场所，就是要告诫全党同志不能忘记红色政权是怎么来的、新中国是怎么来的、今天的幸福生活是怎么来的，就是要宣示中国共产党将始终高举红色的旗帜，坚定走中国特色社会主义道路，把先辈们开创的事业不断推向前进。"习近平强调，开展"不忘初心、牢记使命"主题教育，党员、干部要多学党史、新中国史，自觉接受红色传统教育，常学常新，不断感悟，巩固和升华理想信念；革命博物馆、纪念馆、党史馆、烈士陵园等是党和国家红色基因库，要讲好党的故事、革命的故事、根据地的故事、英雄和烈士的故事，加强革命传统教育、爱国主义教育、青少年思想道德教育，把红色基因传承好，确保红色江山永不变色。习近平的话无疑必将成为我们迈入新时代的指路明灯、新征程的航向灯塔，我们要深刻领会，并将其贯彻于县域经济与乡村振兴的伟大工程实践中。新县乡村振兴战略规划的编制必须注意这一关键点，并围绕新县"红色基因库"的开发应用，寻求红色产业系，找到新的经济增长点。

乡村振兴的物质基础是产业兴旺，以产兴县，以产兴乡，以产兴村，以产兴民，所以编制乡村振兴战略规划，一定要紧紧扣住新县的资源优势，做足产业兴旺文章。如前文所述，新县是个以林业为主的山区县，素有"七山一水一分田，一分道路和庄园"之说。我看到数据资料，新县耕地面积 19.8 万亩，占全县总面积的 8.2%；山场面积 188 万亩，占 77.8%；水域面积 6.73 万亩，占 2.78%；林业用地 162 万亩，占 67%，人均 5.86 亩。全县有林地 159 万亩，占林业用地的 98%，其中用材林 79 万亩、经济林 45 万亩、薪炭林 11 万亩、防护林 21 万亩、活立木蓄积量 181 万立方米。全县有国有林场 22 个、村组办林场 700 多个、户或联户办林场 1000 多个。无疑，林业发展既是一个传统产业，又是一个潜力型产业，重要的是在产业链、供应链、价值链上深度挖掘，打造品牌，在推进乡村振兴战略中重组和再造新县市场形象与影响。

此外，还应进一步突出和重视优美的新县生态环境，把新县这个真正的"北国的江南，江南的北国"推出来。新县地处北亚热带向暖温带过渡地带，属大陆性湿润季风气候，四季分明，雨量充沛，光照充足。新县横跨南北植物过渡带，动植物资源丰富，汇集众多珍稀物种。全县植被覆盖率93%，森林覆盖率71.2%，空气中每立方米负氧离子含量1.4万个以上，有"天然氧吧"之称。新县秀似江南，雄比北国。盛夏时节，山秀水碧，雨雾蒙蒙，小桥人家，稻花飘香，颇具江南风韵；严冬季节，雪花漫舞，冰封群峰，银装素裹，玉树琼枝，尽显北国风光。境内奇观异景众多。自古就有六大名景："三山夜月"，三峰秀出，青翠浮动，月光晶莹，恍若蓬瀛；"天台远岫"，层岩千仞，山巅如台，云蒸霞披，淮南第一；"五马秋云"，峰插霄汉，晓雾炫奇，白云迷漫，天马行空；"沙窝夕照"，夕阳倚山，峻峰返照，烟霞蒸腾，紫翠绚烂；"风岭晴岚"，朝霞辉映，叠嶂烟消，青天朗日，别一区宇；"赛山樵唱"，樵夫鹤鸣，空谷传音，行云流水，宠辱皆忘。有林茂山幽，生物荟萃，奇花异草，香树贵木，珍禽走兽，竞相生长的被称为"大别山生物王国"的连康山国家级自然保护区；有峰峻壁陡，古木参天，瀑流飞泻，碧湖荡漾，道观凌空，香雾飘带的被称为"天国乐园"的金兰山国家森林公园；有湖水清澈，山色葱绿，轻舟摇曳，香炉日烟，天光水色，交相辉映的被称为"大别山明珠"的香山湖国家水利风景区……这些珍奇资源，是新县的自然禀赋和比较优势，更是散落于乡村和老百姓身边的可开发、可利用、可打造成各类致富产业的资源条件，也是新县乡村振兴产业兴旺的战略支撑。规划在这些方面应该说还有很大的提升空间。

还应注意的是，习近平考察新县田铺乡田铺大塆依托红色旅游资源打造创客小镇、发展乡村旅游业、推动乡村振兴的讲话精神需要在下一步规划修改中贯穿进去。也就是说，我们的规划，要把习近平这次新县考察提出的"鄂豫皖苏区红旗 28 年不倒"形成的"坚守信念、胸怀全局、团结一心、勇当前锋"的大别山精神，在这片红色土地上代代相传的理念与指导思想中补充进去，还要把习近平关于乡村振兴的讲话精神贯穿进去。这是指导我们，乃至指导全中国乡村振兴战略实施与规划编制的纲领。

习近平在新县田铺乡田铺大塆考察调研时认为，这是一个别具特色的传统村落，依山傍水，风景秀丽，中原文化、楚文化、徽派文化在此交相辉映。并且对近年来村里依托红色旅游资源，发展起 20 多家创客小店，带动了村民脱贫致富的做法给予高度赞誉和充分肯定。习近平强调，发展乡村旅游不要搞大拆大建，要因地制宜、因势利导，把传统村落改造好、保护好。习近平在"老家寒舍"民宿店，就近年来靠乡村旅游实现了增收，带动乡亲们发展民宿走上致富路指出，依托丰富的红色文化资源和绿色生态资源发展乡村旅游，搞活农村经济，是振兴乡村的好做法。习近平表示，脱贫攻坚既要扶智也要扶志，既要输血更要造血，建立造血机制，增强致富内生动力，防止返贫。要发扬自力更生、自强不息的精神，不仅要脱贫，而且要致富，继续在致富路上奔跑，走向更加富裕的美好生活。习近平勉励大家，贫困帽子摘了，攻坚精神不能放松，追求美好生活，是永恒的主题，是永远的进行时。习近平强调要把农民组织起来，面向市场，推广"公司＋农户"模式，建立利益联动机制，让各方共同受益；要坚持走绿色发展的路子，推广新技术，发展深加工，把油茶业做优做大，努力实现经济发展、农民增收、生态良好；要积极发展农村电子商务和快递业务，拓宽农产品销售渠道，增加农民收入；要注意节约环保，杜绝过度包装，避免浪费和污染环境。习近平的这些关于乡村振兴的指导思想一定要在规划里体现出来。

新县的乡村振兴战略规划编制，一定要有大思路、大格局、大特色！

最后我还想提几点建议供参考。一是在规划编制中，如何能够进一步明确农民收入渠道与政府如何组织引领问题（我不赞成"农民收入渠道狭窄"的说法，实际上渠道并不狭窄，关键是政府如何引领）。二是在规划指导思想中，如何能够进一步摆脱地理交通区位不济与非要大工业兴县的思想观念问题（没有大工业就没有产业优势吗？在新县就是要发展农林产业，当然是转型升级过的，发展新技术、新工艺、新业态的农林加工产业——书本上讲的"1.5产业"）。三是在规划实施中，如何能够进一步统筹好调动乡村积极性、主动性和创造性与政府财力、物力、人力投入的可能性之间的关系，发挥好市场与政府机制作用，真正推进和达成乡村振兴战略目标的实现。

（2020 年 1 月 9 日于郑州市新世纪大厦）

在武陟县乡村振兴战略规划评审会上的发言

　　大家都很认可这个规划，我和大家一样，这个规划内容很实在，主题线条很清晰，架构逻辑很严谨，且给人耳目一新的感觉。所以说"新"，一是规划开宗明义，第一章首先切入高质量发展，这就把中央所引导的未来经济社会运行的主旋律、主抓手，连接贯彻到了县域经济社会发展和推进乡村振兴战略的实践之中，并强调和落足到以高质量推进农业农村现代化，建设乡村振兴的武陟样板，显示出积极的理论思维、指向把握、运作信心、目标追求、格局动能，很有气势，也很有内涵。二是紧接着第二章把推动城乡融合，重构城乡经济社会新的空间格局，作为实施乡村振兴战略的直接目的，强化了要在实施乡村振兴战略过程中，坚持以新发展理念对城乡空间的一体化、立体化布局，达成科学的生产空间、生活空间、生态空间有机相依的新型城乡经济社会运行体。这个第二章的安排很重要，凸显出规划的指导性、方向性、引领性，也就是说，你千万不要单纯就那"五句话"（产业兴旺、生态宜居、乡风文明、治理有效、生活富裕）论说"五句话"，而是要明确"五句话"的起点与落点是实现城乡融合，是构筑新型城乡经济社会发展的现代格局，这是不能糊涂的事。三是第三章把产业兴旺与加快农业转型升级结合，明晰做实产业兴旺的内容规划指向。它没有上来就产业兴旺说产业兴旺，而是从建设农业产业体系、建设农业生产体系、建设农业经营体系、推进农村三次产业融合发展的整体性农业产业发展来展开，又在相应产业体系里把要发展的优势产业、特色产业，以及相应的科技应用、制度机制等做了梳理与安排，规划了实现产业兴旺的模式路径，使乡村产业兴旺规划具有现实性、可行性、操作性。四是各章节的安排沿着中央、省市要求的内容，贴近武陟县的发展基础、发展优势、发展潜力，依次递进，都很实在，包括文字语言表述确实很到位、很鲜亮、很耐人品读。

规划提出的发展目标是"两高三优一先"，我尤其赞成这个"两高"，这是从我们武陟县的县情出发明确的一个目标预期——全县农村居民收入增速高于全市平均水平，农村集体经济收入水平高于全市平均水平。这就抓住了推进乡村振兴战略的要义和最核心内容，即增加农村居民收入，缩小城乡居民收入差距，让农村居民也能过上和城里人一样的生活。毫无疑问，破解"三农"，推动城乡融合、脱贫攻坚、全面建成小康社会，实施乡村振兴战略，其目的意义、其基本出发点，都是在于增加农村居民收入，而乡村振兴战略的"五大"任务（五句话）也好，运作落点也好，就是要促进、要提高农村居民生活条件和收入水平，实现"生活富裕"。所以，我说这个"两高"中的这"一高"切中了乡村振兴战略的全部价值意义，很有境界，我非常赞成。第二"高"也是不得了，关乎到能不能持续增加农村居民收入的大问题，即"农村集体经济收入水平高于全市平均水平"。发展集体经济，这既是中央实施乡村振兴战略的又一战略要义，也是巩固和保证农民持续增收的顶层决策者的大思路、大设计、大运作，如果说增加农村居民收入是乡村振兴战略的战略目标，那么，发展农村集体经济、壮大农村集体经济，则是中央推进乡村振兴战略、提高农村居民收入的战略措施。客观地说，现在农村居民收入相比以前渠道多了，收入的余地视野宽了，但多为单体个人收入行为，往往受时空性、临机性，以及大形势背景影响约束，收入的间断性、不稳定性风险较大，因此，重要的是怎样把农民组织起来，比如农业产业化中的农业、工业、商贸等专业合作化组织。这些组织依靠个体的、集体的资源要素建立不同的公司化企业，从事有组织的生产管理，按照现代企业制度和市场法则运营，变资产为资本，变农民为股民，变个体为集体，既保证了农民有稳定的就业岗位，又保证了农民有稳固的劳动收入，所以，今天从中央到地方都很支持发展集体经济，壮大集体经济力量，推进乡村振兴。从理论与制度层面说，集体所有制是公有制的一种组成形式，在中国特色社会主义新时代，我们就是要不断探索和完善集体经济这一所有制形式，特别是发挥出这一形式在推进乡村振兴、增加农民收入、创造农村生活富裕的条件环境下的重要作用。也就是说，这个"两高"目标是符合中央、省市大政指向的，武陟县乡村振兴战略规划的编制及其实践，一定要围绕这一"两高"目标做出未来发展的部署安排。

规划的战略目标是"两高三优一先"，"三优"就是"农业结构持续优化，农村环境更加优美，城乡协调发展更具优势"；"一先"即"在全市率先实现农村农业现代化"。我个人认为，"三优"实际上是一个目标理念，一种憧憬，没有什么可以多说的，但"一先"，我感觉有必要再调整调整用词概念，或者干脆不提。尽管我们现在从上到下的政府，或是理论家们都从不同视角给出了现代化，包括农业农村现代化的一些评价指标，但这些指标的局限性都很大，特别是现代化本身又是一个时点概念，不同时期，有着不同的达标内容，所以还是慎提在什么时候实现现代化比较好，更不建议你提"率先实现现代化"，一定要给自己留有余地，给发展留有余地。我们国家从周恩来总理在 20 世纪 60 年代正式提出"四个现代化"，到历经近 60 年奋斗后的今天，进入习近平新时代中国特色社会主义，才又提出到"2035 年基本实现社会主义现代化远景目标"，而且用的是"基本实现"这几个字眼儿，大家想想，品读一下其中味道。我们却要提出率先实现？还是再斟酌斟酌为好。当然，现代化也有可能在某一个时期、某一个地方首先实现，这也是正常的，但就我们省、我们市、我们县的经济实力，我们的科技实力，我们的文化教育实力，我们的现代文明程度等而言，坦率地说，都是极有限的，而这些"实力""程度"的提高还需要相当的时日。

我有一个建议，就是在接下来对规划修正完善的时候，是否考虑穿进一个推进乡村振兴战略中的政府作用与发挥市场机制问题？现在越发清楚了，乡村振兴战略及其实施，是中央在谋划 2020 年全面建成小康社会，进入"十四五"和 2035 年的一个战略部署和中心工作，也是为达成 2035 年基本实现社会主义现代化远景目标所必须要做的大工程，不解决农业、农村、农民问题，不调整和解决好城乡差距，不能够使乡村县域经济社会有一个根本性的发展，一切皆可能是零状态，因此中央下大决心、花大气力着手推进乡村振兴问题，我们一定要认识到这个大背景、大势头。

乡村振兴，仅仅靠乡村力量是无论如何也振兴不起来的，所以应该说，乡村振兴战略是政府推导型的，这就意味着政府是要投资的，需要通过政府投资来推动乡村振兴。但是，话说回来，政府有那么多的资金吗？何况我们处于经济新常态，经济持续低迷，政府财力不济，而这一步棋又必须要下，所以乡村振兴战略实施，一方面要动用政府力量，加大政府对农业、农村、农民发展的物力、财力、人力支持力度，另一方面也要坚持和发挥市场机制配置资源、调节经济的作用，走市场化振兴之路。所谓市场化振兴，就是发挥民私营经济体、乡村集体经济体的作用，放开乡村县域内的相应领域，以良好的营商环境，吸引社会投资者投资农业现代化建设，吸引社会投资者投资农村现代化建设，吸引社会投资者投资提升农民就业创业素养质量效应建设，这些内容请编制者，更请我们的政府高层给予关注，不然只靠政府，把腰弄断了也不会有什么振兴的。

此外，关于哪个项目库很好问题，建议还应进一步明确确立项目的落地问题，尤其是项目投资保障，一定要落实投资人。从现实看，要注意的是，公共设施和公共服务性的投资应以政府投资为主体，或是采取政府与社会资本合作投资等形式，但有关产业行业企业建设发展方面，更多的还是应该引导社会资本、民私营经济体、集体经济组织投资，即发挥市场配置资源的调节机制作用，千万不要把乡村振兴投资的"宝"全压在政府身上，千万不要使乡村振兴战略实施的结果给各级政府再背上了一个新的包袱。我们的规划向外传递的信息是：乡村振兴战略的支点和动能是政府引领和调动乡村基层与村民的积极性、主动性和创造性，是政府引领和调动社会资本对新型城镇化与县域乡村建设的积极性、主动性和创造性，所以我说项目投资来源、投资者一定要明确，不能仅仅有一个投资意向，一定要有合同契约，落实到位，要真投资、真项目。

乡村振兴战略实施是一项伟大的工程，我们需要做的事情很多、很具体，令人高兴的是，这个规划把该有的内容都规整进来了，也很明确，很有操作性，我完全相信，我们武陟人民在县委县政府的正确领导下，在这个规划指导下，一定会做好、做足乡村振兴这篇大文章的。

（2019 年 6 月 20 日于郑州市紫荆山宾馆）

在鄢陵县乡村振兴战略规划
评审会上的发言

参加鄢陵县乡村振兴战略规划评审，使我想到了今年两会期间习近平参加河南代表团讨论时强调的一个主题思想，就是乡村振兴问题。总书记为什么到河南讲乡村振兴？因为河南总体上看依然是一个农业大省，农业大省向农业强省过渡，向工业大省、工业强省过渡，没有乡村振兴，从而县域经济的崛起，是不可能的；没有乡村振兴，从而谋求实现城乡融合发展，是不可能的；没有乡村振兴，从而真正破解"三农"问题，是不可能的；没有乡村振兴，从而全面建成小康、从小康向中康过渡，是不可能的。任何一个层面的经济活动，既需要国家从上往下的制度、政策、软硬环境条件的支持与保障，更需要相应层面的从下往上的自我奋起、自我跨越、自我进取，所谓内生动力的追赶。

从党的十九大提出乡村振兴战略，到中央、省、市相继颁布乡村振兴战略规划，再到总书记在两会期间与河南代表强调乡村振兴，也联系总书记这几年关于河南经济社会发展的一系列重要讲话精神，实际上给我们揭示了我们河南发展的一个基本路径指向，那就是认认真真地做好乡村振兴这篇大文章。写文章首先的、关键的是纲领，乡村振兴的纲领就是乡村振兴战略规划的编制。乡村振兴战略规划的编制意义，就是增强我们的思维逻辑和决策设计意识、政治责任与经济机遇意识、综合统筹与科学运作意识、工作效率与评价考核意识等。所以两会以后省委省政府组织了十多个调研组，分赴各地深入乡村，围绕产业振兴、人才振兴、文化振兴、生态振兴、组织振兴等进行专题调研，为省委省政府推进乡村振兴战略的贯彻实施提供决策参考。

高度重视乡村振兴战略规划的编制，这是推进乡村振兴战略的第一步，也是重要的一步。可以看出，从省委省政府到各市县，不仅是把实施乡村振兴战略、做好"三农"工作作为一项长期政治任务来抓，而且是把实施乡村振兴战略、做好"三农"工作放在经济社会发展全局中的一个极为重要的位置统筹谋划。乡村振兴战略规划的编制，凸显的是谋划，是统筹，是指导，是引领，通过规划，使我们认识到我们这个地方乡村振兴的形势与任务、基础与问题、目标与重点、措施与步骤、布局与格局、实施与评价等。

鄢陵县是一个有着 8000 年文明史的地方，特别是始于唐、兴于宋的花木栽培，成就的"南花北移、北花南迁"的天然驯化基地，"花都""花乡""鄢陵蜡梅冠天下"更是享誉神州，引来诸如陶渊明、李白、苏轼、范仲淹等访道饮酒赏花，留下千古传诵的名篇佳句。近些年来，精明的鄢陵人坚持"五位一体"总体布局和"四个全面"战略布局，坚持创新、协调、绿色、开放、共享发展理念，着眼农业农村农民，立基乡村经济振兴，持续做花的文章、塑花的品牌，全县花木种植达到 65 万亩、2400 多个品种，被授予"中国花木之乡""中国蜡梅文化之乡""中国花木之都"。人育着花，花养着人，鄢陵全年空气质量优良天数达 300 多天，已然成为"国家级生态示范区""中国长寿之乡"。一年一度的中国中原花木交易博览会，成为全国的一张特色名片，应该说在实现乡村振兴、幸福鄢陵，全面建成小康社会的征程中迈出了坚实步伐，走在了全省的前面，为今天全面贯彻实施乡村振兴战略创造了积极的条件。

全面贯彻乡村振兴战略，鄢陵还有着良好的内外部条件优势。从外部看，鄢陵处在中原高速公路网核心区，毗邻郑州航空港经济综合实验区，北距新郑机场 50 千米，西距京广铁路、京广客专、京港澳高速 20 千米，兰南高速、永登高速、机西高速和正在建设中的郑合铁路、三洋铁路贯穿全境，形成了四通八达、方便快捷的交通体系。从内部看，2017 年，全县生产总值完成 305.9 亿元，增长 6.6%；固定资产投资 315.8 亿元，增长 13.7%；社会消费品零售总额 84.1 亿元，增长 12.1%；一般公共财政预算收入 10.8 亿元，增长 11.8%，其中税收收入 7.9 亿元，增长 12.5%。这就是鄢陵全面贯彻实施乡村振兴战略的实力支撑。

有资料显示，鄢陵规划建设了 19 平方千米的产业集聚区，逐步形成了纺织箱包、装备制造、食品饮品、医用敷料、生物质加工等特色产业集群，进入"河南省十快产业集聚区""二星级产业集聚区"行列。推进以 30 万亩花木产业集聚区为核心的花木产业集群建设，致力建成中国一流的优质花木生产交易基地；围绕"国际知名、国内领先、中原一流"目标，致力于深入引导农民以花木产业衍生发展乡村旅游、健康养老等产业，"农业＋花木、农业＋乡村旅游、农业＋康养"正开始显露出产业兴旺的勃勃生机。我相信，只要我们全面贯彻实施了乡村振兴战略，编制出了科学的乡村振兴战略规划，鄢陵一定会在新时代促进农业全面升级、农村全面进步、农民全面发展、城乡紧密融合、全面建成小康的伟大工程中，取得更加骄人的成绩。

刚才几位专家都谈了个人的看法，都是抱着一种负责任的态度就这个规划给出了自己的意见和建议，我都赞成，下面我也和大家具体交流一些我的认识。

我这两天看了这个规划，我的印象是，规划对"十三五"以来我们鄢陵县为实施乡村振兴所做的大量工作、取得的实际成效、奠定的良好基础进行了系统的、细腻的、认真的概述。说明我们鄢陵县与一些市县相比，一直就比较注重乡村的振兴与发展，最大的标志就是闻名遐迩的花木产业。从一开始就是发动、引领、组织农民，在乡村干起来的，也就是说，鄢陵乡村经济发展原来的基础就不错，花木产业就是在乡村发展起来的。在今天，则是要把乡村经济发展提高到一个战略的高度，也就是要把乡村振兴提高到按照中央提出的"产业兴旺、生态宜居、乡风文明、治理有效、生活富裕"20个字的总的要求，按照新时代推进经济的高质量发展要求上来。规划的这一思路，不仅使鄢陵乡村振兴战略的贯彻实施有别于其他市县，彰显了鄢陵的特点与个性，而且也进一步明晰了鄢陵在未来全面贯彻实施乡村振兴战略的主线与抓手，即按照全面贯彻落实乡村振兴战略及其相关方针政策指向要求，把工作重心和着力点放到对原有乡村产业延伸、升级、提质增效、降费增收上来，这些在规划里阐述得都很到位、很鲜明、很有站位与高度。

我们看到，规划还对鄢陵县农业农村改革发展的态势与气势进行了相对翔实的表述，而且综述了鄢陵与中央、与省委、与市委保持高度一致，以人民为主体，大力开展脱贫攻坚、扶贫开发攻坚，并取得了生动绩效。既反映出鄢陵县贯彻实施乡村振兴战略的内核意境，又反映出鄢陵人的文化与政治的睿智和站位。第一篇文字言词很平常，内容寓意却很不一般。而对于尚存在的矛盾问题，归纳的"五个亟待提升"也很具体、很尖锐，包括产业层次低的问题、旅游发展弱的问题、人居环境差的问题、农民收入少的问题、乡村治理软的问题等。

规划的一些设想和策略我觉得也是很值得提及的，比如要把鄢陵建成郑州大都市的"南花园"，这既符合郑州大都市区发展、建设国家中心城市规划内容方向，也符合我们鄢陵县情实际，无论是交通条件、空间距离，还是产业优势、地理文脉，我们都是很有基础的，郑许融合，鄢陵不可或缺。所以，规划编制以及传递出来的信息，令人很振奋、很鼓舞、很期待。

就整个规划而言，我认为应该说，从规划编制的一般范式和内容要求看，是完整的、成熟的，全面贯彻了习近平新时代中国特色社会主义思想，全面贯彻了中央、省、市关于推进乡村振兴战略规划的指导意见精神，全面贯彻了鄢陵县委、政府关于推进乡村振兴战略的战略设计和路径指向，体现着省级规划的水平层次，应该给予充分肯定。

有几点建议在接下来规划的完善中予以考虑。

第一，关于发展目标里的几个指标数据应再斟酌、推敲。关于农业生产能力规划目标，总产量提出 2022 年稳定在 55 万吨，而 2017 年就已经是 55 万吨了；标准田提出 2022 年稳定在 55 万亩以上，而 2017 年也已经是 55 万亩了。而同时土地流转率提出到 2022 年超过 50%，2017 年这一指标是 43.8%。这就出现一个问题，你的土地流转速度加快了，农业规模化生产增强了，农业产量却没有随之发生变化？不符合一般逻辑规律，尤其是土地流转应该说在未来还会加大加快，这是一个大趋势，土地流转的意义不仅在于实现规模化生产经营，也在于推进农业的集约化、标准化、组织化、现代化发展，所以农业总产量不变是不现实的，目标指标问题请县里的同志注意一下。

第二，关于规划的战略重点问题。按"20 个字五个方面"提出也没有错，但还是宜再明晰重点里的重点更好，五个全是重点，重点就模糊了。一个时期，或者说一个规划期，自然资源、经济资源、社会资源、人力资源，包括治理能力等毕竟都是有限的，这就要进行系统的梳理，整个乡村振兴战略规划的重点是什么？五个方面中每一个方面的重点又是什么？应当区别出来，都是重点便没有重点了。我个人认为我们的战略重点应该放在两个方面：

一是产业兴旺，就是要在规划期内全力推进花木产业转型升级，向中高端发展，实施以花木产业为主导，带动和深化"农业＋乡村旅游""农业＋特色康养"，以及围绕产业带、产业园、产业基地顺势建设产业化特色小镇，把以产为基与打造名镇、名村紧密结合起来，实现产业兴旺与乡村振兴双赢。

二是围绕乡村振兴，大力发展集体经济。集体经济是支撑乡村振兴基本的、重要的力量，也是中国特色社会主义的重要组成部分。我们县到现在为止，10 万元以上的村才有 20 个，占全县村总量的百分之几，消除集体经济空壳村 219 个，全县有近 400 个村。由此看到我们在贯彻乡村振兴战略中的短板，所以应当把发展集体经济置于战略重点上。当然我们现在所说的集体经济并非就是传统意义上的概念，但无论是集体经济的存在形式，还是实现形式，都在于必须大力发展集体经济。在社会主义市场经济体制下，集体经济可以是一元的，也可以是多元的；可以是股份制的，也可以是联合体成员的；可以是村内外的，也可以是国内外的；可以是商贸业的，也可以是工农商一体的。只有发展了乡村集体经济，才能有乡村经济社会长期的、持续的、稳定的发展，也才能带动和促进乡村生态宜居、乡风文明、治理有效、生活富裕，才能调动起农民参与乡村振兴的积极性、主动性和创造性。没有农民自觉自愿的参与，乡村振兴战略及其规划就是建立在沙滩上的，毫无意义。

第三，我还是想建议我们的规划在前面或是序言中加上一段有关鄢陵县的县情简述，以使人们了解我们县域经济的实力与乡村振兴发展的关系，从而指出乡村振兴的基本支撑力，比如三次产业现状、财政收支现状、城镇居民人居可支配收入现状，以及战略性新兴产业、战略性支柱产业、公共基础产业现状等。

第四，也是非常重要的，既是观念问题，也是实践问题，就是相比中央、省的规划，县域规划可以再细化一下，再具体一些，特别是要有一些规划期内建设的重要项目的支撑，应有列表，而且要落实到具体项目名称、项目投资主体、项目资金来源等。

（2019 年 4 月 11 日于鄢陵县政府会议室）

在上蔡县乡村振兴战略规划评审会上的发言

看了上蔡县的这个乡村振兴战略规划文本，我觉得有三好：一是把规划主题、内容体系、基本预期表达出来了；二是把上蔡县未来发展的部署设计、运作模式、战略路径表达出来了；三是把上蔡县推进乡村振兴战略规划的项目库梳理规整出来了。整个规划编制从文本本身看，比较系统、全面，并且始终围绕乡村振兴战略规划的五项内容重点展开，包括语言文字表述，反映编制者下功夫了，这都是应该给予充分肯定的。

我想与各位交流两个大的方面，不对之处请批评指正。

第一，规划还可以在上蔡县推进乡村振兴战略的基础背景方面有较大的提升空间。现在的文本对于上蔡县乡村振兴战略规划的基础分析还显得有些狭窄，还没有把上蔡县的自然资源、经济资源、社会资源，以及对未来乡村振兴战略实施的联系完全表达出来，还缺乏一定的战略高度，缺乏政府引领上蔡人民的信心与气势，还不足以体现作为规划应该传递出的对践行者、对民众的鼓舞激励之功能。

上蔡县是河南省十大古城之一，被联合国地名组织命名为"千年古县"，历史悠久、文化底蕴深厚，史称"千古一相"的秦丞相李斯、号称"通明相"的西汉丞相翟方进，以及世称"上蔡先生"的北宋著名理学家谢良佐等祖籍均在上蔡。公元前 11 世纪，周武王封其弟叔度于蔡，建立蔡国，上蔡遂成为天下蔡氏祖地。上蔡历史文物遗址众多，境内的蔡国故城墙、郭庄楚墓是国家级重点文物保护单位，还有光武台等省级重点文物保护单位、各类文化遗址近百处，是河南省著名的文物大县。

上蔡资源丰富，后发优势可期。上蔡盛产小麦、玉米、芝麻、油菜、花木等农副产品，被国家和河南省确定为"双低油菜、纯白芝麻生产基地县"。粮食总产量连年突破 10 亿公斤，是全国粮食生产先进县。猪、鸡、牛、羊存出栏量居全市前列，是全国重要的生猪调出大县。

上蔡地处驻马店、漯河、周口三市之间，交通便利，两条国道、四条省道穿境而过，一条高速正在规划建设，县城西距京广铁路、京珠高速公路、107 国道 20 分钟车程，距河南省会郑州市和新郑国际机场一个半小时车程。河南省政府把上蔡定位为区域性中心城市，县委县政府正加快推进特色商务文化旅游区、商务中心区、产业集聚区（产业集聚区规划面积 16.88 平方千米，建成区面积 10.6 平方千米，入驻项目 156 个，初步形成了制鞋服装和农副产品加工两大主导产业，先后被表彰为"全省十快产业集聚区""全省投资者满意的产业集聚区"，被省政府命名为"一星级产业集聚区"）、现代农业示范区"四区建设"，努力把上蔡打造成具有完备业态功能的商业城市、具有厚重历史文化特征的旅游城市、具有现代产业支撑的工业城市、具有环境优美文明和谐特征的宜居城市。

上蔡是一个典型的平原农业大县、全国粮食生产百强县。这些年上蔡县人民在县委县政府的正确领导下，在大力发展粮食和其他经济作物的同时，一直在思考着拉长工业短腿，大打工业翻身仗，以期走出一条农业大县发展工业经济、农工贸一体化运行的新路子。这是我们上蔡县的精气神，也是我们上蔡县经济社会发展的动力与动能，这一气势、态势、大势，应该在规划里表白出来，应该成为我们这个规划编制的根与脉，成为规划部署安排相应项目的最基准波线，成为整个规划编制的主导与遵循。

据我看的一些资料数据，我们上蔡县，无论是县域生产总值的规模增速，还是工业增加值增长、固定资产投资增长，还有社会消费品零售总额、一般公共预算收入、城镇居民人均可支配收入、农民人均可支配收入等在驻马店市都是位居前列的。这既反映着我们上蔡县的县情特点、发展状况，也是上蔡推进乡村振兴战略的现实基础、良好基础、实施基础，更是我们推进乡村振兴战略的起点、底气。只有把这些精准地概括表达出来，才有我们编制这个规划的最基本依据支撑。希望这一方面在后续修改完善中能够加强，因为它关乎到我们编制规划的高度与格局，影响着未来发展的运作。

第二，就这个规划我谈几点小认识。

这个规划有一个地方很值得提出来称赞一番，就是它相对于其他一些规划，没有在内容一上来就振兴说振兴，而是直接把乡村振兴战略的推进与未来真正打破城乡壁垒、促进融合，把破解"三农"问题、构建新时期县乡区域新格局联系了起来，开宗明义安排了第三章"优化城乡空间、构建乡村振兴新格局"的内容。这个导向好，表述的内容也好，这说明它还真是把中央实施乡村振兴战略的意境与指向、起点与落点、目的与目标理出来了，消化深化了，而不是亦步亦趋，上来就按照那五个方面的内容依次展开（这也没错，无可厚非）。它则是首先阐明了乡村振兴战略要促进城乡融合、破解"三农"问题大决策思想之后，在这一章后边，又很实在地就那五个方面做出了规划部署，这一点很难得。我们今天研究、编制乡村振兴战略规划，这个规划的真正实施，就是当我们在完成脱贫攻坚任务、完成全面建成小康社会的各项指标后，2021年到2035年要做的具有战略意义的大事情，也可以说是又一个攻坚、又一个焦点、又一个中心任务，我们一定要有这个意识。

应该说上蔡县推进乡村振兴战略实施的基础条件比较好，人气也比较好，特别是一个"河南省区域中心城市""驻马店城市副中心定位"，更会从各个方面有力推进这一战略的实施。下面有两点建议提出来商榷。

第一，我看上蔡县三产结构中一产占比为19%，规划中提出还要减少，我觉得不一定。一是我们毕竟就是一个农业县，在相当长的一个时期内，我们自己也好，国家、省市也好，关心关注的应该依然是农业这一块；二是我们的主导产业也好，我们的未来工业也好，其实都是以农业及其农产品加工业为主体的，没有一定的农业基础做支撑，农业产业化、农工贸一体化、农业现代化就不会有实际载体运作；三是理论与实践都告诫我们，当一个地区的工业体系尚未形成，尚未进入工业化与信息化融合，尚未进入新兴工业化的时候，绝不可盲目地、人为地缩减农业，而应该遵循产业运动的客观规律，实现三次产业结构及其比例关系的有序发展，并非是农业所占比例越小越好，特别是大农业区必须保有一定的农业规模基础。应树立起这一观念。否则，工业没上去，农业被排斥边缘化，这是很危险的。必须实事求是，必须按客观规律办事。

第二，规划要超前，体现一定的预测性、指导性，但必须具有可行性。我看我们有几个地方是否再斟酌斟酌。比如到2022年"具备条件的示范引领类、城郊融合类、集聚提升类、特色保护类和搬迁撤并类村庄基本实现农业农村现代化""打造全县新旧动能转换核心区，引领示范城乡融合发展，率先实现区域内农业农村现代化""到2022年全县城镇常住人口达到40万人，城镇化率达到45%"……这个"实现"或"基本实现农业农村现代化"在多个地方出现，我以为还是低调一点为好。现代化有现代化的标准，像我们的农业县区基础，要在两三年内实现农业农村现代化，坦率地说，可能还没有真正理解现代化的内涵与外延。现代化尽管是一个时点概念，但依照我们现在的指标数据看，哪一个地区，包括国家都还没有敢提出到2022年实现农业农村现代化的，还是稍稍保守一些为好。还有城镇化规模与比率，要从现在的 31% 提高到 45%，城区人口达到 40 万人，在这些年宏观经济不景气大背景下，盲目地把农民引进城，无异于再背上一个沉重的农转非的大包袱。农转非、农业人口转为城市人口、农民进城是以有业就、有收入为前提依据的，你让他进城，就要保证他的就业与收入，现在的情况，进了城你能保证就业吗？就不了业，没有收入，他不找政府？要推进城镇化，但要知道城镇化是一个历史过程，决定这一过程及其城镇化规模与比例的是经济，经济上不去，千万别"放卫星"，千万要理性行事。增幅要达到 14 个点，我还是建议再算算，再想想。

此外，规划应注意把乡村集体经济的发展壮大与推进乡村振兴战略提出来，这一块应该是将来实施乡村振兴战略的重要路径选择之一，这不只是凸显了中国特色社会主义的应有之义，更是被历史和实践证明了的、一条符合我国国情民意的必由之路。建议规划要把江浙的经验、我们以前的做法梳理出来，寻求和给出新形势下发挥集体经济力量，推进乡村振兴战略的功能作用及其体制机制。

（2019 年 9 月 17 日于上蔡县人民政府会议室）

在推进乡村振兴战略中提升
建安区发展大格局

听了各位专家和我们区直机关同志的发言，很受启发。我先说点虚的。来之前，产业所的两位主任跟我说，建安区的领导非常重视这项工作，主要领导亲自过问，亲自部署，亲自参与。今天与会感觉确实不一样，从区委书记，到区长，到区委区政府班子成员，到党政部门负责人都来了，而且踊跃建言，真好，真感动。反映了大家不仅是给予这个规划足够的重视，还真正表现出一种责任与担当，一种建安区区委区政府所拥有的良好的政治生态环境，这就是我们建安区所以保持持续发展势头的内核性因素，是我们能够不断发展创新的底气底蕴。

这次评审会，还特别邀请了一位"大家"卢先生。直接接受从乡村经济发展活跃的地方来，从习近平提出"绿水青山就是金山银山"的源头来的，有理论，更有实践的先行者、领跑者、推动者的指导指点，本身就是一个战略性的举措，就是一种务实推进乡村振兴战略的反映，说明我们这个区，不干则罢，要干就好好地干，就实实在在地干。学习借鉴外部经验，引入"高手"策划运作，是今天提升我们政府治理体系和治理能力现代化水平的一个基本路径和方式方法。我真的很感动，很佩服，我也真诚地为我们建安区点赞叫好。

我们建安区是在原来的许昌县基础上由县转制为区的。我看一些资料说，自 2017 年 2 月 5 日正式挂牌建区运行以来，在区委区政府正确领导下，按照省委、市委的决策部署，抢抓发展机遇，着力推进开放带动、项目建设、载体建设、企业培育、环境优化、民生改善和新型城镇化等重点工作，区域经济社会发展取得了显著成效，2019 全年生产总值完成 394.4 亿元，增长 7.7%，高于计划 0.2 个百分点。其中服务业增加值完成 182.6 亿元，增长 8.1%，增速全市第一；公共财政预算收入 23.7 亿元，增长 9.5%，高于计划 1 个百分点，增速全市第三；规模以上工业增加值增长 8.9%，高于计划 0.9 个百分点，增速全市第一；固定资产投资增长 8.6%，高于计划 0.6 个百分点，增速全市第二；社会消费品零售总额 104.2 亿元，增长 10.6%，高于计划 0.6 个百分点，增速全市第一。主要经济指标好于预期，高于全市。

在习近平称之为"经济新常态"的大形势不利背景下，我们区能够取得这么优异的成绩，着实是不容易啊。我想说的是，我们的努力与收获，不仅助推了整个许昌经济社会的发展，更为未来推进乡村振兴战略的实施铺垫了良好的物质基础和发展环境。明年是全面建成小康社会的收官年，也是脱贫攻坚的决胜年，还是"十三五"与"十四五"规划发展的交际年，要推进"十四五"和 2035 年发展，迎接第二个一百年，一个重要的抓手，也是中央在新时期开启新征程、构筑新格局的战略部署、战略措施，就是推进和实施乡村振兴战略。我们一定要意识到这一点，一定要早谋略、早安排，这也是我们今天如此重视编制乡村振兴战略规划的初衷意义所在。

建安区从县变区，由以农业、农村、农民主导发展，到农业产业化、农村都市化、农民市民化发展，本身就是以乡村产业兴旺发展起家带动而为的，应该说我们已经在理论与实践上有了一定的探索尝试，我们这个规划一定要把这些总结概括出来。这既是我们建安区与其他区县的区别，也是要通过这次编制乡村振兴战略规划，形成新理念观、提升新理路、追求新效应的一次很好机遇。我想我们编制单位也好，政府部门也好，首先是不是要在编制过程中树立和贯穿这个思维定式？

也是基于这一认识，我认为我们建安区的乡村振兴战略规划的编制应循着总结提升已有的—贯彻国家、省、市的—拿来江浙等地区成功的—提出自己要推进实施的这样一个主线，形成基本内容架构和规划体系。

乡村振兴战略规划的实施，是党和人民政府根据国家国情实际特点、根据"两个一百年"奋斗目标提出的，这一目标的实现，既要靠政府大量的投入，也要靠乡村自身发挥优势、扬长避短，深化、提升现有经济社会文化政治，两者缺一不可。建安区乡村振兴一方面要借势全国重要的发制品加工出口基地、汽车传动轴生产基地、腐竹起源地和生产集散地，寻求在拉长相应产业链上做文章；另一方面更要立基历史文化悠久，文化底蕴丰厚，包括再发掘距今 8 万～10 万年前古人类头盖骨化石"许昌人"，深化中国现代人起源，确立华夏文明发祥地之一研究，张潘故城、射鹿台、华佗祠、曹操运粮河和饮马河等星罗棋布的三国遗址，放大"三国文化"之乡的经济社会文化政治当量；发挥交通运输便捷，区位优势明显，推进与大郑州都市区的交通对接、产业对接、生态共建、服务共享，打造郑许一体化；连接利用现有产业和科技，跟随产业转型升级、城镇化发展、调整产业结构，优化产业组织，发展高起点、高附加值、高效能效益的新的现代乡村产业体系，以产业兴旺，促进生态宜居、乡风文明、治理有效、生活富裕，真正实现乡村振兴。我说这么多，是建议我们在下一步规划修编中站立新的高度和起点，大格局、大手笔，描绘我们建安区的乡村振兴战略及其实施后的新的发展，给人以期盼和鼓舞。

具体就这个规划文本，我有三点建议。

第一，应注意突出增加农民收入，夯实"生活富裕"这个乡村振兴战略的要义落点。乡村振兴战略的内容主体是产业兴旺、生态宜居、乡风文明、治理有效、生活富裕。如果说产业兴旺是乡村振兴战略的起点与焦点，那么，生活富裕则是乡村振兴战略的落点与热点。我们的规划提到了全区农民 2022 年人均可支配收入增加万元左右，但后边没有相关叙述的板块呼应。我建议是否可以考虑在第八章首先安排一节"不断增加农民收入"，或是"不断提高农业劳动者收入水平"，就是在规划里增加农业劳动者就业，农民收入与生活富裕、民生水平提升关系，农业劳动者，或是农民收入与实现乡村振兴战略目标关系的内容。也不一定非要写那么多，简单地理出从哪些方面、哪些渠道、哪些形式，以及怎样的政策措施指向，保证不断增加农民收入等，最好有一个目标数值与增幅比例。

第二，规划中的规划工程项目还应再具体。以项目带动便于实践遵循和结果评价，这是近些年来规划编制的一个新的特点，也可以说是创新。但光是列出工程项目还不行，还应该充实完善两点：一是进一步明晰工程项目的投资主体、投资周期、投资进度、投资效应等，以保证项目的真实性、可行性；二是进一步明晰工程项目的资金来源，明确是政府财力投资，还是社会力量投资，以保证项目的落地建设。乡村振兴战略是政府提倡推导的，但大量依靠政府投资是不现实的，政府的投资也主要是用于公共服务基础设施，或是规定的支农项目、农业基础设施建设投资，更多的还是要发动、发挥社会力量、市场力量、民营经济力量、集体经济力量的投资，这是规划里面要叙述清楚的。许昌是全省民营经济最活跃、最给力的地方，如何把乡村振兴战略规划与民营企业投资发展联系对接起来，在乡村振兴战略实施过程中发挥民私营企业作用是一篇大文章，要好好研究，好好规划，好好运作，编制规划一定要把这一思想、这一指向传递开来。

第三，建议在文本的"振兴基础"部分的前面加一段区情，特别是区域内乡村产业发展的现状概述，对建安区撤县设区及其区划人口、地理经济、历史文化等有个交代，这样应该比现在会更顺畅、自然一些，更能给人以逻辑上的认知把握。

很抱歉，我说得有些多了，回过头来，还是要肯定这个规划的，无论从文本的内容体系，还是指导思想，包括文笔表达来看，都是符合中央、省市关于乡村振兴战略规划精神的，符合建安区区情特点，尤其是符合建安区乡村经济社会发展的态势、气势、大势，符合规划编制的一般规律和范式。作为区域乡村振兴战略规划，应该说这是一个已经比较成熟的规划了，反映着省级层次的编制水平，关键是接地气，具有前瞻性、引领性、可行性、操作性。从中我们也感受到了不少新鲜的东西，领受了文本的溢出效应。

（2019 年 1 月 17 日于许昌市建安区政府会议室）

第五篇

坚持以问题导向开展应用咨政研究

服务社会是高校的基本职能之一，地方高校教师科学研究应尽量避免做纯理论研究，那不是我们的优势，我们的优势是立足和拉近地方经济社会发展实际，以服务地方经济社会发展需求为选题，开展应用性研究，这也是地方高校生命力之所在，富有活力生机之所在。也就是说，申报各类项目也好，指导大学生社科研究科技研发，如大学生"挑战杯"大赛也好，自己应时应势选题研究也好，最重要的是在头脑意识里树立起两种思维：第一，一定是当局高层和社会各界所关注的热点、焦点、重点、难点问题，是符合党和国家战略部署、发展大势、政策指向的，或是围绕地方中心工作的；第二，一定要坚持以问题导向为根本的研究思维与内容解析，并能够形成严密的逻辑体系与个性认知。这是应用性、咨政性、智库性研究的坐标内核。

所谓坚持以问题导向开展研究，就是你要首先清楚、明白你所研究的对象及其问题是什么。只有弄清楚了，才能依据问题设计出有效的调研方案。而这个调研方案的内容主体也是要调研出相应所有的基本问题，整个研究就是在对这些问题的梳理基础上展开的，从而进一步分析问题发生的不同时期、数据变化、特征规律，以及进行必要的纵横向比较等，得到问题成因，便顺理成章地从理论、实践、技术、政策、体制、机制上给出改正提升现状问题的自己的、有个性的思路见解。

从一般研究逻辑架构上，以问题为导向的应用性研究可以包括以下几个大的板块：

（1）明确主题。就是要明确你所研究的主要对象、主要问题是什么。交代清楚，并通过言简意赅的文字语言表达出你所要研究的对象及问题的背景、意义，即研究的主题是什么，为什么要研究这一选题。

（2）明确主线。就是要明确你所要研究的基本思路线条。这个很重要，没有这个主线条，你整个研究就没有遵循，是昏昏然的。所谓主线，也就是你开展研究应梳理出来的基本逻辑体系、板块布局结构、内容节次安排、前后上下部分之间的关系，形成有机的各板块章节内容的层层递进和紧密的逻辑联系。

（3）明确主观。就是要明确你通过这一选题研究，主要想向别人、向社会传递出你的怎样的一些基本的思想观点、研究价值，抑或说能够告诉人家，你要研究的初衷预期是什么等信息。换句话说，就是要明确你希望通过研究想说些什么，也就是我们一般称之为的研究得出的主要观点、主要见解。但这一部分并不要你直接表达具体观点思想，而是提出你要有对这一问题解决的基本看法，并把这些基本看法观点贯穿于整个研究内容。

（4）明确主策。就是明确通过整个研究，包括特点特征、背景现状、问题梳理，以及运用一定数据资料、一定方式方法的比较研究，应该有逻辑地提出解决这些问题的思路对策、改进措施，给政府高层决策者以咨政参考。

任何研究及其成果的产生都不是一蹴而就的。科学研究，包括做一项具体项目研究、一篇学术论文撰写、一本专著的出版，都应该是长期积累积淀的结果。科学研究是时间与耐力的统一，功夫都在平常，成功都在坚持。

一说到研究，有人总是说找不到题眼，实际上，题眼来自你的教学实践过程，题眼来自你对时政大事的关注留心，题眼来自你对知识、专业、学科的执着追求，题眼来自你与专家、同事、文献的交流碰撞。

比如，你是从事产业经济教学研究的，你就要关注政府颁布的最新产业政策文件，你就要学习这些文件，拿这些文件对照现实，你就会产生一些问题思考；又比如，你要不断翻阅你专业领域的最新论著，你可能就会发现这些研究的不足或遗憾，而这些不足或遗憾就是你可以进行研究的题眼内容；再比如，你看到一些地方提出了诸如"副中心""经济圈""经济带""经济长廊"，还有什么什么基地，什么什么"之都"等，你就会很快反映出你所在地方与此相比的情况是什么，差异在哪儿，弱项短板在哪儿。这就出思路了，就有可能酝酿出要研究的题眼了。

还有就是搞研究，一定要独立思考，要独立研究，千万不要粘粘贴贴，拿来主义，最终毁掉的是你自己——一个大学教授或副教授。没有一定的科研专注能力，没有一定的对问题的认知深度，何谈提高教学质量水平，何谈学校建设发展？

（2019～2020年与部分高校教师座谈交流演讲纲要）

关于咨政建议与智库研究的认识

感谢师院领导的邀请，感谢各位放下手中的工作，我们相聚面对面交流，感谢大家给我这个机会谈谈关于咨政建议智库发展的一些认识，一家之言，说得不对的地方，还请大家不吝赐教。

大学四大功能：人才培养、科学研究、服务社会、文化传承。这四大功能是一体的，社会主义大学就是要为党育人、为国育才，怎么样才能为党国育出人才？关键在教育者，教育者有具备科研素养，拥有"金课"水平，育出"高阶性、创新性、挑战度"的人才，这才能叫真正地服务了社会，才能叫真正地实现了文化传承。如果说人才培养、科学研究是我们大学教师的根本职能与使命，那么，服务社会、文化传承则是我们的办学预期与目的。但大学服务社会，绝不仅仅是招生、培养、毕业，还要依托自身对专业、对学科的研究，将研究的成果源源不断地输送给需要的经济社会事业，包括自然科学的直接影响带动生产力发展的内容研究，社会科学的直接影响带动生产关系发展的内容研究，前者如拉近产业、行业、企业的产品研发实验研制，后者如拉近党和政府、工商业界的决策咨询智库研究。

社会科学研究既要立足人才培养，研究教学、教材、教法，也要立足社会经济运行实践，研究规律、问题、对策。尤其是地方大学，搞基础理论研究不具有大的优势，一定要定位在服务地方经济社会发展需求上，而文科院校更应该在这方面下功夫，开展应用经济社会发展研究，形成专业或学科优势，在与地方党政部门合作中，彰显自己的特色，锻造自己的品牌，扩大自己的影响。但是我们在这一方面，即使是从全省高校来看，应该说都是一个短板。一般来说，包括教学型大学，也应该会有几个或一批从事某专业领域应用研究的、在地方或业界有影响的人，能够为地方党政部门决策提出有实践价值，针对性、操作性较强的意见建议的人，可是，我们现在都愿意做基础理论研究，不愿意接触实际开展应用研究，有的一些看似应用研究的成果，比如论文、项目等，也多是"拿来的"，不是真真实实地从实践一线调研得来的。坦率地说，像省委省政府现在都特别需要这样搞应用研究的人，遗憾的是，即使是所谓政府顾问专家，也包括一些省级研究机构，递交上来的很多东西都不是很理想、很有实际效应的，应用价值并不高。

原省委书记郭庚茂曾经在多个场合说过，有些单位、有些专家很辛苦，递上来的东西，洋洋洒洒几千字、上万字，你看得头晕眼花，却没有发现有一句两句有用的。省委省政府及一些部委厅局整天都在寻思着能有一些有用的咨政性东西，能有一些从事这一方面研究的专家学者，能有一些能出谋划策的应用研究团队。我参加省委省政府决策信息咨询十几年，人家每年时不时地问我们要东西，说明什么？一个字——缺，缺人才，缺团队，缺能接地气、有实践价值的文稿。省教育厅社科处有一个资政参考，他们也是为难得不得了，没有多少刊载的文稿。这说明党政官员需要，政府部门需要，尤其是在大变革、新时代背景下，更显一种迫切。

为什么这方面人少、成果少，因素无外乎一个是做纯理论研究相对省事省心，一个是并没有认识到做应用研究的价值意义，一个是没入门、不上路。就此我谈点个人认识和感悟。

一是站位问题。就是以什么样的站位来审视和看待你所研究的内容并给出解析。我们现在撰写论文，进行项目研究，很多情况下都是很被动的，弄不清我们研究的问题到底是什么，问题出在哪儿，原因症结是什么，破解的对策路径又在哪儿。即使是写出来了，发表了，也没有真正地从实践的角度有清晰的认识，甚至没两天也都忘光了，不是真实的研究（所以包括我们自己也都嘟囔着说"都是在制造垃圾"）。我觉得这个问题主要就是对研究的对象内容没有深刻的认识，没有实在的把控，所以认识总是那么模模糊糊。从研究的内在要求上说，这应该首先是一个站位问题，或者说没有站位到这一研究内容客体上形成实在的认知，所以站位很重要。

坦率地说，一开始我也是这样，后来我突然想起原来上学的时候，我们学习国民经济学时老师曾经说过一句话，也是在告诫我们："学习国民经济学，一定要站在整个国民经济运行全局上，站在国民经济长远发展上，站在一位国家总理、一位省长、一位市长的位置上来考虑、来研究，否则你的眼界视野总是局限在一个狭小的天地里，也上升不到一定高度，当然也不会有什么深度，你也就认识不了问题的所以然和解决问题的所以然。"这就是说，我们研究地方经济社会问题，一定要注意有一个基本的站位，你要想着你就是省长、市长、县长，有了这个站位，你再来看你要研究的问题，认识就不同了。换句话说，如果你是研究的地方经济社会运行方面的问题，你就要以一个地方的最高领导、最高决策者的身份与站位看待问题、思考问题、研究问题、解决问题；如果你是研究产业行业企业经营管理问题，你就要以一个该业界的最高领袖，以董事长、总经理或总经济师等身份与站位看待问题、思考问题、研究问题、解决问题。

二是构思问题。写论文，特别是撰写咨政建议，一定要有良好的构思。所谓构思，首先是围绕所要研究的内容和酝酿的观点想法，选择一个题目，题目也许是一直到写完稿子方才能精准下来，但一开始，必须要琢磨好题目，题目明晰了，思维遵循、构思的逻辑主线才能清楚明了。题目很鲜亮、时新，很切中领导的关注点，领导就会接着往下看，否则，题目不行，人家就放一边去了。

　　写咨政建议，一定要写现时期大家关注的，尤其是地方或业界决策层关注的，热切期望给出题解的、给出办法的。有时我们学校的教师也想为决策者、为政府部门或企业以学者理论思维的角度提出一些研究选题，以期得到高层领导的赏识，那是书生意气，你可以激扬文字，但不是政府眼下关切的，不是它需要的，政府要的是解决办法。

　　那么，怎样才能推出一个让政府主要领导看好、批示的文稿？全在于你平日的研究积累，你要想在这一方面有所作为，必须横下心来，静下心来，多看多读多记，包括看央视新闻、河南新闻、周口新闻，尤其是现阶段，你要是注意了主流电视新闻、主流媒体新闻报道什么，各地必然就跟进什么，这叫与中央保持高度一致，你的思维坐标要时时跟着中央部署指向走。比如，前一段的"发展实体经济和先进制造业""产业链价值链供应链三链同构""乡村振兴战略"，现在的"国内大循环和国际国内双循环""数字经济""新基建"""十四五"规划"等，你把这些拉近地方谈地方如何如何，那就切合实际了，那就很容易博得地方决策者的眼球。看《新闻联播》，看党报媒介，看政府报告，看领导讲话，看统计公报；要把最新提法、最新概念、最新表述、最新政策、最新人物等看懂读懂，重要的要随笔记录保存，要反复考量，并通过一定工作，比如参加政府相关会议，学习政府相关文件，与政府共建研究基地，与有关人士建立微信、QQ群等，与有关党政部门建立联系交流信息的渠道，掌握党政决策时事大政，了解决策者的思路指向，理论工作者一定要基于此开展相应研究。

　　不占有动态走势，不占有资料数据，不占有区情特点，就写不出什么咨政建议。

　　三是写作问题。无论是党政部门，还是业界决策层，最希望看到的就是这个建议意见很直接鲜明，很能解决现实问题，即使是理论上暂时欠缺什么也不要紧，领导关心的是要能立马解决问题，就像救火一样。政府和业界需要理论指导，但更需要理论能解决现实遇到的问题。所以在写作上，并不要求那么严谨，只要能写出什么问题、问题成因、思路对策、方法路径就行了。甚至不用写那么多问题成因，只要写出怎么解决的办法就行了。政府就是出了问题，你给它出主意，说怎么办，不需要穿靴戴帽、理论客套。

四是表述问题。这里一个是咨政建议的一般范式问题，另一个是表达的文字语言问题。一般范式就是文稿的逻辑篇幅安排和字数问题。一般来说，咨政建议首先包括提出问题和背景，就是你写这个建议的起因，为什么要写，这一部分最多300字；其次是简单的问题状况描述，写400字足够了；再次是解析问题的基本原因症结所在，归纳三几点就行了，不要多，字数也就是500字多一点；复次是写出目前需要注意解决此问题的可能受阻影响因素，字数控制在300字左右；最后是给出自己的意见建议，实实在在、切切实实具有针对性、可行性、可操作性，罗列两三条即可，在字数上也就是400字左右。这样下来，大约2000来字。有的还可以加上一段，就是"尚待继续研究和解决的问题"，200字左右。咨政建议千万不要冗长，官员们没时间，也没兴致看你的长篇大论。

我上面说的是一般咨政建议的写作范式和字数要求，如果是调研报告，则一般应在五六千字左右，也不宜过多过长，中央现在也都明确政令文件等在5000字之内。

文字语言很重要，要干练通达，主要的是尽量少用少说学者学术语言。当然，学者提建议要展示学者的学术范，但切忌冗长，要学会应用官方语言，使人感觉耳熟能详，朗朗上口，产生共鸣。就像刚刚上边说的，现在很多东西到官场不被看好，就是学术气息太浓了，学术语言太重了，所以一定要注意尽量应用官方语言。官方语言从哪儿学？从政府文件政策里学，从领导讲话语气语调里学，从部门业界工作总结里学，同一问题、同一事物，要看人家是怎么表述的，这是一种功夫。

最后，我想简单提一下智库问题。智库与咨政是有区别的，我们现在很多人把它们混淆到了一起。咨政是短平快，就事论事，讲求时新。智库是做形势预判分析，是就未来发展，如上半年、下半年，明年、后年，或者是三年、五年的一个走势研究，向高层决策者提出研判报告，从而影响决策者对未来的活动作出部署安排，避免可能的风险，尽量减少失误。所以，智库更讲究团队力量、持续跟进、研究报告。这一点，我们省、我们高校，包括省教育厅和省财政厅建设的六家智库组织，除了河南大学中原发展研究院外，其余基本上都无所作为或是挂个空名而已，问题因素很多，但功能定位不清、运作方向重心不明是主要问题。

我有个建议，我们的基地、我们的科研机构，应该筹组一个统一对外的，包括对党政部门、对工商业界、对高校科研院所传递交流我们研究成果的咨政性、参考性、传播性的纸质性资料，定期不定期地把我们的一些最新研究成果传递出去，每次就那么三四页，就那么一两个议题，先给市委市政府领导和部门、县委县政府领导和部门，甚至各乡镇党委政府领导和部门交流传阅，再往上走，给省委省政府领导和部门交流，关键是要持之以恒，久久为功，逐渐形成影响、成就品牌。人也好，团队也好，也不见得非要有多少多少，一所学校的成名，其实有那么几个人出了名，有名气，影响就有了。

静下来，沉进去，从对周口经济社会发展的焦点、难点、重点、热点问题研究切入，持续发力，一定会有收获的，祝福大家！

（2020 年 10 月 19 日于周口师范学院）

科研项目申报应注重的几点认知

  项目是人们从事某一内容对象研究的基本载体，是科研工作者开展科学研究，并取得积极成果和收益的一种形式业态。项目按照科学领域划分，一般表现为自然科学项目和哲学社会科学项目。自然科学领域项目多以物质世界运动的实验数据及其完整证明系统为内容特征，哲学社会科学领域项目多以经济社会文化政治实践数据，即揭示、遵从人类生产与生活方式规律为内容特征，所以科学研究分为基础科学研究、开发科学研究、应用科学研究等，哲学社会科学项目研究应该说属于应用科学研究。从亚当·斯密的《国富论》，到科斯定律（经济学里著名的"科斯定律"，由 Ronald Coase 提出——只要财产权是明确的，并且交易成本为零或者很小，那么，无论在开始时将财产权赋予谁，市场均衡的最终结果都是有效率的，实现资源配置的帕累托最优。概括地说，就是对于一种物体而言，谁用得最好就归谁），从马克思的资本主义生产方式（资本论）、剩余价值论、再生产理论，到毛泽东的论十大关系，从邓小平的科技是第一生产力，到习近平的新时代治国理政思想，伟人们的论著本质上都是哲学社会科学范畴的应用科学研究。从这一视角看，除了那些对大自然、天体物理生命运动等展开的基础理论研究外，几乎各级各类项目的研究，都应该定位在应用性——研究人们经济社会实践过程经验、教训、发展、创新的共有的、特殊的规定性，去引领和指导人们按客观规律办事，不然就会受到客观规律的惩罚。

毋庸置疑，项目研究的价值和意义就在于，从理论上更要把这些理论拉近到实践，以形成科学的思维，去追求生产关系与生产力、经济基础与上层建筑矛盾及其解决的最大、最优、最好的预期效应。所以说，我们现在的项目研究都是也应该是应用性研究。尤其在发展中的省市区域，包括大学、社科研究机构，主要都是从事哲学社会科学应用性研究。说这么长一段过门，要与大家交流的基本思想是，我们申报项目一定要树立和增强应用性研究定位意识，一定要拉近到经济社会现实，一定要立基于那些热点、焦点、难点、重点，换句话说，一定要去研究那些党中央、国务院领导们关注的，省委书记、省长们关注的，市委书记、市长们关注的，企业领导与经营管理层关注的问题。常说顶天立地，顶天就是指对现实问题的理论解析，立地就是指研究和提出的对策建议要接地气，有可行性、操作性。这是我们今天开展项目研究的基本思维逻辑与基本作为定力。

项目申报与研究，是从选题、论证开始的。按其整个内容要件可以分为选题立题、选题背景、相关研究内容的文献综述、资料数据的拥有及其前期研究积累、研究的内容梗概与体系架构、研究的基本认知结论（思想观点）与尚待深入接续跟踪研究的问题，以及研究团队成员构成等。

项目申报首先是选题，一般应该是你熟悉的学科或专业领域，是你已经有了一定的相应资料数据积累、与你的前期相关研究有一定关联延伸性的领域，是你及其团队很有优势、能够驾驭并顺利完成的，包括理论支撑、实地调研、数据搜集处理等工作，是你感觉到能有创新性观点结论或较大决策参考性、较强时效应用性的领域。"没有金刚钻儿，别揽瓷器活儿"，实事求是，否则即使磕磕绊绊地立了项，研究的过程也会很痛苦。

选题一定要讲站位。所谓站位，就是说你站在一个什么样的高度和视平面来看问题。站位角度不同，看问题、解问题的思维路数就不同，结果也就自然不同了。你申报的是国家级的项目，你就应该站位到党和国家领导人，或是站位到国家发改委主任的角度来审视和确立研究立题，以他们的高度与身份来选题研究；你申报的是省级项目，就应该站位到省委书记、省长的角度来审视和确立研究立题，以省委书记、省长身份来酝酿研究选题。站位不同，眼界不同；初心不同，目标不同；意境不同，评价不同。你申报国家项目，但你还是站在一个市或县的角度摆问题、理问题，恐怕是研究不出什么来的。站位也是一个格局的问题，研究层次品位上不来，研究的学理性和应用性很差，研究的选题经不起推敲不具有普遍意义，只是"我心里亮"，辞藻再华丽也是不被人看好接受的。

选题一定要表明和使人能够把握住你的研究方向与研究主题，也就是一个定位问题。大前提当然是应用性选题，在今天，选题一定要站位新时代，立足高质量，跟着形势感觉走。一般来说，纵向项目下达的项目课题指南有限定性与参考性两种，限定性的题目不能动，参考性题目则可以做某些更改。我们多数做的是参考性选题，这就有一个如何选择、如何提炼、如何鲜明、如何精准的问题，也就是如何使人家认为你申报的题目既有学术价值、学科意义，又有应用价值、实践意义（抓住了当前经济社会的一些主要问题、主要矛盾），使外审专家、会评专家一看到你的题目，就眼前一亮。怎么样能被看好，重要的是你的选题立基于大事、要事、重事研究。这是说我们选题，应该要注意围绕宏观形势背景和国家政策指向，研究有战略意义、指导意义、引领意义的内容，有一定的宽度与维度，即使是要研究某些典例个案，也要从一定的理论高度和经济社会治理视角形成提炼。过去说，研究可以小题大做，但报项目则不一定可取，比如，你申报国家项目，你选了一个市级区域问题，显然不合适；你是省级项目，当你选了一个市县方面的题目，这就错位了。

选题一定要讲时新，要契合党和国家大政方针指向。我们选题研究，不仅要注重站位新时代，还要紧紧围绕党和国家高层决策、战略谋划、政策指向，如供给侧结构性改革、脱贫攻坚、先进制造业发展、新理念观与高质量发展、国家四大战略（长江经济带、粤港澳大湾区、长三角一体化，还有刚刚习近平视察河南并召开会议提出的黄河流域生态保护与高质量发展）、乡村振兴战略、防范化解金融风险、国企改革等。我们河南高校教师选题，申报国家级的项目，一定要超脱出省级眼界、市级眼界，包括申报省的项目，也要时新，比如，现在强调的是中原城市群，你还在喋喋不休地大谈中原经济区？现在的一个新的观念认识是：推进中心城市建设，以中心城市引领城市群崛起，以城市群发展带动区域经济社会发展。全国有16个城市进入万亿俱乐部，我理解这16个城市就属于我国的中心城市，中心城市将成为承载我国经济、社会、人口、文化、政治的主要载体，以这16个城市形成相应的城市群，通过城市群建设来带动整个区域的发展，这应该是一个大势。

现在是要进一步推进区域高水平开放，打造内陆开放新高地，你还停留在原有的"外贸、外资、外经"传统思维研究上？什么是开放高地？我看有专家综述为，至少要有六个方面的要件，通道——海港、陆港、空港条件怎么样；平台——综合保税区、自由贸易区、自由贸易港有没有；口岸——对外通商的港口、门户，直接过境或贸易的地点，是国际货物运输、国际物流的联结点；产业——产业链、价值链、供应链的国际化程度、居于怎样的一个产业链节点上；主体——行业、企业的集聚集群、品牌、市场等；环境——营商环境，不仅是要营造顺应市场主体运动要求，更要与国际游戏规则对接、加强知识产权保护，也包括有没有领事馆、有没有国际化社区、外籍人口占比、教育水平及国际化程度，有没有一流科研平台、国家实验室、工程中心等，如果这些都没有或落后的，你谈什么开放？你怎么打造高地？

选题的题目概念意境一定要鲜明生动。有的题目几十个字，几个概念混淆在一起，叫人难以捉摸到底是研究什么的，很难读懂，这样的题目肯定就被毙了。外审也好，会议评也好，题目被看上了，就有希望了。就像报纸杂志编辑初选来稿一样，一个文稿拿来桌上一放，首先看题目，题目很新颖，很迎合时势，很有理论价值或是很有应用价值，就会收起来再看，就会给编辑或审稿者留下深刻印象，回头再一看内容大概，稿件被采用的概率就有八成了。所以，题目太重要了，一定要反复推敲，精准表达，引人入胜。

我在一所学校看到一个题目叫"贸易摩擦背景下内陆国家中心城市自贸区知识产权保护创新研究"，你看这个题目知识产权保护前面加了那么多的定语介词，想把要研究的内容都通过题目表达出来，不可能，也没有必要，冗长的题目一下子就把人的心给搅乱了；还有一个题目是"经济高质量发展导向下中原经济区金融生态环境优化研究"，你不如直接改为"改善营商环境中的金融生态环境优化研究"，一是营商环境问题是从中央到地方都在强调的一个当前的中心任务和方针方略，二是金融生态环境是其中一个重要内容，主题本来应该很清晰，可叫你弄得复杂了。

文献综述是干什么的？是就你研究的内容对象、此前有关研究状况的一个梳理评价，最主要的是把谁谁谁研究提出了什么观点，一定要是权威的、在学界形成影响的人物和观点，包括还有些什么没有研究到，与你的研究相关性等表达出来。也就是说，文献综述主要是看你研究的内容对象，前人做了些什么研究，研究到怎样一个阶段特点，还有哪些研究不足，自己现在研究与此的关联性，从而佐证自己研究的价值意义。文献综述最忌讳的是罗列一大堆人名，没有内容观点，或是没有权威的、有影响的人物及其观点，随便一份杂志上发表的论文语句段落就可以被引来做综述。

项目申报选题论证是申报项目的基本载体，通过论证，反映出你的选题背景、价值意义、逻辑思维、内容体系，以及采用的技术线路、研究的基本结论等。这一部分重要的是把选题的理论价值和应用意义简略地做一概括，就具体内容不要罗列问题章节，更不要写流水账，说什么我先研究什么，再研究什么，一定要把每一部分围绕题目研究的是什么，以及相连部分之间关系表达清楚，使人感觉研究很有逻辑规范，很有内容，能够交错连贯、浑然一体。至于采用什么方法，怎样的一个线路，可以直接以图描述，也可以直接文字表述，但不必过多缠绵。

申报项目还有一个重要方面就是一定要有前期相关成果支撑，反映你研究的持续性、优长性、基础性，外审、会评专家很关注这一点。你的前期成果没有，或是乱七八糟，与选题联系不密切，一般来说，很难被专家看好。

再就是你的申报团队人员结构也很重要，都是一个单位的，都是一个学科的，都是一个职称层面的，都是高校的，也是问题。要联系主题组成不同学科、不同单位、不同分工的团队，使人家感觉到你的研究有一定的人员团队支撑。

科学研究是一个需要耐得住寂寞，一个需要一定专业或实践认知积淀，一个专心致志不断探索深化，一个有坚韧毅力、克难攻坚的事情；一个需要独立地静下心来，从思维发散到逐步聚焦，形成自己一定学科领地、专业优长的过程；一个需要有着强烈决心、信心、恒心的目标追求的精神。我们并不要求我们的教师都像陈景润、像居里夫人那样整天整夜"泡"在研究室或实验室，但做教师没有研究意识，不能对自己从事的专业教学有所研究，并且达到一定维度，这个教师是当不好的。有人总问我，也想研究，可就是不知道研究些什么，找不到研究的题眼。怎么会不知道要研究些什么呢？你教学过程就没有遇到过不理解、不清楚的问题？你面对学生提出的问题都能迎刃而解、一一作答？你讲课过程没有举例和联系实际来解析一些经济社会政治文化现实问题？这些问题你都能够说清楚、道明白？而这些疑惑与混沌不就是一个题眼？不正是你要研究的课题？还有，作为大学教师，你总是躲在象牙塔里与外界不接触，大学服务社会的功能怎么实现？所以你还要注意观察一个时期的经济社会政治文化动态，要琢磨业界目前都在研究些什么，中央高层和地方官员都在关注些什么。他们关注的就是我们要研究的，搞哲学人文社会科学的所谓为地方经济社会服务，一个主要标志就是看你对地方经济社会现实问题提供了怎样的一些问题解析、咨政建议，从理论思维到实践应用提出你的思路见解，包括专业论文、学术专著、研究项目等，特别是拉近高层决策需要，提出一些咨政参考报告。

申报项目、做项目研究是我们学界联系某一时期经济社会发生的突出问题进行的相应系统性研究，而项目研究的初心与目的，主要还是为党和国家、地方经济社会发展出谋划策，奉献学人智慧力量。大家注意了就知道，国家社科项目也好，省社科规划项目也好，结项后，一些被评为优秀的项目，摘其精华要点刊载于"成果要报"，呈送高层领导传阅，许多真知灼见或被领导引用，或被领导批转有关部门采纳，从而也成为激励我们做好项目研究的一种动力措施。

从"纯粹"教学型教师转向"研究"教学型教师，从浑浑噩噩的"水课"教师转向高阶性、创新性、挑战度较强的"金课"教师，从习惯于做一般教师转向做专家学者，就要从申报项目、研究项目做起，也只有通过做项目，才能不断提高自己、升华自己！

（2019 年 10 月 18 日与一些高校教师座谈时的发言）

致青年教师

——在 2020 年度郑州财经学院职称申报 动员会议上的发言

各位老师，大家好。一年一度这样的会议我参加过不少，也很感动，感受更是颇多。我从教 40 多年，也由于担任点行政工作，特别是参与过很多年的职称评审工作，还是有一定认知和发言权的，可以说，像郑州财经学院这样由党政主要领导主持召开的会议，不能说完全没有，但确实很少。而每每听到理事长讲"老师们职称上去了，不只是改善提升我们的职称结构，还会增加老师们的工资收入，评上副教授就可以多拿 2000 多块钱呢"，我真有点动容掉泪，理事长对大家的关心、关爱的兄弟姐妹情谊深啊。客观地说，这是在多数院校所没有的，包括在公办高校，也没有哪一位书记校长会这么想、这么说、这么做的，也就没有这样的见面会议。所以每一次要我来参会，我都非常乐意，非常愿意与大家交流。再说了，我就喜欢和年轻人在一起，和年轻人在一起，我也会感觉自己都年轻了，还能从年轻人那里接触和汲取不少新鲜事物和知识。

按照胡处长安排，让我讲讲我们学校的科研现状和发展方向，我先就此和大家交流交流我的一些看法吧。

一是进入本科以来，短短几年光景，我们的教师已经从原来的教书先生实现了华丽转身——从教授一般技术技能的专科教学，转向了教授技能与理论结合的本科教学；从满堂灌、填鸭式教学，转向了研讨式和体验式教学；从拿着课本照本宣科，转向了深层研读、深化课本，变为自己的语言认知与同学们宣讲交流……可以说，教师科研意识的增强与升本素质提升的冲动，是这一转变的源头真谛。

二是我们学校从进入本科方阵看，历史不长，满打满算也就五六年的时间，但我们后来居上，与同类院校相比，我们很多方面都走在了前面。包括我们的科研，短短几年，我们不仅已经问津冲刺国家级、省部级项目和权威期刊、业内名刊，且在市厅级项目方面无论是立项，还是获奖规模与层次，都做到了第一，也是科研的进步，造就了我们一百多位副教授的诞生。

三是学校理事会、党政领导高度重视科研工作。我们学校每年有1000万元的科研基金预算，用于院部和教师走出去请进来开展各种学术交流活动，用于奖励和支持教师从事科研工作，每年实际给予教师的科研奖励有的高达十七八万元，我们的科研奖励力度之大在文科高校中是为数不多的，而按照理事长的话说，有多少奖多少，上不封顶。良好的科研条件与激励氛围，使大家都乐于和安于科研创造（我听我们的丁霞老师说，昨天下午一个由二级学院院长、副院长参加的大会上，理事长再次强调了各学院要全力支持、鼓励青年教师做科研，评职称的事情）。

四是我们也有了一些科研平台。我们是河南省社会科学界联合会人文社科重点研究基地单位，我们有经济研究所、物流发展研究院、城乡发展研究院、中原统计研究中心、区域发展研究所等，且是由国家和省的大牌名家领衔主持的科研机构，为愿意从事科学研究的人提供了有利的组织环境和平台条件。

五是我们的图书馆、我们的一些直通网络服务端等为我们从事科研工作提供了与业界同人进行学术信息交流碰撞、知识更新提升的便捷通道。学校这一方面的投资、升级，一直在持续地、不间断地进行中。

放眼今日之郑州财经学院，按照理事长"科研给力、弯道超车"

的指导思想，全体财院人想科研、讲科研、做科研，以科研提素质、促教学、比贡献的氛围日益浓郁，科研状态和势头被校内外人们所一致看好，未来必定风光无限。

借此时间，我还想与大家交流交流怎样做好一名大学教师的一些体会。

进入大学，一定要有自己的目标定位与动能激励。也就是我们常说的三观（人生观、价值观、世界观）雅正，理性地、负责任地书写出自己的无悔人生、壮美人生。我这里有一些浅显的认识，提出来与大家交流。

一是定业。选择进入高校，选择做一名大学教师，不要后悔、不要纠结，下决心这一辈子就在这个行业打拼了，下决心就是要做一名真正受人尊敬的大学教师，有这个志向决心，才能安定从业，才能安居乐业。我讲的"定业"，是说我们一入职，一定要认真考虑我学的什么专业、我从事的什么岗位，我如何成为学生心目中敬慕且能够记忆一生的、习近平总书记口中的"好老师"，并不断从一般老师走向专家、名家，一定要有一个明确的就业发展目标和职业生涯规划。

二是定位。这里讲定位，是说要有一种意识。大学教师与党干校教师有些不同，除了一定要有深厚的基础理论和渊博的专业知识外，一定要在某一个学科方向里有持续的研究兴趣、研究能力、研究韧性、研究建树，并能够逐渐形成自己的学科优势影响和业内学术地位，而不是东一榔头西一锤子，今天写个这，明天写个那，没有自己的专业领地，一辈子下来和党干校教师一样沾沾自喜于这一辈子讲了多少门课，这样是不行的。党干校教师是应对形势需要所作的培训，是带有宣传性的说教，大学教师必须应有着自己相对稳定的、深入的一两门课程和一两个专业领域，构筑起自己的学术造诣和学科领地，是带有探讨和科普性的传道。这个位定不出来，定不好，在大学里也只能是徒有虚名，虚度光阴，可惜自己上了半辈子学，对不住自己啊。

三是定力。做好老师、名老师，就要有专业研究基础，就不能做书本的"搬运工"、传声筒，要真正把握教材、吃透教材，把教材内容转化成自己的东西，游刃有余地传道、授业、解惑、讲段子，有专业高度，有格局层次，有讲学品位。所谓"定力"，主要就是指的教师职业岗位的忠诚度与向心力、教师教学科研的投入度与竞争力、教师履行社会服务文化传承的热度与活力，没有这些"度"与"力"的人，是谈不上会有什么好的教学质量、教学水平、教学效果的，也是不会有什么科研大作与成就的。没有定力，就容易动摇自己的职业，动摇自己的岗位，从而涣散心意，懈怠斗志，麻木不仁，毁了一生。

四是定职。大学教师不要总想着做官，而是应该追求通过自己的专业努力与进取，去评讲师、评副教授、评教授。在大学一辈子连个副教授都不是，何以有脸见江东父老，何以有脸面对爱人与孩子？何况我们现在没有指标限制。评个职称并不难，难在现在发表成果太难，特别是对民办高校的歧视性依然很严重。但我想，只要我们努力了，我们有好的选题了，有这么个水平了，一些刊物或项目单位是会接受的。我们需要的是培养研究兴致、提高研究能力、持续坚毅作为，这样坚持下去就一定会成功的。

我还想提醒的是，一定不要做那种"君子动口不动手"的人，我们要坚持既要动口，也要动手，还要多动手。回顾过去一些老教师到了退休的年龄还只是个讲师或副教授，其实他们的理论基础、思维研究能力都挺好的，就是长期的动口不动手，加上人的固有的惰性，久而久之，不写东西了，没有发表的成果了，就与职称无缘了，很可惜的，我们千万不能这样。所以我总是对我的研究生、对年轻教师说，一定要从一开始就养成写作的偏好和自觉性，俗话叫动笔的能力，这太重要了，会影响你的一生的。我们现在把能写的人称为"笔杆子"，其实"笔杆子"除了有一定的语言文字修养外，最重要的就是他善于动脑子，喜欢研究问题，又能够不辞劳苦地把想的、琢磨的内容组织成逻辑体系论述表达出来。高校缺"笔杆子"，公务机关缺"笔杆子"，公司企业缺"笔杆子"，社区基层缺"笔杆子"，我们要加强研究和写作能力的培养修炼。在大学当一名教师，一定要"能说会道"，如果说"能说"是就教学而言的，那么"会道"应该主要指的是把说的话变换成文字，用文字表达你想说的内容、你研究的内容。遗憾的是现在既能说也能写的人太少了，真正能写出好文章、做出好项目的人更是太少了（年轻教师评个讲师、副教授，现在就盯着社科联项目，盯着北大核心期刊）。

五是定向。就是政治导向、政治定向。讲政治，坚持指导我们思想的理论基础是马克思列宁主义，领导我们事业的核心力量是中国共产党的政治统领，这是从事中国共产党领导的中国特色社会主义高等教育的大学教师必须拥有的世界观。站在社会主义讲堂上，就要做坚定社会主义、共产主义理想信仰的传播者、践行者，就要做共产党的、社会主义的学者专家，就要服务于社会主义事业的利益需求，就要同一切与之相背离的意识形态、政治主张做坚决抵制和斗争。现在从上到下特别强调思想政治工作，在高校，强化思想政治课教育，绝不仅仅指的是对学生加强思想政治教育，也包括教师在内。教师的思想政治觉悟、思想政治境界、思想政治倾向、思想政治行为直接影响着学生，从而关乎到为谁培养、怎样培养、培养出来的人为谁服务的问题，我们一定要有这个度，要有一个底线。

国家教育部强调大学教师要做到"师德为先、教学为要、科研为基、发展为本"，我们这么好的组织氛围、人际环境、平台条件，还不努力进取？还等什么？

（2020 年 6 月 30 日于郑州财经学院 A 座三楼报告厅）

第六篇

在开启国家新征程、构建发展
新格局中成就辉煌

——与旅游与会展学院 2020 级新生的交流

距 2020 年结束还有不到两个月的时间了，防范化解重大风险，精准脱贫，污染防治，保证如期实现全面建成小康社会，"十三五"收官，"十四五"开局。加之美国两个 70 多岁的老人正在争当美利坚第 46 任总统，最近国内外都很热闹。这个时候，我到这里来与在座的学习旅游与会展专业的各位交流，交流些什么呢？

我想到了中共十九届五中全会提出的"十四五"乃至 2035 年间的中长期发展规划。我国正在开启国家发展的新征程，构建发展的新格局，这与我们的专业、与我们的将来有什么关系呢？我觉得大有关系，而且非常密切。

第一，现在正是新征程如火如荼的年代，我们赶上好时候了。关键是怎么在今天好好学习，以我们的良好专业优势融入。

第二，新征程要有新格局，新格局是什么？就是以国内大循环为主体、国内国际双循环相互促进的新的经济格局。国内大循环的基点方略是什么？是激活消费扩大需求。而促进消费和扩大需求的抓手是什么？从理论也好，从政策也好，从实践也好，一个重要的方面，就是发展旅游产业，旅游产业已然成为引领带动消费、扩大需求的关联性很强的产业。

也是抱着这样的羡慕之情，今天来和大家进行交流。我想和大家交流以下两点认识：一是把我们所学专业与开启国家新征程、构建发展新格局紧紧联系起来；二是努力学好专业，做党的人，成国之栋才。

一、把我们所学专业与开启国家新征程、构建发展新格局紧紧联系起来

第一，新格局中的旅游产业发展。我们从党的十九届五中全会以及提出的"十四五"规划建议可以看出，旅游产业将成为未来推动国内大循环、国内国际双循环相互促进这个经济大格局、新格局的重要产业。我看到两个数据：

一个是国家文化旅游部的报告显示：截至 2020 年 10 月 12 日，8 天长假期间，全国共接待国内游客 6.37 亿人次，按可比口径同比恢复 79.0%；实现国内旅游收入 4665.6 亿元，按可比口径同比恢复 69.9%。这对于受新冠肺炎疫情影响而持续低迷的旅游业来说可谓是一份不俗的成绩单。从已公布的 27 个省份"十一"假期旅游数据看，河南以 7234.98 万人次、360.71 亿元收入分别位居全国第一和第六。河南接待游客人数居全国首位，又是新冠肺炎疫情侵袭时续期间，说明我们河南旅游业的潜质与潜力。

一个是河南省商务厅 2020 年 10 月 9 日的报告说：2020 年国庆遇中秋，双节同庆，"十一"黄金周期间，全省 758 家重点零售企业实现销售总额 50.6 亿元，与上年同期基本持平；7 个重点监测城市的 53 家商超和餐饮企业累计实现销售额（营业收入）14.6 亿元，同比增长 10.6%。

以上这两个数据不仅表明旅游产业发展的大势、态势及其走势，同时也表明旅游对消费的拉动及其影响，甚至可以说旅游产业已不仅

仅是过去说的一个支柱产业，而是正在上升为主导产业。

第二，旅游产业正在从单一旅游向商旅文以及休闲、康养一体化发展转型。我不知道大家注意没有，现在人们旅游观念正在发生着大的变化，就是从过去的"看景看热闹""说起来，我来过"的"面子"型（有的甚至站到景区门口照张照片完事儿。西方旅游不是这样，他们是要在景点逗留几日、十几日、几十日，他们要住下来寻找源头、变迁、个中故事等景色背后的文化），转向深入景区真真实实饱览雅景与窥伺"内事"；从观赏自然山水、领略寺庙传奇，转向感知天文地理、历史故事；从惊叹出土文物、红色圣地、工业遗迹，转向文化品鉴、追梦传承；等等。这就是说我们的旅游从过去的一般游览观赏，正在悄然转向二般游览文化，看的是景色，品的是文化，要通过旅游，增强阅历、熏陶素养、提高文化。当人们的认知使旅游上升为文化的高度，当旅游与文化对接，一个人、一个民族、一个国家的格局、品位、追求，就大不一样了。可以预言，不仅旅游将越来越成为人们生活中的一个重要的组成部分，旅游产业也将与现代休闲、健康、养老产业趋向融合。可以相信，还是固守着单一的旅游产业，即使是号称"吃住行游购娱"的景区，也必然会开始走下坡路，是没有什么前景的。

第三，旅游产业是富民产业。这就是说旅游产业对当地村民致富的引领带动性。习近平"绿水青山就是金山银山"不是空的，是很实在的，过去守着青山绿水要饭吃，"观念一变天地广"，各地都在挖掘旅游资源，广开致富门路。毋庸置疑，旅游景区的开发受益最大的应该是参与各种服务、经营各种土特产品的地方百姓。而国家破解"三农"问题的根本目的正是通过各种途径增加农民收入。从这一角度看，旅游业也应该是大力推进和发展的产业（各级驻村第一书记的第一要务是改变落后面貌，而第一抓手就是挖掘旅游资源，形成旅游经济）。就是这个缘由，河南省委省政府提出了"文旅强省"的战略方针。

第四，我们学专业的应看好未来之大形势。所谓大形势，一是说旅游产业发展方兴未艾，且日渐成为国民经济的战略性支撑产业、一些地方的主导产业。旅游业即使是在新冠肺炎疫情期间也是火爆，一些景区不得不限制人数、控制规模；还有一个信息，就是政府这两年还提出把一些产业集聚区转化为特色小镇，一些乡村利用自己的地理优势、青山绿水、历史文脉吸引城里人到乡村旅游等（河南伊川县一个"中国文物造假第一村"竟成为国字号文物大市场、特色名村）。二是说旅游业将来总是要走旅游、文化、休闲、健康、养老一体化发展的路子。所以说我们的明天、我们的就业充满希望，我们的未来大有可为、大有作为。

第五，我们的能耐与趋向。一是考研，二是回乡，三是考公务员，四是做教学或研究，五是组建自己的公司等。

"十四五"国家开启新征程，就我们河南而言，包括黄河流域生态保护和高质量发展战略推进实施，乡村振兴战略推进实施，产业集聚区转型特色工业小镇，依靠绿水青山打造特色乡村游，等等。我们学旅游专业的不要想着当导游什么的，我建议大家可以考虑组建自己的公司，去开发新景点、新市场、新业态，放大旅游当量，把游客留下来、住下来等。只要有专业、有理想追求，没有做不成的（新郑市委书记辞官办公司，专门围绕县域经济社会发展做事儿，现在也是赫赫有名了）。

会展专业更是要面向未来组建自己的策划公司、会务公司。各级机关也好，各类单位也好，各种企业也好，很多战略思维、战略部署、工作安排就是通过会议部署传递通达的。这个需求是无限的，重要的是能不能横下一条心去想，去运筹，去推进。人们追求办会的一个边际效应是会展对当地、当局、当事人带来的收益影响，只要有收益、有影响，他就让你办。

二、努力学好专业，做党的人，成国之栋才

我最近与人交流中，很多人谈起说现在的年轻人很少像我们这一代，在哪儿参加工作，就在哪儿待上一辈子，现在年轻人流动性大，这也符合大工业、大生产性质要求，所以你不要总想那么多，为将来就业忧心忡忡，没有必要，几年间变化很大。一定要安下心来学习。

也许我的思想有问题，但我还是要说，大学也就是打个基础，学个方法，树立起科学思维、逻辑认知事务就行了。回顾以往，我们学习专业，除了理工农医，文科有多少学用一致了？即便是学理工农医的，也不见得就都学以致用了。大师级人物于光远先生是清华大学土木建筑专业的，但成为了一代经济学家；我们省在国家经济学界影响甚大的河南省经济学会会长杨承训先生是学医的，后来学的历史，不影响成为一代经济学家；还有我省知名大家刘道兴先生，学化工的，不影响他对经济社会学科的作为施展。所以，无须纠结现在的专业，也没有必要去与别的专业比较。学金融的就有前景？学会计的就有前景？金融科技的发展也使得现有金融业者面临失业的窘境，各个会计中心的运行以及会计智能化发展使得会计从业者饭碗不再牢靠，任何一个职业都在受到产业革命与新经济的冲击，我们唯有抱以家国情怀，抱以科学素养，抱以责任担当，以扎实的学识迎接新征程、新格局的挑选，在新征程、新格局中成就自我，成就辉煌！

（2020 年 11 月 9 日于河南财经政法大学第一教学楼第二报告厅）

电商与物流学子的明天

——与 2019 级电子商务与物流管理学院新生的交流

感谢我们电子商务与物流管理学院的邀请，感谢同学们挤出时间让我与大家交流，和青年人在一起我也混成年轻人了。和我们电子商务与物流专业同学们在一起，我想讲讲我们的专业及相关认识。我的题目是"电商与物流学子的明天"，我想与大家就这个题目交流三点认知：一是再审视一下我们所处的地理位置、省情特点；二是再关注一下我们国家、我们省的战略部署与产业指向；三是再梳理一下我们的职业生涯与发展规划。之所以与大家讲这些，是这几年接触中，我们很多同学对选择专业很茫然、很困惑，作为过来人，和大家谈谈心。

一、我们所处的地理位置与省情特点

这一点我主要是想给同学们交流一个认知，就是一个人的专业选择和职业规划与你所处的地理位置、省情特点是一种线性关系。在现时体制背景下，我们读了大学，面对的就是两个选择，一是考研、读博，二是创业、就业。立意于考研，就无所谓专业了，经济类、管理类专业考试都是西方经济学和南开的管理学。不考研的，则一般都是在省城或一些市县寻找工作，除了考公务员，基本的就是要么自己创业，要么几个人组织起来集体创业，要么加盟一家公司练练手，能发展了继续干，感觉压抑了炒了老板的鱿鱼，到"自有留爷、留奶奶的地方"去，但你转来转去，大部分人主要的还是在生你养你的这纵横几百平方千米的区域。这就是说，大学专业的选择，最起码应该考虑和联系你所处的地理位置及其相应产业依赖，就是一定地理区位上的产业基础、产业支撑、产业主导等基本区情和经济特点。所以，我建议大家从这一视角再审视一下我们所学的专业，从地理区位、省情特点看，是有前景还是相反，要把选择专业与所处的地理位置、区情特点联系起来进行抉择。

两个月前的 2019 年 9 月 16 ~ 18 日，国家主席习近平视察河南与黄河，并且亲自主持召开新时期的、具有历史意义的"郑州会议"，发出了注重黄河流域生态保护和高质量发展的号召，还明白无误地指出"黄河流域生态保护和高质量发展，同京津冀协同发展、长江经济带发展、粤港澳大湾区建设、长三角一体化发展一样，是重大国家战略"。这是继习近平这几年考察长江沿线，调研青海、宁夏、甘肃之后，经过深思熟虑，对中国生产力布局、未来中国经济发展格局做出的重大决策，也是中央对 2020 年全面建成小康社会之后，决意进取中康、大康，到 2035 年、2050 年阶段目标任务的战略规划与部署安排。也就是说，未来国家在坚持东部引领、中部崛起、西部开发大方针的同时，将着力切入这几个大的典型区域，务实运作和推进经济社会的发展。那么为什么习近平不在宁夏、不在甘肃提出这个战略，不在宁夏、不在甘肃召开这个中央会议，而把会议放到郑州召开呢？

九曲十八弯、五千多千米长的黄河，河南居于相对中间位置，黄河水利委员会，即国家管理黄河的机构驻地在郑州。黄河，素有"铜头铁尾豆腐腰"之说，河南恰是上下游连接的"豆腐腰"，具有起势好、隆起性强的带动作用。当年开国领袖毛泽东也是在这里视察的黄河，提出"要把黄河的事情办好"。黄河曾孕育了光辉灿烂的中华文明，被称为母亲河，但也给人民带来过巨大的灾难，至今仍被称为"中国之忧患"。据统计，黄河下游堤防在1949年前的2540年里，决口1590次，改道26次，平均"三年两决口，百年一改道"。习近平执政以来，不仅强调"黄河宁，天下平"，更是认为"从某种意义上讲，中华民族治理黄河的历史也是一部治国史"。习近平两次到河南视察黄河，第一次是2014年3月到河南兰考的东坝头乡张庄村看黄河（最后一道弯），这一次是在郑州黄河南岸的黄河国家地质公园看黄河，足见习近平对河南地处黄河的中间地理位置，以及影响发展，是极为关注并有着缜密思考的。亦如习近平说的，千百年来，奔腾不息的黄河同长江一起，哺育着中华民族，孕育了中华文明。早在上古时期，炎黄二帝的传说就产生于此。在我国5000多年文明史上，黄河流域有3000多年是全国政治、经济、文化中心，孕育了河湟文化、河洛文化、关中文化、齐鲁文化等，分布有郑州、西安、洛阳、开封等古都，诞生了"四大发明"和《诗经》《老子》《史记》等经典著作。注意，习近平在这里，既提到了炎黄二帝，又指出了四大"古都"，而四大古都中河南就有郑州、洛阳、开封三个，而四大发明、《诗经》《老子》《史记》等经典著作，早已证明都是发生或出自河南。所以，习近平从自然的、文化的、社会的、经济的、政治的多维视角，多个维度提出了"黄河文化是中华文明的重要组成部分，是中华民族的根和魂。要推进黄河文化遗产的系统保护，守好老祖宗留给我们的宝贵遗产。要深入挖掘黄河文化蕴含的时代价值，讲好'黄河故事'，延续历史文脉，坚定文化自信，为实现中华民族伟大复兴的中国梦凝聚精神力量，要着力加强生态保护治理，保障黄河长治久安，促进全流域高质量发展，改善人民群众生活，保护传承弘扬黄河文化，让黄河成为造福人民的幸福河。要保护好黄河流域生态，实现黄河流域沿线经济社会的高质量发展"的具有理论与实践意义的科学论述。

我上来就和同学们讲这么一段，是想跟大家说，我们河南，我们郑州，很快会随着习近平的视察，随着"郑州会议"的召开，随着国家大战略的推进，在不久的将来再一次火起来，成为国内外人们关注和集聚的地方，成为一片热土，无疑会带来河南经济社会的大发展、大跨越。并且，大家还要注意到，过去我们河南对外宣传的一个形象语是"老家河南"，现在换了，换成了"出彩河南"。2014 年 5 月，习近平调研指导河南工作时，希望河南围绕加快转变经济发展方式和提高经济整体素质及竞争力，着力打好以发展优势产业为主导推进产业结构优化升级，以构建自主创新体系为主导推进创新驱动发展，以强化基础能力建设为主导推进培育发展新优势，以人为核心推进新型城镇化的"四张牌"，让中原更加出彩。这一次来河南调研进一步强调，河南要"在中部地区崛起中奋勇争先，谱写新时代中原更加出彩的绚丽篇章"。现在从国家到省里，都正在酝酿着怎么让中原更加出彩，怎么谱写新时代中原更加出彩的绚丽篇章，我们赶上了，赶上了好时代、大机遇，而随着传统产业转型升级，随着先进制造业的转移承接，随着基础设施建设和新型城镇化发展，随着承东启西、连南贯北地理区位优势的进一步张扬，电商与物流产业必将再次顺势兴盛起来，这一态势、大势、气势，毋庸置疑，对我们这一专业的学生来说，绝对是利好消息。

前两天我参加郑州市学术年会，省城的历史文化与考古专家再次强调了建设国家中心城市要发掘郑州"天地之中"的地缘优势。专家说，我们不仅毫无悬念地居于"天地之中"，而且郑州 3000 年前就是人类最初的国家的原型所在地，是人类历史上被称为第一个"都"的地方，今天，我们要把它建设成为黄河沿线的第一城。专家们还进一步研讨了要把黄河变成郑州市的内河，从过去的半滨河城市，转化为全滨河城市的构想，市委市政府、省委省政府高层已经安排有关部门在调研、征询，以及拟定相应规划。国家中心城市建设、大都市区发展，无疑将为我们电子商务、物流学子提供更大发挥专业优势的空间，这是我们每一位电商与物流人应该欢欣鼓舞的，看好期待的。

记得 1996 年，我们省召开了一个大型专题研讨会，会上我交流的题目是"确立商贸大省战略，理顺商贸带动的产业化主导地位——基于香港经济发展研究与河南经济定位的思考"，提出历史上河南经济的发展就具有商贸起家与带动的特点，改革开放的河南经济发展事实上也是商贸起家与带动的观点，认为河南人所以在这片没有什么资源的地方繁衍生息，其本质就是依靠了我们东西南北"天地之中"的地理区位条件，从事着商贸商务活动。从人类最初的物物交换，到后来不断涌现的交易市场，再到社会分工、物流业的兴起，与其说郑州是一个商贸城，不如说整个河南就是一座商贸大省，有商贸就有商务，商务的内容主体就是物流。

我们今天的"米"字形交通也好，四港联动（陆港、空港、铁路港、信息港，有人建议还应加上高速公路港）也好，包括中原城市群也好，其实凸显的都是河南的地理区位、地缘优势。这个地理区位、地缘优势反映的是什么？是河南商务物流业的昨天、今天、明天。郑州是国家大数据中心之一，是国家确定的重要物流枢纽，电商与物流业的发展、电商与物流人的职业将是稳固的、持续的、被世人所羡慕的。

二、我们国家、我们省的战略部署与产业指向

选择什么样的专业，一定要从国家和省的战略部署和产业指向上来考虑。也就是说，国家和省希望发展的产业是什么，国家和省政策重点支持的产业是什么，我们要搞清楚，因为它是影响我们学习和选择什么样的专业学科的一个重要因素。也就是说，学校所设、学生所

学的专业，教育教学体制改革，其实最重要的一点就是改变学生所学专业与产业无联系状况，实现理论与实践、专业与产业的结合，培养复合型、应用型人才应该满足产业经济发展的需求，应该与国家产业指向衔接一致。也许我们的改革者领会了这一点，而没有把这一点改革精神传递给学生，使学生有意识地来围绕国家产业指向和大势来科学选择专业、学习专业，这是很遗憾的。

国家也好、我们省也好，这些年出台了很多有关产业发展的文件政策，而这些文件政策无论是战略性新兴产业，还是战略性支撑产业，你会发现，电子商务、现代物流都是其重要内容，都是国家和省里全面发展、重点支持的产业。

从国家和省强调的加快传统产业转型升级，推进三次产业融合发展，创新驱动，建设网络经济强省，融入全球一体化，应用新经济、新业态、新模式等，都在于深刻调整生产力结构，发展实体经济，提升服务业比重，突出新时期电商与物流产业地位。大家看看、听听政府报告、领导讲话，或是翻阅一些内参性、智库性资料，你就知道了。这是第二点。

郑州航空港经济综合实验区，作为全国唯一区域性综合建设发展港，它的定位及全部意义就是成就大枢纽、大物流，从而带动大产业、建设大都市，所以，这几年我们集全省物力、财力、人力，全力打造，以期使其成为卖全球、买全球，成为河南、中原，乃至相邻如天津、南京，甚至上海等商务物流大通道、新门户。2018 年，航空港实验区 GDP 突破 800 亿元，电子信息业产值突破 3000 亿元，外贸进出口总额突破 500 亿美元，跨境电商进出口包裹达亿单，交易额居全国第三，智能终端产业实现了从"一个苹果"到"一片果园"的快速突破。

可以看出，郑州机场实现了从一个区域性机场到国际航空枢纽的华丽转身，一座连通全球，生态宜居、智慧创新的现代化国际航空大都市，正以崭新的面貌崛起于中原大地。为什么天津、南京、上海的货物都集聚郑州航空港？因为它走的是空中丝绸之路，走的是直通目的地的中欧班列，它的物流成本低，它的流通时间短，它的吞吐量越来越接近规划的 70 万吨，正在成为著名的国际物流枢纽中心。这是第三点。

原河南省委书记郭庚茂有一个理念，他说，河南经济的命门是地理区位和交通条件。正因如此，在他任省长和省委书记期间，不仅建设了河南的 180 个产业集聚区，还建设了将近 200 个特色商业区和中心商务区，使物流业的集聚发展迈上了一个新台阶。也是他把郑州航空港经济综合实验区上升到省委一号工程，要求省委省政府主要领导每半年到港区现场办公一次，充分挖掘河南地理区位优势，创造创新河南的交通资源优势，才形成河南的比较发展优势。

说来说去，河南人靠什么生产与生活？河南人吃什么？河南人的饭碗在哪里？就是地理区位，就是商贸物流，就是电子商务和现代物流。我们学这个专业选对了、选好了，甚至说比会计专业都要有前途与"钱景"。会计一直被认为是常青藤、不老松，现在恐怕不敢说这话了，先是会计电算化，再是会计共享中心，现在是区块链，显然不需要那么多会计人员了。一个会计共享中心，使不少会计下岗，区块链还将继续让会计下岗，这是趋势。

三、我们的职业生涯与发展规划

产业、职业、专业是一体的，大工业的本性、劳动力的流动，决定了我们每个人既要拥有积极的专长优势，又要看到未来我们每个人的职业与专业还是流动的，这是由我们在实践中兴趣爱好的变化而决定的，是一个规律。所以，也不能把选择什么专业看得一成不变，学畜牧专业的不影响你去人力资源厅当厅长，学土木建筑的不影响你做一代经济学大家，万物都是变化运动的，最重要的是坚守好自己选择的专业，学好基础理论与基本方法，以便应对和融入职业岗位。是金子，总会发光的！

物流业本来是一个微观概念，它过去就是企业管理里面的一个章节，主要是说原材料、半成品、外购件等物资在生产过程中的仓储保管、中转运输等，随着日本丰田公司实施看板生产，取消中间仓储环节，实施供应链、价值链、产业链"三链"运行新模式，物流业开始，形成专门从事产品之间、公司之间、区域之间、市场之间物资运输、商品流动的行业，并逐渐成为社会生产关系生产、分配、流通、消费中"流通"的重要组成部分，成为国民经济的基础性、先导性产业，以至于有人说，控制了物流，就控制了这个国家的经济，可见物流的地位作用之非同一般。

如果说物流是一种商品的实物形态流动，那么，电子商务则属于一种商品的社会形态流动，是一种网络化信息流，两者本质上都是一种物资传递运动，只是相对形式与方式的直接、间接区分罢了，电子商务价值的最终实现也还需要物流来完成，电子商务与物流在内容上是一体的。

物流业从微观到中观，再到宏观，现在各级政府都非常重视物流业的发展，把它作为一个地方的支柱性产业，甚至是主导产业，建设了不少专业物流园区，省里面还对这些园区进行不同额度的财力支持。

国家统计局最新数据表明，2018年城镇私营单位分行业就业人员平均工资中，交通运输、仓储、邮政业年均50547元，实际上远不止这个水平。有人会说，一年下来不吃不喝挣5万元，太低了。记住，这是一般而言，关键是看你做什么，你能挣多少。我们的同学认为读了大学，就应该去当官，就应该有高额酬劳，这是不现实的。一是你刚刚参加工作，工资是要低一些的；二是你可以去挣高工资，但你需要具备相应素质，需要你先拿上这些低工资去磨炼几年，然后再去干自己想干的、能挣大钱的职业；三是你只有认清混熟了一个行业，你才能再审视、再定位；四是你要转变一个观念，"读书就是当官"已成为过去时，日本 20 世纪 80 年代钢铁业劳动力的 86% 都是具有学士学位的，为什么国家提出 2000 年以来升本的院校都要转型，都要以应用型人才培养为主导，大家好好想想。

学了这个专业，一开始就想着还要在这个领域闯荡，你不想出苦力，你可以有多种选择。你可以经过几年努力，争取去做物流产业园区的公务人员；可以去做物流企业的规划、策划、咨询；可以去做物流企业的成本分析师、经营分析师、管理分析师；可以去开展物流企业的时间动作研究，提出降本增效的意见建议；可以去读研，进入高校当教师，或是进入研究机构当研究人员；可以考公务员。现在政府机关非常需要电商与物流专业的人才，真正懂得现代物流产业经济、懂得物流经营与管理的，真正能够讲解好、研究好、规划好物流产业发展的、真正能提出创新的人太少了。我们现在的电商运营也好，物流公司行业也好，距离现代化，包括经营观念、管理方式、技术手段、工艺装备，以及投入产出分析等还是相去甚远，这些都在等着我们在座的、我们一届又一届电商与物流专业的学子们去应对、去研究、去解决、去推动、去提升、去改变！

你们这一代人是幸福的，不像我们那个年代，"革命工作是块砖，哪里需要哪里搬"，基本上没有那么多选择，你们现在的职业选择余地太大了。这些年社会上流传着一个概念叫"零工经济"，向往着一个职业叫"咨询业"，很火，被认为是新劳动职业观念、新劳动职业未来。

"零工经济"是指利用互联网和移动技术平台，观察、切入某些商机，顺时匹配供需双方，获取经营收入的经济活动。从事这一活动的人被称为自由职业者。它的特点是要么自己干，或者雇人干，要么自己给别人打零工、按劳付酬，可能一天内接好几家的活儿，挣多份工资。我觉得，我们学电商的、学物流的，最有优势了，你只要稍稍上点心，是没有问题的。今后的社会，已经不是我们那个时候了，死死地定在一个单位、一个岗位不动，而是不断流动变换的。

"零工经济"是互联网在就业领域的应用，是共享经济的重要组成部分，代表了未来就业与职业方式发展的变化。未来，由于劳动者不再固定为特定企业劳动，一个人或者几个人成为一个法人实体，一个人为多家公司服务将成为常态，整个企业经济活动也就是拥有资源的人和需要服务的人，以及把两者组织起来的共享资源平台的关系运动，我们就是做电商物流的，我们就有这个基础和优势！所以，学我们这个专业的，是有前途的，更是有"钱"景的，根本不必担心失业的问题。

我看到一种论说，把传统的人的职业坐标系概括为行业×企业×职业，也就是规划中的职业生涯发展路子，叫选择一个行业，找到相应的好企业，然后去自己够得着的职位。但在互联网时代，我们看到的另一种路径是：寻找圈子，然后放大自己的影响力，提升自己的能力，强化自己的特色，产生流量带来收益。这就是今日互联网时代的就业与职业特点——互联网时代，个体将从组织中解放出来，以自己为中心构成一个自由职业者，同时也是把自己活成一家公司——发展自己的圈子，从若干关系中寻求机会；在最有价值且具有优势的领域持续投入，提升自己的能力；放大自己的特色，形成自己的影响力，增加流量。

现代经济社会是什么？是社会化大生产，是专业分工越来越细，只要你有专业基础，只要你注意把握机遇，世界上所有的事情，你都可以成为某个领域的高手。无疑，服务业是未来国家重点发展的行业，也是经济发展的必然趋势。专业化、信息化、个体化，也是就业与职业模式的发展趋势。未来，当 AI 降临时，数据、分析等工作都会直接淘汰人类，但制定解决问题的方案、咨询服务等需要一对一的工作，相信还是人类自己能完成得更好。所谓的自由职业、财富自由、自己为自己打工等所有美好的工作向往，可能就在咨询服务业里面。这个行业一旦爆发，势必产生巨大的影响力和财富。

专家认为，下一个以个人为主体的世界，可能就是由咨询业引爆的。

有专家指出，随着贸易摩擦的加剧，国家贸易政策将会发生不少变化，这些变化，一是要求我们按照世界游戏规则办事，二是欧美，特别是美国的各种先进的文化、企业、服务、技能等，会不断进入我国，除了会抢占我国市场外，还有一点，就是整体快速地提升我国的服务行业的效率和水平。作为个人和企业，如果想跟上美国的速度，或者是跟上我国服务业将来快速发展的速度，那么，你需要增强意识、转变观念、做好应对。

这个变化的一大特点就是：咨询业，将会是我国未来蓬勃发展的行业，是个人职业生涯的最重要的发展方向。像欧美这些国家，职业分工比我们要细得多，特别是咨询业，是非常发达的。但从事咨询业的人一定要具有较强的专业能力，较强的人气与人脉，较好的表达沟通、写作能力等，所以现在要静下心来学习专业基础知识，提升自己的学识与底蕴。

今后对我们的理论要求是，提升对电商与物流企业、行业发展的数据分析、形势分析、咨询报告、咨询方案的理论与实践研究能力、写作表达能力、策划引导能力等，一个可喜的现实是，我们财大的电商与物流专业是河南省建设发展较早的专业，我们的师资队伍是一流的，我们有着这一行业的精英及其团队，我们有着这一行业人才素质培养的一切环境条件，包括硬件与软件。我相信我们财大是学习这一专业的最具优势的地方。

一个人也许从一开始就不看好自己所选择的专业，但有时候，上苍偏偏就安排你去从事你不情愿的专业和职业，而且有可能干上一辈子。人不可与天公斗气，但可以与自己斗气，为自己争气。

专业是基础性的，应变于社会，能够融入经济社会需求，发挥自己专业优长，实现自己人生价值才是基本的。每一个人都有着自己的天赋智慧，而这些天赋智慧的展示，并不受专业学科的约束、羁绊，重要的是命运一定要掌握在自己的手中，善于打拼和搏击，勇铸自己的春秋史册。

请相信自己，无论是在推进黄河流域生态保护和高质量发展战略方面，还是立足地理区位优势、交通条件、建设大枢纽、大物流方面，抑或是实施乡村振兴战略方面，都会有我们施展才华、贡献聪明智慧的时间和空间，关键还是看我们自己。

著名经济学家魏杰最近演讲预言：未来十年，将会造就一批新的富翁。我们大家努力吧，努力成为十年之后新的富翁。

用一句老话结束交流：敢问路在何方？路在脚下。

（2019 年 11 月 25 日夜于河南财经政法大学第一教学楼）

第七篇

预祝史璞教授大功告成

——偶遇史璞教授的思绪碰撞

只要不外出，每天早晨我都喜欢骑着那辆老式 28 凤凰自行车活动活动身体。今天刚刚骑车围着龙子湖转了一圈，正赶上今年河南省的公务员考试，到处都是考生的接送车。可怜天下父母心，父母一辈子呵护孩子上幼儿园、上小学、上中学、上大学，现在还要操心孩子考公务员。汽车旁、路边上、花园里，这些爸爸妈妈，还有的竟是爷爷奶奶，或在看手机，或在扯些闲话，有的干脆还带了张凉席，躺在那里，焦灼地等待着、期盼着孩子能考好，能金榜题名……我的心里一种难以名状的感受，可谓五味杂陈。但想想这毕竟是一大人生出路啊，你选择职业，职业也要选择你，从远古的赶考"科举"，到今日之赶考"笔试"，无非是识人用人的一种机制罢了。

推着车子走到宿舍楼下，远远地看到史璞教授精神抖擞地往外走。"好久不见了，忙什么呢？"我问他。"整理屋子呢，我是一半时间在家，一半时间在少林寺。"他回答道。我好奇地问他在少林寺干什么，出家啊？他说在写作，准备出一部《中国佛教与管理经道》，我很震撼。他告诉我，他是研究企业的，从 1995 年开始一直在研究企业怎么能更强，怎么能更长，怎么能使员工的积极性更高。他说，怎么能更强？他的视角点是共产党，他要深入研究中国共产党百年不衰的深层机理。许多企业，面对几百人、上千人都管不了、管不住、管不好，共产党把一个拥有十几亿人口的大国却管理得这么稳、这么强，不仅巍然屹立在世界的东方，还硬是成为世界强国，这的确是值得深入探讨的，是值得做企业管理的人们好好思考的。怎么能更长？他说，我要研究寺庙文化。我们的企业生命周期长一点的，不过十数年、几十年，世界名企也不过百年，然而寺庙却是香火不断，称为千年古刹，这是怎么持续下来的？这里边的文化渊源与真谛及其挖掘，对于今天企业的可持续发展意义太重大了。怎么能更高？史教授把重点放到了"黑社会"。他认为，"黑社会"能在那么严峻的高压背景下存在发展，特别是"黑社会"成员又是那么的齐心协力、互助互动，为"大哥""把爷"卖命，不惜一死，这是需要研究的，也是做企业的应该好好琢磨的。

一席话使我盯着他愣怔半天。史教授小我大约三岁，他率真性直，总有自己的思想见地，甚至有人把他列为另类，我是知道的。但我没想到他竟然胸中规划着这么宏大的梦想与追求，而且，颇有历史的、现实的，理论的、实践的价值意义。也许他这些认知又会被人斥为歪理，但我却并不这样认为。我跟他说，太了不起了，届时大作出来了，请赐我一部，我一定好好拜读。我说的是真心话，一点也不掺假，我是真诚希望他的著作早日面世。

回到家里，我的心情仍然平静不下来，一直回味着史教授的话语和设想，我没有他想得那么深、那么多，但我很感兴趣他所研究的主题与思路。受学习专业影响，我早前也曾是从事企业管理教学研究的，后来感觉在中国，微观的运行必须置身于国家宏观背景下，便进入国民经济管理学课程教学，并逐渐聚焦宏观经济、产业经济、劳动经济领域，聚焦到人本主义，聚焦到劳动关系，而史教授的研究所贯穿的一根红线，正是一个"人"的问题。而他开展研究的思路却是别有一番韵味的。

中华民族的历史、中华民族历经五千年风雨兼程，只有到了中华人民共和国，到了中国共产党的领导，才开始从封建社会超脱，从农耕文明超越，从小生产向汪洋大海，进入到真真切切的一个自己当家做主的社会，成为一个敢于在宇宙间手持彩练当空舞的弄潮儿，一个令世人刮目相看的、不断走向繁荣富强的现代大国。亦如歌所颂的"没有共产党，就没有新中国"，共产党建立了新中国，共产党正在不断地把新中国推向更新的时代。就拿这次抗击新冠肺炎疫情来说，不仅是国人，包括国际上大多数人也都由衷赞美中国共产党，是中国共产党领导了全民对新冠肺炎疫情进行了卓有成效的抗击，遏制了新冠肺炎疫情的传染，充分显示了共产党的领导力、号召力、影响力、凝聚力，这是哪一个党、哪一个国家都做不到、力不及的。因为共产党在疫情来临之际，坚持的是"人民至上，生命至上"，坚持的是人民的利益高于一切的基本理念与实践要求。这次疫情就看出来了，共产党英明、正确、光荣、伟大，越来越成为国人心目中的救星和主心骨，正是这种凝聚力从而转化成的向心力，使人们再次坚信要听共产党的话，要跟随共产党走。史教授说，共产党肯定也有各种问题，有问题是正常的，但是总体上是好的，也是没有哪一个党能代替的了，能领导中国人民实现中华民族伟大复兴的中国梦的。中国共产党与人民同命运共呼吸，人民则自觉地把自己融入到党引领的各项事业中，并且化为不竭的动能与动力，国家和民族何以不强盛？大到一个党派、一个国家，小到一家企业，最重要的就是看它是否是时时刻刻把人民的利益、员工的利益放在高于一切的地位，与人民、与员工结成一个命运共同体。这也使我想到了日本的一些企业，所以延续百年，就是坚持了以人为本的生产与生活的主导方向，走了一条人本主义的路子，确立了人的创造与创新的企业发展的理念及其主体地位，投资者、经营者、生产者多位一体，使企业从小变大、从弱变强。回顾共产党的百年路程，共产党就是紧紧依靠人民，动员了人民的力量，从"人民战争""群众运动""军民团结""军民鱼水情"，走过了"抗战"与"解放"时期，走过了"国民经济恢复""三年自然灾害""苏联撤回专家""帝国主义经济封锁"时期，硬是建立起了属于自己的工业化体系，让原子弹爆炸成功。进入改革开放时期，四十年弹指一挥间，我们成为世界第二大经济体，拥有了自己的航母群、自己的大飞机、自己的天眼，就连抗击新冠肺炎疫情，也是依靠人民打了一场新时期的人民战争。

多年前我曾经在安阳的一个企业论坛上讲过百年企业与千年寺庙的话题，引得大家激扬文字、慷慨陈词，包括与会的那些来自寺庙的僧人。其实，真谛也好，机理也好，只有两条：一是有一个正确的、持续不变的条规律法；二是不断创新模式、变换方式，增进人的向心力和追求精神。寺庙所以千年香火不断，拥有亿万善男信女供奉朝拜，本质上是一种教传文化的承续，人们追求心灵洗礼的承续，人们补充精神动能的承续。在寺庙，它的特点是僧人之间的言谈举止一切以僧规戒律为遵循，不争不闹，且不与俗人直接打交道而引发非议，所以它能够不受外力干扰，千年传承。其余则不同，任何一家企业的任何一个动作，可能都涉及与别的企业、与社会政府、与法律规范的对接，企业发展的外部大环境、大条件，直接影响着它的每一个战略、每一个计划、每一个运作，因此企业相比寺庙而言，要困难得多，要艰难得多。这就要求，一个国家、一届政府，必须为企业创造良好的运营的发展环境，有一个给企业带来生机活力的政策信息指向，有一个促进企业发展的体制机制。但是不容否认的是企业自身也要自律，要像寺庙那样能够引导、凝聚僧人念一本经书，守一家规矩，练一样本领，求一种精神，塑造成一个脱离了世俗、极尽清心寡欲献身"教"化的人。也就是说，企业家要能够把自己的员工真正转化成与自己别无二心、安于岗位、忠于岗位、乐于岗位的人，也即敬业爱岗的人，"资本人格化"的人，像日本那样，进了丰田公司，就是"丰田人"，就要为丰田事业打拼；进了松下公司，就是"松下人"，就要为松下的发展奉献一切。所谓百年名企，年久于人、成名于人、发展于人。以人为本，让管理劳动者、科技劳动者、体力劳动者都能够全身心投入公司创业创新，这是构筑百年名企的内核要义。

说到强，我想到了美国。美国之所以200多年历史就成为世界霸主，就是一个战略、一部宪法贯穿至今。一个战略就是美国从立国之初奉行的便是世界经济战略，这个战略的主旨就是，美国人从来不把美国看成是美国的美国，而是看作世界的美国——美国是世界的，世界是美国的，这个战略也成为它的立国之理念和原则。一部宪法是美国的开国元勋，也是美利坚合众国的第一任总统，并作为立宪会议主席于1787年领导制定的美国根本大法——《宪法》，历经200多年不走样。《宪法》的一体遵行，使美国不仅成为一个著名的法治国家，而且由于法制对市场、对人的行为、对政府的职能、对社会文化的规范等，使它的经济，特别是文化与科技不断兴盛起来，成为文化强国、科技强国、经济强国，美国200多年追求的强国梦及其发展史，的确是值得我们深入研究的。

史璞教授关于人的积极性和动力源问题研究，也是值得称道的。我一直认为我们的先人非常聪明，当年造字就很有讲究。如果我们将"企业"二字拆分来看，上上下下、左左右右、里里外外、大大小小，尽是"人"字，这就明白无误地告诉你：什么是企业？企业就是很多人聚集在一起进行共同劳动的一个群体、一个生产力组合体。显然，企业管理当然就是对人的管理，企业管理的主体当然是人，把人管住了、管好了，人的积极性调动起来了，就有了主动性和创造性，就有了企业的高质量、高品牌、高效益。所以，无论从理论，还是实践上说，生产力的"力"，首先就是指的劳动力，而生产力的第一层深意就是解放劳动力、发展劳动力，让劳动力从静态劳动力转向动态劳动力、从潜在劳动力转向现实劳动力、从被动劳动力转向主动劳动力，不断放大劳动力当量，以最大投入造就最大收益。

我坚持认为，调动人的积极性，最主要的是改进和完善企业劳动关系，处理好劳动与资本的关系。我一直不赞同一些人的观点，他们总认为，马克思 100 多年前提出的资本主义注定要被社会主义所替代的理论是不成立的。我则认为，马克思的理论没有错，社会主义之所以还没有替代资本主义，是因为资本主义在它的进程中改善了它的生产关系，强化了人本理论及其反映的劳动关系，走了一条人本主义的路子。如果还是停留在当年泰罗的"科学管理原理"，还是把人不当人，还是雇一匹马 5 美元，而雇一名工人只需 0.5 美元，那它是无论如何也走不到今天的。资本主义生产关系从而劳动关系的不断完善是它日不落的根本原因。中华人民共和国成立以来，我们党和国家从一开始就比较注重处理好劳动关系，这也是社会主义的本质体现——人民当家做主就是社会主义的制度使然，劳动者是社会的主人，是企业管理的主人，干部参加劳动，工人参与管理，尊重人的首创精神，成为社会主义企业的重要制度。改革开放以来更是强调了人的自由的、全面的发展，强调了以人为本、完善社会主义劳动关系的理念，从指导思想和政策机制上全面促进解放劳动力、发展劳动力，调动人的积极性、主动性和创造性，增强企业活力。

毋庸置疑，现实中我们在处理劳动与资本关系方面还存在不少问题。最近闹得沸沸扬扬的中国科学院一个研究单位 90 位博士等科研人员集体出走的事情就是其中的典型反映。这确实反映出我们的分配制度机制存在着严重扭曲与不合理问题，这也是严重影响人的积极性、主动性和创造性，影响整个经济社会抒发正能量、弘扬主旋律的一个大症结，尽管我们这些年一直在努力地调整改善着。著名企业家马云在回答员工离职现象时直言道，员工离职，无非是两个原因：一是钱没给到位，二是心里受委屈了。马云说得很直接，但又很实在。尤其是在今天这个多元文化、多个价值追求的大背景社会里，其实包括员工有没有积极性、主动性和创造性，恐怕也就是这两个基本因素的作用。什么岗位，什么贡献，理应得到什么样的酬劳，但是我们的一些企业在这方面却总是不尽如人意，农民有句话，叫"人哄地皮，地哄肚皮"，你糊弄别人，别人也会糊弄你。设想一下，任正非的华为能走到今天，成为党和国家鼎力支持的企业，成为世界顶尖科技企业，若没有对员工人均年收入十几万元、几十万元、几百万元的薪酬付出，则是完全不可能的，也绝不会走到今天，它实施的是一种现代企业员工责权利分明、员工与企业劳动关系明朗的机制。所以说，国家要为企业创造良好的发展环境条件，出台相应的政策保证措施，但我们的企业如若还是停留在小生产，那怎么行呢？同时如果一个人长期受压抑，又不能释放出来，也是没有生产力、创新力的。日本企业家总是把最基层管理者作为"受气包"，总是要当着员工的面呵责、训斥，甚至羞辱这些基层管理者，就是让员工出出气，释放释放积压的一些怨气，排解排解心里的委屈，有专家说，这比增发员工 200 元都有效。

史教授说的"黑社会"确实也是存在的，而且在不同时期总会变换着不同的方式形式存在着。"黑社会"之所以有着一定的生命力，根本原因在于它严密的组织及其内部行规对人的控制，它的坚持对人的全面的、全过程、全节点的管理。实际上在企业里存在着的"非正式组织"，这些非正式组织成员都听命于一级一级的"头目"的指挥，叫多干活就多干活，叫停下来就停下来，有时甚至往往抗衡于正式组织。而正式组织往往一方面要设法化解"非正式组织"的负面效应，另一方面有时则可能还会需要借助"非正式组织"的力量达到正式组织的目的。有人曾经提出，当年叶利钦，也包括后来的普京，在转换社会运行模式、方向过程中，还曾经动用了"黑社会"力量。"黑社会"的存在当然是要打击的，但"黑社会"内部结构及其运行机制，特别是牢牢地控制住每一个黑社会成员的一些东西也是值得我们研讨的，史璞教授是不是也是从这些方面切入，寻求对"黑社会"运营"借鉴"的？我只能说，只有等到他的书出来后才能解开答案了。

（2020 年 7 月 25 日）

我与学校像海和浪花一样

今天是我们伟大祖国 70 华诞。70 年弹指一挥间，但我们的国家却从一穷二白、从一片废墟上昂然地站起来了，富起来了，强起来了，并且正在走向屹立于世界民族之林的东方大国。祖国发展了，我们做儿女的自然也就发展了，亦如歌中唱的"我和我的祖国一刻也不能分割……我和我的祖国，像海和浪花一样，浪是海的赤子，海是浪的依托……"，我们任何业绩的取得都是祖国母亲的呵护给力，没有国，哪有家，没有家，哪有我们自己？一个人与一个地方、与一个单位的关系也是这样，没有给你一个生活工作的地方环境、单位平台、身份名誉，你能做什么？你又凭什么去做什么？你什么都做不成，什么都不是。

我是 1986 年受聘到河南财经学院代课的，1987 年正式入职，成为河南财经学院的一名教师，并从讲师晋升到副教授、教授，到第一批次获评国家二级教授，到站位河南经济学界一席之地；从一名普通教师，到任职《经济经纬》学报编辑部主任，到科研处处长，到研究生处处长。毋庸置疑，如果没有学校这个平台，没有学校领导和同人们的关怀帮助，就不会有我的今天。从财院到财大，30 余载岁月在我内心深处磨砺的只有一个信念与信心，那就是我爱我的学校，我爱我的岗位，我爱这里的人们，我爱这里的老院新区，因为爱，我虔诚地融入了这所引领我、培育我、扶助我成长发展的学校；因为爱，我也真诚地把自己完完全全地交给了学校，我愿意为她付出，更愿意为她增辉。也是这样，我把我的感受概括为爱心、动能、作为、发展。

有爱心、有动能，就有作为、有发展，就会无怨无悔地倾情付出、担当责任。我在财院 30 多年间可以划分为三个阶段。1986～1990 年为第一阶段，这一阶段我称为或者说定位为"增强个人教学的专业素养，做一名能给学生留下深刻印象的好老师"阶段。无论我在技校、干校，还是进入大学，我始终坚持以良好专业素养来传道授业解惑，来教好每一门课，上好每一堂课，并且以每一次都能给学生以启迪，使之若有所思、思之百千，绝不误人子弟的信念要求自己、约束自己、评判自己。

我讲授的国民经济管理学，不仅涉及经济学、管理学的基本理论，且涵盖了宏观、中观、微观等不同内容层面的专业知识，课程的站位与特点决定了讲者必须拥有相应的专业理论基础和实践感性认知，才能驾驭和讲好这门课。为此，我利用干部专修科、自学考试、专题培训等渠道形式先后讲授了政治经济学、计划经济学、财政与信贷、统计学原理、工业统计学、基本建设投资学、工业经济学、商业经济学、工业经济活动分析、工业企业管理，甚至会计学原理、工业会计学、商业会计学等近 20 门课程，陆续购买了数百本相关书籍，从学科发散到专业聚焦，从多门课修炼到两三门课主讲，从弄通弄懂书本梗概到相关部门行业接触，从以我为主的满堂灌式课堂教学到以学生为主的研讨交流式课堂教学，我的教学不断被人看好，在校内外产生了较大的影响。

也许是越学越感觉知识的欠缺贫乏，也许是因自己属于"大学普通班"——工农兵学员出身而常常遭人冷眼的缘故，也许是不图虚名、追求做一个名副其实的大学教师的内生动力使然，我的确一直非常地努力。为了进一步提高自己，我还申请并获批于 1988 年至 1991 年初到中国人民大学进行了三年"计划与劳动力"专业的高级研修（班）。同时，我还阅读了不少教育学、教育心理学，以及教学方式方法等方面的书目，加之我虚心向老教师学习，应该说，我在大学的讲台上稳稳地站住了脚跟，应算是"好老师"之一吧，一直到现在我教授过的一些学生还能熟记我当年给他们讲课的一些言辞片段、动静场面。

1991～1998年是我在财院30多年间发展的第二个阶段，这一阶段我称为或者说定位为"增强个人科研素养，做一名研究教学型老师"阶段。学校以教学为中心，教学以教师为中心，但是这个"中心"的指向与内核应该是教师对专业教学的理论和实践的研究维度，即对自己所从事专业教学拥有的相应知识深度与广度。作为一个过来人，坦率地说，长期以来之所以一些老师总是照本宣科，包括近些年出现的老师上课念课件（PPT），普遍意义上说，就是缺乏对专业理论和实践的研究把握，"以其昏昏，使人昭昭"，肯定是没有什么好的教学效果的，再怎么谈教学质量提高，也只能是一句空话而已。

为了提高教学质量水平，教师必须具备较高的科研素养能力，至少我是这样认为，并依着这一思维观念一路走来的。第一，我对我讲授的每一门课，围绕指定的教材，至少要买来七八个不同版本的同一课程教材，进行比较研究，从中找出基本的理论和方法，梳理出基本的内容架构、逻辑体系，同时搜集多样的辅助性资料素材，以及与学生交流的必知、必懂、必会等，认真地、充分地备好课和对待每一门课程教学，努力去做一名研究教学型老师。第二，我从20世纪90年代初期开始，接连去北京参加由于光远、刘国光等著名经济学家牵头、每逢双月最后一周举行的"经济活动周"研讨会，触动很大，受益很大，也是受参加这些活动影响，我暗下决心要一改做"纯粹型教书先生"为"研究型教书先生"的职业工作定位，以"学者""专家"为进步的方向目标。从那时起，我的双休日和节假日，包括晚饭后，基本上都是把时间用来学习与提高自己了。第三，1990年，我参加中国劳动学会在湖北十堰举办的一次研讨会，会上我提出了"我国体制改革的主线是劳动关系"的认知，因为感觉没有引起业界注意，也想进一步深化我的关于劳动关系问题的研究，遂于次年发起组织召开了

"中国社会主义劳动关系理论研讨会"，这是我国第一个，也是第一次专题研讨劳动关系的会议，中国社科院、中国人民大学、北京大学、浙江大学、兰州大学、河南省社科院等单位的 40 多位专家学者与会，会后我写了个会议综述，发表在《光明日报》理论版，这个综述基本上阐释了我的主要观点，并被收入当时的国家体改委《中国体制改革文库》。第四，1992 年，为了交流我的"体制改革应确立劳动力（者）的主体地位"的研究认知，我又发起组织召开了我国第一个，也是第一次"社会主义劳动力（者）主体地位理论研讨会"，国家劳动人事部宋晓梧司长、《中国社会科学》晓亮研究员、中国社科院经济所李成勋研究员，以及多所知名大学、科研单位的专家学者近百人与会研讨，使我深受启发、受益匪浅。第五，1993 年，我受邀到商丘调研企业改革问题，为了实现把商丘肉联厂"死马当活马医"的地区行署意愿，提振特别是赢得银行的关注，我在学院领导的支持下，以河南财经学院与商丘行署名义，联系中国社科院、中国人民大学、北京大学等单位的近 20 位中外著名专家在商丘召开了我国第一次、第一个"国有企业改革国际研讨会"，国家和省内主流媒体进行了实时报道，有力地配合了商丘地区企业改革的发展。第六，为进一步争取国内著名大家的指导引领，经学院领导同意，我借助原来在北京"经济活动周"有幸结识的大家们，并在大家们的指导下，于 1994 年组织成立了以河南财经学院为主体的"河南经济论坛"，于光远、宋涛、杜润生、刘国光、卫兴华、厉以宁、萧灼基、何建章、张卓元、吴敬琏、周叔莲、李京文、王珏、于祖尧、李成勋、樊纲、魏杰等近 30 位大师级人物担纲顾问，并聘请了刚刚卸任的省政府常务副省长胡梯云同志担任论坛理事长。1995 年举行的"河南经济论坛 95·4 活动周"更是使论坛达到高潮，被《河南日报》头题报道为"京城专家频频走热中原"，河南经济论坛先后举办了 13 次活动，影响至今。这些活动我是第一受益人，我非常感谢学院领导，非常感谢原学院计统系领导与同人，非常感谢那些大家们，没有他们的支持，一切皆是不可能的。正是这些活动，开阔了我的视野，丰富了我的学识，提高了我的素养，教导了我的学生，所以我对学院爱之深，深之切，切之真。

1999～2014 年是我在财院 30 多年间发展的第三个阶段，这一阶段我称为或说定位为"奋发担当作为，在其位绝不混其职"阶段。我始终牢记着学院主要领导 1993 年 10 月找我谈话时说的一句话："郭军，给你一个舞台，你去演，演好了，你往前走；演砸了，你就回去。"1994 年春节后，我从系里调往科研处任副处长，1997 年调任《经济经纬》编辑部主任、常务副主编，1999 年返回科研处任处长，2007 年调任研究生处处长，这期间，特别是我在《经济经纬》编辑部，不仅学到很多，提高很多，终身受益，且与大家一道劳作，使《经济经纬》进入了北京大学全国中文核心期刊行列。还利用《经济经纬》平台举办了多次多种研讨会和沙龙活动，尤其是组织的"纪念真理标准讨论20 周年座谈会"，包括省政府领导、省委宣传部常务副部长等省城及我校专家学者 50 多人与会，在省内外业界产生极大社会反响。

1999 年初，我又回到科研处，从副职转向正职，从分管一方面工作转向负责全面工作，话语权大了，责任也更大了，我除了做好自己的教学科研工作外，全身心投入到岗位职能之中。我给自己重新进行定位，我从制度规范切入，以期整个学院有个更好的、新的科研管理秩序。新年新职伊始，我制定了 13 个方面的科研管理办法，尽管三上院长办公会都没有获得通过，但我还是按照我的思路推进运作，难能可贵的是前后几任主管领导都非常支持我，使我的工作比较顺心顺意。无论是在科研处，还是在研究生处，无论是常规性工作，还是学科建设等，我最欣慰的是，我的岗位工作都得到了校内外，包括省教育厅领导及相关部门的肯定赞誉。其间，我还以河南经济研究中心（由我组织申报获批的、我院第一个、全省高校第一批省级人文社科重点研究基地）为载体，创办了一个与外交流的咨政性资料《学者之见》，我撰写的一些应用经济研究文稿常常刊载并呈送、发放给省委省政府领导和一些党政部门、科研院所阅览交流，先后得到省委书记、省长、常委、副省长等领导的批示批转，在业界产生积极影响，这是我坚持做行政不丢弃、不荒废专业得到的最好回报、最大宽慰。

人这一生很有意思，你不想做什么，上苍偏偏安排你去做什么，且做上一辈子，我就是这样。我从小就说不做教师，包括大学毕业季学校推荐，郑州市财政局两位局长亲赴武汉面谈，都被我谢绝了，然而，我还是做了一辈子的教师，还深深地爱上了教师这个职业。我大学毕业即返回了我原来所在的郑州机床厂，赶上厂里办中层干部培训班，让我去讲"企业管理"，谁知这一讲，还得到了大家的认可，我的思想也发生了变化，感觉讲课受众面大，是传递和交流专业知识、思维认知的很好渠道。说来也巧，没过一年，河南省劳动人事厅把郑州机床厂收回恢复"河南省第一技工学校"，安排我担任企业管理课程教学，我发现当个教师挺好的，和学生们在一起谈天说地，很有教益。1983年组建"河南省劳动人事干部学校"，省厅又把我调去担任了劳动经济学、国民经济管理学授课教师，无论是给市县劳动人事局长培训班授课，还是给正规脱产教学班授课，我竟然乐此不疲、愉悦安逸。1986年到河南财经学院。不知不觉地走进学校从事了教师教学生涯，而且挚爱上了这一行当。

人们说，一个人的爱心最集中的反映与表现是家国情怀，家国情怀最能展示出来的是他为国为家的倾情投入与付出。这里说的国家的家，除了指国体、政体意义上的概念外，也应该是指相对国而言的自己的家（庭），指你就职的所在单位之家。爱国及其家国情怀体现在哪儿？体现在挚爱和钟情于国家民族家庭之家、社会家庭之家、个人家庭之家、单位家庭之家，尤其是要善待你的单位之家，这是你追求和实现理想抱负的地方。不夸张地说，我每迈进一个工作单位，特别是走入河南财经学院这个大集体，这个兄弟姐妹奔事业、争奉献的聚合体，我都是充满向往，充满激情，就是到了今天，我还是一往情深，一直热恋着，这份爱与情是什么时间、什么情势下都不会淡漠、割裂的。

2014年11月我退休了，但我不愿意待在家里颐养天年，科研习作已成为我生活中的一个重要组成部分、一种社会生活方式，至今我依然关注并积极参与一些社会活动，继续以"河南省委决策信息专家"名义撰写调研参考资料呈送省委，被河南省委办公厅连年评为先进，还受邀参与了党的十八大、十九大精神宣讲活动，参与了省政府"产业集聚区""商务中心区""特色商业区"以及一些市县《乡村振兴战略规划》论证等工作。只要我的体力精力允许，只要学校还需要我，我将义无反顾、一往无前地投入到各项工作中。

此前我曾经把我2012年以前发表的部分论文集结出了三本书，之后我每两年就把一些文稿整理出版一集，现在已经出了《河南经济发展研究》（2013~2014年）、《河南经济发展研究》（2015~2016年）、《河南经济发展研究》（2017~2018年）三集，我打算继续出下去，一直到写不动为止。我总是认为，人就是要有一种精神、一种追求的。

你说我这个人科研水平有多高，也不是那回事儿，我只是勤奋努力而已。最近，学校科研处处长张义华同志让我组织个团队，围绕河南经济发展现实问题做些调研，写点东西，参与到河南省人民政府研究室《豫情参阅》的交流中去，我很高兴，也正在酝酿。所以说，我很愿意做一些这方面的工作，一是继续学习充实和提高自己，二是也希望与年轻人在一起，为学校建设发展再做些有益的事情。我希望我的学校不断发展，我更希望年轻教师们投身科研，而且去做更多的应用经济社会研究，把"水课"变成"金课"，成为国家教育部要求的"师德为先、教学为要、科研为基、发展为本"真正的大学教师，成为无愧于这个伟大时代的大学教师。

（2019年10月1日应学校人事处张伟同志邀约而作）